你不知道的日本

万景路　著

九州出版社 JIUZHOUPRESS | 全国百佳图书出版单位

图书在版编目（CIP）数据

你不知道的日本 / 万景路著. -- 北京 : 九州出版社，2016.5

ISBN 978-7-5108-4416-4

Ⅰ. ①你… Ⅱ. ①万… Ⅲ. ①日本－历史－文集 Ⅳ. ①K313.07-53

中国版本图书馆CIP数据核字(2016)第113726号

你不知道的日本

作　　者	万景路
丛书策划	李黎明
责任编辑	李　品
封面设计	吕彦秋
出版发行	九州出版社
地　　址	北京市西城区阜外大街甲 35 号（100037）
发行电话	（010）68992190/3/5/6
网　　址	www.jiuzhoupress.com
电子信箱	jiuzhou@jiuzhoupress.com
印　　刷	三河市东方印刷有限公司
开　　本	880 毫米 ×1230 毫米　32 开
印　　张	10
字　　数	215 千字
版　　次	2016 年 6 月第 1 版
印　　次	2017 年 6 月第 2 次印刷
书　　号	ISBN 978-7-5108-4416-4
定　　价	45.00 元

博采雅集，文苑英华
——《大观丛书》缘起

作为知识的一种载体，延续千年之久的印刷图书正面临挑战，甚至有夕阳之忧，越来越多的人正在疏远纸书。然而，我们相信，纸书是不会消亡的，精品总会留下来。当前出版界看似繁荣，却多为低质量重复，好书仍然缺乏，原创的有分量的作品更少。因此，我们逆流而上，披沙拣金，竭诚出版优质图书，为读书人提供一种选择，遂有此《大观丛书》。

这是一套开放式丛书，于作者和作品不拘一格。

作者可以是作家、学者、撰稿人、读书人，可以是名家，也可以是名不见经传者，尤其欢迎跨界写作者。但求文字流畅，无学术腔，拒绝无病呻吟，表达必须精彩。

体裁以随笔为主，不拘泥于题材和内容，包罗文学、历史、思想、艺术……可以观自我，观有情，观世界；只要有内涵，有见地，言之有物，举凡优秀之作，皆文苑英华，即博采雅集。清人周中孚《郑堂札记》云："博采群书，洋洋乎大观哉！"

冀望这套丛书，能给读者提供新知识、新思想，以及看问题的新角度，惟愿您在愉快的阅读中，得到新的收获。王羲之《兰亭集序》称颂的境界，也是我们的追求："仰观宇宙之大，俯察品类之盛，所以游目骋怀，足以极视听之娱，信可乐也。"

亲爱的读者，期待您与这套丛书相遇！

本书作者

万景路，专栏作家、自由撰稿人。1963年生人，1989年赴日定居后，为数家华文报刊撰写散文、随笔十余年。无意名利，唯求在感悟异文化的同时，倘能为欲了解日本的诸君贡献一点绵薄微力，娱己娱人，则殊为幸甚。文章结集出版有《扶桑闲话》《你不知道的日本》。

目　录

第二辑　历史民俗

第三辑　文化宗教

第四辑　风景风情

第五辑　饮食文化

第六辑　管窥思考

代序

在启迪和不枉然之间

姜建强

写作是个怎样的状态？一般而言如同喝咖啡，再怎样地喝，再怎样地思，也难以复原出一个用观念组合起来的这个咖啡豆国家的人文体质，最多是在繁杂和表象的纷乱中，捕捉某些意义的碎片。但如同喝咖啡是复义的一样，写作从某种意义上说也是复义的，就看你用怎样的视角捕捉属于你的意义和碎片。

毫无疑问，这本书的作者万景路先生，用他在日本二十多年的深入观察和思考，捕捉到了属于他自己的有关日本的意义和碎片。将这些意义和碎片拼凑起来，就是一部颇具新意的日本论或日本人论。这本书的最大特色就是作者用“世相人文”“历史民俗”“文化宗教”“风景风情”“饮食文化”和“管窥思考”这六大块，组合成了一个立体的日本和感性的日本人。

《无用的父亲》是日本十多年前的漫画本，讲的是一位一嘴龅牙、戴着眼镜的悲哀小男人的受虐故事。作者借用这个故事写道：近年在日本父亲的形象一落千丈。如此恶性循环，“父将不父的现象也就自然无法避免。”作者从无用的父亲联想到了日本教育存在的问题。虽然在中日青少年夏令营活动中，日本的孩了表现出独立守纪和全面发展的优点，“但掩盖在文明礼貌之下的恶却也不是通过几次夏令营活动就能表现出来的。我们的传统教育也自有其优势存在，倒是无须妄自菲薄。”这就是视角了，而且是很独特的视角。

在日本，婆媳不和的多。这是为什么？原来在日本，母亲还有一个称谓叫“御袋”。顾名思义，母亲是个大袋子，儿女都往里面装。日本母道的极致是：即便儿子长大后不孝，甚至弃母厌母，母亲对儿子之情还是依然故我。这种从襁褓开始的依赖心理，能伴随日本男人的终生。而一旦儿子结婚娶上媳妇，做母亲的就会心生妒忌，做儿子的就有热母冷妻的心情。这样婆婆与儿媳争儿子夺丈夫之战，就不可避免。其结果一般是以儿子顺从母亲，儿媳输掉家庭战争而结束。这就凄惨了儿媳。万先生《变质的母亲之道》一文，对此有精到的描述。

日本人一般都具有绘画天赋，如漫画如插图如图墙等。但这个天赋是从哪里来的呢？原来，日本人在阅读文字的时候，从解剖学的角度看，头脑中同时进行着图像处理和声音处理的活动。也就是说，在日本人的大脑里，汉字和假名是在不同部位进行处理的。这种语言处理的特殊性，也就决定了日本人从小就开始接受图像处理的训练，而且卓有成效。日本人拙于原创，精于模仿，其原因也在这里。这是在读了万先生《绘图天赋》一文所得知的资讯，顿有豁然开朗之感。

日本人真的好战吗？战后七十周年虽然已经过去，但这个话题仍具有关注度。而万先生这本书的最后一篇文章就是《日本人真的好战吗》，给出了一个思考点。作者得出的结论是：“生活在如此优雅的环境下，如果说普通日本人厌战，我信。”作者的这个“信”是从哪里来的？导出此结论的依据何在？那就请读者自己慢慢阅读了。读完此文，大概你也就“信”了。

日本文化源于中国文化。这是不容置疑的。但是这期间又发生了变异与变种，更是发生了先生与学生之间的惊人换位。那么对这种文化生态应该做怎样的解读？作者在这方面也有不俗的表现。在《日本人的天足》《日本人与曼珠沙华》《东京的胡同》《日本人与荀子之“礼”》《金鱼与锦鲤的洄游》《おでん VS 麻辣烫》诸篇中，我们发现作者用历史和文化的方法对其作了梳理和辨析，将历史中的文化和文化中的历史，放置在一个共生的文本中，从而有了诸多亮眼的新说。例如，“如果说永井荷风寻寻觅觅的东京胡同是随笔的，那么，北京胡同应该是物语的。只不过，今天的东京胡同依然保持着随笔风格，而北京胡同的物语呢？”又如“包裹严实的三寸金莲”与“一双美丽的光脚丫子”，前者成了“一缠足成千古羞”，后者成了“在泛着草香的榻榻米上轻盈地跳跃闪动着”。显然，这些都是有趣之点。

怎样概括日本人？我们当然知道《菊与刀》中的经典论述。但对当下的日本人是否还应该有新的概括？对此，旅日二十多年的万先生在《水德五训》一文中说，日本人确实在身体力行着这“水德五训”：“平时淡定、儒雅，不急不躁，不出风头。而一旦有事却能顷刻间聚而成势，如磅礴之水般，或呼啸涧中声震穹宇，或雷霆激射吞天沃日。若说事例，日本人平时的温文尔雅，战时的极度疯狂。体育比赛、商事竞争、公司做人、社会表现等等无处无时不在展示着日本人的水性。”从“水德”联想到日本人的日常行为方式，真可谓是不乏新意的日本人论。

在一个失去意义的时代，章节目式的宏论已经式微，取而代之的是碎片书写的“颠三倒四”，在不经意间将历史的大珠和文化的小珠落入玉盘，倒也呈现出世界和生命的切切声响和多重色彩。可以这样看日本，可以这样看日本人，当然也可以这样看自己。有时，意义就在玉盘转动的不经意间生出，给予启迪和不枉然。毫无疑问，万景路这本书的意义也在这里——启迪和不枉然。

第一辑

世相人文

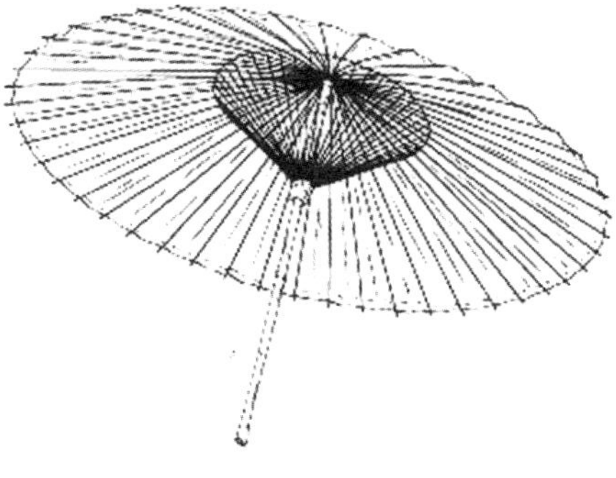

日本男人也风骚

记得前年盛夏之季，日本女性流行起了“C”字内裤。所谓的C字裤其实就是把一小块遮羞布的边部用铁丝固定住，然后直接卡在裆部的一种呈C字形状的超简化版女用内裤。当时，日本电视台的“午间综艺”节目曾专题热议过，日本前卫女性们也是趋之若鹜，一时间，世界范围的男性之热眼，聚焦东京日本女性。女性们凉快了，却让善良男士们为女士担忧，担心那块遮羞布“吧嗒”一下掉下来走光可咋办。不过，C字裤掉下的花边新闻至今未现，就再一次证明了日本造的质量确是没得说，倒是空让我辈替“今”人担忧了。事过两年，风水轮流转，今年是东京男士们再一次让世人为之瞠目了。原因是日本男士用胸罩经过近几年羞人答答犹抱琵琶半遮面的发展，于今年盛夏之际终于大放光彩呈“定着”（固定）之势，这意味着男人戴胸罩开始被越来越多的日人所接受了。

记得几年前就在电视和纸媒上看到过日本男人戴胸罩的报道，偶尔也会在夏季的电车上看出“胸罩男”，但当时也只是感受了一下某些日本男人的变态嗜好而已，没当回事儿。却不想，数年前的星星之火，却在今年彻底燎原起来。四月底在富士电视台的一档综艺节目里专题介绍了日本“胸罩男”的激增现象，而且据取证显示，绝对让人跌破眼镜的是，“胸罩男”以三十至五十岁的公司中间管理层人士居多。节目主持人说：这些人白天风风火火认真工作，下班应酬后回到家，要马上把胸罩起来，身心才会得到放松……

那么，究竟是什么促使这种现象发生，并逐渐增多，而且还是以中年高级白领居多？电视台调查显示，第一，“胸罩男”认为只有戴上胸罩才会感到身心得到了保护，才有安心感。第二，戴上胸罩，就会令这些男人们想起母爱。第三，戴胸罩心情舒畅，有一种舒适感。第四，注重身体锻炼的欧吉桑们说：戴胸罩是为了防止胸肌下沉，当然，至于戴胸罩的男人里有多少人有胸肌这事儿咱另当别论。接下来的理由涉嫌暧昧，有些人表示：戴胸罩是为了体验女性的心情。另有些人则说：因为艳羡女性内衣的品种繁多、设计可爱才想穿一回试试，结果就再没能脱下来。至于另外原有的男同性恋的女方穿用之胸罩，早已有之，份属另类之爱，略过不提。

也许是电视台以及纸媒的调查总结出的男士戴胸罩之诸多理由，获得了日本人的理解；也许是中年男士们那恋母情结，工作、家庭压力等得到了日本人的普遍共鸣；也许是不干涉他人自由的一贯习性起到了作用。总之，秉承“存在的都是合理的”之观念的普通日本人，对此现象鲜有微词，而且，正如网络调查和电视报道所言，男士戴胸罩已经渐渐成为一种流行，一种时尚，正被日本人逐渐接受并认可着。

非但如此，据报道，与男士文胸热卖相呼应，日本最大的网购门户之一“乐天网”上，最近男士丁字内裤也渐渐开始走俏，实在不愿想象男人穿着丁字内裤招摇的光辉形象，而且看网评日本女性对此现象也不太感冒，曰：“尅猫七哇路依（恶心）！”只是不知引领此次穿丁字内裤新潮流的是否还是那些高级白领欧吉桑们，若果如此，只怕又要跌落一地眼镜了。而且，日本雅虎网最近也有爆料，男士用紧身热裤也已经开始了网上销售。服装设计师们也在开始设计制作男士用裙子，还有网状男士紧身裤也有可能出现。网友们甚至猜测，过些时候，男士用松糕鞋、丝袜等也都会一一面世，再加上已经在年轻男子之间开始流行的化妆、修眉毛、涂指甲、刮腋毛等，若果真都能实现，那日本普通男人还真就齐活儿了。不过，令人担心的是，到那时，想要辨识日本人雌雄还真就不是一件容易事儿了。

“噢太啊拉己”感怀

“太啊拉己”（TOILET）者，日语，厕所之意也，前面加个“偶”字，就是敬语了。日前，与挚友对酌于东京池袋的一家居酒屋，畅怀贪杯处，忽内急，踏“凌波微步”踉跄而入“噢太啊拉己”，“月朦胧，鸟朦胧”之际，一丝混合着柠檬香气的凉意自下而来，直袭脑门。低头看去，只见“透透”（TOTO，日本洁具公司名）小便池内的凹处，盛满了杂有柠檬切片的亮晶晶的冰块，“龙泉”到处，异味顿时消失得无影无踪，畅快之余，不由得为日本厕所的人性化而睁醉眼，仰天长叹……

日本人对厕所的称呼，表面看来显得杂乱无章，像公园等处，多写 WC 或直接就是汉字的男与女；而一般的餐厅和车站则多用日语片假名“太啊拉己”；医院、美容院、宾馆等处，又多以“化妆室”或绅士、淑女像来区分；百货商店就以西装男、裙装女为主；处于城郊和农村部的公共厕所基本上就都是“便所”二字了。其实，日本的厕所按场所区分是既各有侧重点而又有共性的：像公园等处的 WC，洗手池、小便池几乎都是不锈钢的，大气、整洁，便于清洗而又耐用。让人叹服的是即使是公园内的厕所，也都免费提供手纸，而且每日还有定时清扫制度。日本餐厅的厕所特色很明显，就是其色调与餐厅的主色调搭配得非常融洽，俨然一体，一束小花点缀的洗手池边，清香的洗手液消毒液、柔软的纸巾、一尘不染的环境，真正做到了让客人舒适的方便。百货商店里的厕所则处处透着宽敞明亮，并都非常周到地配有供婴儿换尿布的婴儿床等。日本医院的卫生间，为方便坐轮椅的病人而配制了全自动门、坐便扶手、可以调节水温除臭的自动洗净装置等。而美容院卫生间内的家庭化布置，仅从温馨的坐垫、拖鞋等搭配的用心来看，也都无处不透着人性化，带给人舒适感、温馨感。至于宾馆酒店的卫生间，那沙龙式的休息处、专用吸烟处、为女客人专设的化妆台、高智能自动洗净烘干喷洒花蕊汁的马桶、为防如厕时的尴尬之音外泄而专设的“音姬”设备等等，简直就是集卫生、舒适与先进于一体的高级排泄享受之场所了。

从理论上说，日本人是把“吃”和“排泄”看得同样重要的，也因此，在设计厕所时，厕所的通风性、光线的柔和性、环境的整洁性和除臭工序以及人性化等共同的要素，是设计者必须优先考虑的。综合了这些共性和前面谈过的个性后所建成的日本“噢太啊拉己”，人们方便的过程，就变成了一个既舒服又美妙的过程。

相反，在国内，自古而今，仅从人们对厕所的“茅房”“茅楼”等称呼来看，也足以说明国人自古就是只重视“吃”而不重视“排泄”的。这从直到过去的二十年前为止，依然遍地可见的挖个坑，搭个板，围个墙，就是一个“旱厕”的事实，足证此论不虚。直到近年来，随着国门打开，才渐渐地有了“WC”“卫生间”以及各种图案标识等代替了“茅房”二字，把厕所理所当然地当作肮脏之地的国人也才知道，厕所居然可以是一个飘着淡淡的香气不必掩鼻而入的去处，是一个可以在优美的音乐声中解决内急的地方。

粗略划分一下，国内厕所大体可分三类：最差的一类就是目前城郊、乡村的公厕私厕，基本上还存在着挖个坑，搭个板，围个墙的四面透风的原始状态。第二类当属城市公厕，虽然告别了当年外国人的“一跳（污水横流）二叫（蛆虫满地）三笑（没有隔板）”之定义，但鹰钩鼻子的老外还是“循着气味”就能找到我们的公厕，至于火车站等公厕门前坐一位收两毛钱发一张纸的大爷大娘，则更是中国公厕的一道风景线，就这样的公厕，也是数量稀少供不应求。第三类则属宾馆酒店夜总会等高级场所，高级到如广州前几年造的别墅公厕，不仅设有休息室，尚有电视、DVD机、空调、红外线光膜报警器、体重计等日本也没有的先进设备，而宾馆夜总会内的厕所在你解决完后顾之忧后还有专人为你递上湿毛巾，敲背，当然，洗手池上肯定会有一个放有几十上百元钱的方盘在时时提醒着你要往里放点什么。

记得前阵子有报道说：某市市长表态，拟拿出市长专用基金人民币四千万，在全市建二百座设有化妆台、婴儿床、行李架的免费高档厕所。其实，不一定要高档，只要干净整洁无异味、舒适再有点人性化就足够了，能做到“安得厕所千万间，大庇天下内急之士俱欢颜”才是王道！

自杀程序

中国有句俗语："好死不如赖活着。"这句话最朴素地反映了中国人的生死观和现实功利性。即使实在"赖活"不下去了，那就一了百了，或跳楼，或上吊，或服毒，或触电投水割腕放血，总之，血淋淋惨森森。

"人死如灯灭"，万念俱灰时，就很少有人会从从容容地赴死。三千一百年前鹿台自焚的纣王应算中国历史上的自杀者之鼻祖，虽死得轰轰烈烈，但却也是被逼得如丧家之犬般慌不择"死"，以至于也没能留下一个"从容死"的英名。所谓的"从容死"，个人认为应是指有准备的赴死。一般来说，自杀以受当时的情绪、心境左右而采取的冲动行为居多。相对于此，自杀前先策划，最后按步骤实行计划而死，就属"从容死"了。今天，中国人的自杀者数量虽然在不断上升，但自杀方法方式却依然老套，也因此，普通人的自杀，除了让人留下一掬同情泪，却极少有以"从容死"给人留下深刻印象的（英雄除外）。

日本人把自杀叫作"自死""自害""自决""自尽""自裁"等，这些称呼本身就已经让人印象深刻了，而自杀方法之繁多、之程序化让人看了之后觉得不可思议的同时更有点胆寒。除了普通的上吊、跳楼、服毒、投水外，剖腹、情死和近年来流行的用燃烧"练炭"制造一氧化碳然后使自己中毒窒息而死的方法，也都是古今日本人自杀时常用之手法。

在这里主要想谈谈日本古今比较有代表性的剖腹、情死和练炭熏死三种自杀方法。以期通过这些，能让我们更深地了解日本民族的某些特质。

切腹，据说源于永祚元年（989），大盗源义朝在被捕前，将腹部一字割开，然后用刀尖挑出内脏扔向官军的故事。剖开肚腹，挑出灯笼挂（内脏），本来是源于古代日本人相信人的灵魂乃居于腹内之迷信传说，而大盗源义朝之做法，正是基于欲以纯洁之灵魂示人的武士坦荡胸怀。其所显示出来的武士的堂堂而生凛然赴死之精神，为后世武士们所尊崇。剖腹死法，也于镰仓幕府时期开始被武士们效仿。最后，经不断演练进化，剖腹，终于修成正果演化成了拥有固定程序、方法的自杀方式。比如按体位之区别分为“立腹”“坐腹”等；按切腹方法区别则有“一字形”“二字形”“三字形”和最高级的“十字形”切腹。由于腹部并不是自杀的理想部位，所以，切腹并不能很快致死。据《日本史》记载，如果没有“介错人（帮助斩下自杀者头颅之人）”的帮忙，自杀者最快毙命也需六小时以上，长的甚至要七十二个小时才能血尽人亡，实非常人所能忍受之痛苦。痛痛快快自杀的方法虽然很多，但日本武士却只选剖腹，由此，我们有理由相信，日本武士并非单纯是以实现死亡为目的而切腹的，这应是一种仪式行为，武士们通过把“腹中之魂”剖出示人这样一种方式，来表明作为一个武士的忠诚与勇敢，以震慑敌人昭示生者，同时也释放出自己的灵魂以求永生。可以说，与其说武士们是在求死，倒不如说他们是在体验死、表演死，以死给自己和别人看。据说，日本古代男子以大腹便便为美，原因大概就是由于日本人认为腹中有魂灵之一说吧，不过，想象一下，大腹便便的剖腹估计会死得更痛苦吧。

“情死”，顾名思义，乃指殉情而死。日语汉字的表现形式为“心中”，此一语源来自于日本大剧作家近松门左卫门。他将汉字的“忠”字分解后，上下部首调换后就变身为了“心中”，原意为“相爱的男女向对方表露心迹的证据”，“切指甲”“文身”“断指断发”以及“情死”等都曾是他的表现形式。经过漫长的演变，最终，只有“情死”有幸成为了日语汉字“心中”的独家总代理。前几年，渡边淳一的《失乐园》曾经风靡一时，书中就是描写了把“心中”作为获取来世爱情幸福途径以求爱情永恒的一对恋人，男女主人公在象征着鲜血的猩红的红酒对饮中，在极致的爱的高潮里，心中涌动着寂灭的哀伤，怀着不在高潮中升天，就在高潮中灭亡的大无畏之精神，在肉体、感情得到了宣泄和升华的同时，也给日本人带来了深切的感动和崇高的精神审美之享受。而今天，“心中”在日本已进化为专指两人或两人以上的集体自杀，“心中”彻底成了“死”的代名词。

近年来，日本又流行起了在互联网上招募自杀者，然后一起封闭在车内等处，以“练炭”来共同从容“心中”的做法，并已渐成规模。像什么“自杀研究所”“自杀愿望者志愿协会”“自杀救济指南”等各种自杀组织和自杀学术讨论，都如雨后春笋般纷纷涌现，“告别今世，相逢彼岸”则成了自杀者们的时髦口号。可以说，日本正是以他们那严密的组织性、制度的规范性和对待死亡的从容心，当之无愧地成为了先进国中的第一自杀大国。

古时候的日本人在参拜神社之前，必须洗净身体，这在日语里也称为“祓禊”，据说日本人之所以对死亡抱有着令世界其他国家无法理解的宽容态度，也是来源于日本人认为死亡同样起着“祓禊”的作用，在日本人的意识里，死亡，包括自杀都意味着“清洁”“超脱”和“干净”了。因此，淡然面对死亡，宽容死亡甚至欣赏死亡，就成了日本人独有的特质。不过，连自杀都发展成为了拥有一定的规则、程序。那周到的设计安排，甚至于连具体的细节过程动作都有明确的规定，日本人的从容面对生死，真可谓足以撼世了。虽震撼，但却绝无意效仿之，都说天堂好，但谁也不爱去，“好死不如赖活着”才是王道。

成人式的启示

每年 1 月的第二个星期一是日本的成人节。在这一天，满二十岁的青年男女们穿着漂亮的西装或和服，在政府、学校或公司等公共团体为他（她）们提供的场所，举行成人仪式，来庆祝自己的长大成人，同时也接受人们对他（她）们的祝福和激励。自从 1948 年日本祝日法把这一天规定为法定假日，父母们也可以休息一天，陪走向成人的孩子们度过这被他（她）们称作“一生一次”的极有意义的日子。

据说，早在 7 世纪后半叶，古代中国为男孩儿举行冠礼的习俗就传入了日本。此后，日本宫廷贵族开始为步入成人的子女举行结发戴冠仪式，不过，在武家时代，受传承自中国的重男轻女思想影响，与中国一样，届时，武士家族也只为男子举行穿着元服（当时的正装）和去发戴冠仪式。后来，从安土桃山时代始，日本皇族、贵族才也开始了择吉为成人女子穿上一种带有腰结的吴服，上盘青丝，讲究的还要涂黑牙齿、剃掉眉毛、化上厚粉妆，来以示“我家有女初长成”，举行可以嫁人了的仪式。这种形式的成年仪式，一直持续到明治时期。至于今天这种形态的成人仪式，则是始于日本“二战”战败后的第二年，当时在日本埼玉县北足立郡蕨町（今蕨市）的青年团，为成人青年们举行了一场别开生面的“青年祭”，目的是给年轻一代以希望，从而让他们在战败的颓废状态中解脱出来，肩负起振兴日本的重任。蕨町的这一极具正面意义的做法，迅速被推广到全国，越二年，即 1948 年，在政府公布的祝日法里，干脆就把每年的 1 月 15 日定为了法定假日，并发展为今天的成人式，从 2000 年开始，成人式又被改定为每年 1 月的第二个星期一。为了纪念此事，蕨市还在当年举行青年祭的原址建造了成年式发祥地纪念碑。

每年这一天，看穿着漂亮和服三两成群的女孩儿们袅袅婷婷地去参加成人式，真是别有一番韵味，诚可谓每年 1 月份日本列岛的一道亮丽风景线。不过看着看着，就觉感触良多。凡事只要成为国家行为，自然也就被渲染上了一层正式、正规、隆重的色彩。成人式亦然，尤其是近年来，在由政府主办的成人仪式上，地方首长登台讲话、开演讲会开派对，包括赠呈纪念品。仪式正式而隆重，其实目的不外是告诉即将走向成人的年轻人：从今天起，你们不仅仅拥有了吸烟、喝酒、婚娶的权利，更重要的是你们同时也拥有了神圣的选举与被选举权，从此要担负起一个成年人的责任，按成年人的游戏规则做事。这样看来，成人式意义可谓重大，它为处于人生十字路口的年轻人适时指明了方向、提出了要求并明确了责任。当然，近年来在成人式上也出现了一些闹事、酗酒等负面现象，但那不过是走向成人的年轻人的一种告别少年的发泄罢了，倒无伤大雅。

于是又想起我们来，我们自古就有“冠礼”习俗。《礼记》云：“夫礼，始于冠。”“男子二十，冠而字。”冠礼，是由氏族社会的成丁礼演变而来，一直延续到明代。仪式一般在宗庙祠堂举行，受礼者要经过盘头、戴上礼帽并穿上成人服饰等各种程序，“冠而字”则是在成人仪式后由长辈另外给取一个“字”，这些都做完以后，才算具备了成人资格。与男子的冠礼相对应，女子的成年礼叫“笄礼”，也称加笄，一般在十五岁举行，盘头加簪，改变发式，以表示我家有女初长成，正式结束少女时代，步入婚嫁阶段。传承至明代的冠礼、加笄仪式，让走向成年的青年人意识到责任、义务，本来是很不错的传统仪式，但自从清王朝一纸令下，终结了汉族传承几千年的成人礼后，至今日，成人意识在国人心目中已越来越淡薄，年轻人也大都在不知不觉中走入成年，充其量偶尔父母的一句“你长大了”，才会让他们意识到自己已经成人了，但也不过仅此而已。直接的后果就是导致今天走向成人的年轻人缺乏责任感、缺乏社会整体意识，而且时时处于彷徨中，这虽然与时下的各种社会原因亦有关系，但缺乏成人意识也是不可否认的要因之一。

日本人虽在明治西化时才提出“和魂洋才”，其实，冠礼在日本发展到今天的成人节形式，早就说明了日本人是早已在身体力行着这一宗旨的。反观我们，却是早已丢掉了很多优秀的文化、伦理、思想、道德传承，其中就包括了冠礼、及笄等传统。旅日先辈们尝慨叹的“文化正统在夷狄”，今天让我辈却是深有体会。话说回来，举行成人仪式既然有着积极的意义，那么，我们也不妨重新来过一遍“中体西用”，进口日本成人式，让我们那些即将走向成年的年轻人也都带着一分责任心、义务感，每年过一个属于他（她）们自己的有意义的日子，这倒是很有必要的。也听说国内一些地区最近几年也在搞成人仪式，希望不是流于形式。

父亲的失落

记得赴日之初，就感受到了日本的人情淡薄，不过，倒也与从小受到的对资本主义社会的批判貌似相符。感叹了一下，也就作罢。而随着对日本了解的逐渐加深，又慢慢感受到了日本人的亲情淡漠，自然，对日本人的人情观、亲情观也就有了一种另样的认识。

前阵子偶然看到了一本十年前的日本漫画，漫画名叫作《无用的父亲》，内容描述的是一位一嘴龅牙、戴着眼镜的悲哀的小男人的受虐故事。他除去在公司里整天鞠躬哈腰、屁颠屁颠地为五斗米折腰外，更凄惨的是所受到的家庭虐待。比如，恶妻把这位无用的父亲拴在柱子上，踢他的头，让其学狗叫。再比如，恶妻让男人口中叼着篮子，四肢着地像狗一样上街购物；在他生病的时候，把他放在冰冷的浴缸里等。无用父亲有个唯一的乐趣就是养了一只鸟，而恶婆娘却故意把鸟儿杀死做成晚餐让丈夫吃……要强调的是，无用父亲在家里所受到的整个虐待过程，都有着女儿和小儿子快乐的参与，而且这样一本画着无用父亲在家里无止境地遭受残虐的漫画，却是一部给儿童看的漫画……

随着旅日日久，对日本社会了解的逐渐加深，发现日本社会的确存在着蔑视、甚至敌视父亲的现象。比如，时常就会看到小孩子们在聊天时以“哭骚鸡鸡”（屎老头）“哭骚偶压鸡”（屎爸爸）来称呼自己父亲的情景。而随着反抗期的到来，与父亲疏远甚至与父亲无话可说形同陌路的情形也是屡见不鲜。成人或婚后，离家的子女少与父母往来，只是在父母生病或逝去时买份花儿或花圈送来应景例行公事。这一切让我们感叹日本世态炎凉的同时，对自己的孩子是否应选择在日本接受教育一事，也是倍感纠结。

那么，又是什么原因使得日本社会不敬父现象比比皆是呢？我们知道，至明治时代武士消失为止，堂堂父亲，那可绝对是家中的顶梁柱，儿女心中的偶像，是儿子模仿、实践的模范权威形象。应该说，从“二战”到日本经济腾飞为止，日本的爹们还是蛮有地位的，因为那时的男人是被女人和孩子视为骄傲之存在的。但随着现代社会的到来，父亲的传统形象开始逐渐消退了。尤其是到了今天，由于日本公司年功序列制度的形成，父亲们为养家糊口，几乎已成了公司的全职儿子，除去周末，几乎与儿女没有什么交集，而儿女眼中自然也就渐渐只剩下了时时刻刻全职照顾他们的母亲。父亲完全沦为赚钱机器。而近些年来，随着工薪层父亲们的酗酒、女性犯罪等曝光率不断上升，父亲在儿女心中的形象更是一落千丈。如此恶性循环，“父将不父”现象也就自然无法避免。雪上加霜的是，《无用的父亲》之类漫画的刊行热销，除去给读者带来恶趣味的欣赏和出版社利用其赚钱，我们看不到它的任何有益于社会道德和家庭伦理之处，只会让日本社会的伦理道德更加趋于沉沦。

日本人孤独时都干啥

说真的，国人有孤独感的似乎并不是很多，这也许是中国的传统文化使然。即使孤独了，也大都憋着不说，说了，就有了那么一点炫耀自己曲高和寡、孤芳自赏之嫌。在中国如果一定要说孤独，那几乎可以说是文人骚客的专利，一般人还真不敢说、用这俩字。由此可见，孤独二字在国人心目中其实是和孤傲、高雅等词有着近似理解的。

与我们不同，在邻国日本，孤独却是日本人的普遍现象，政客企业家有之，文人骚客有之，普通人同样有之，某种意义上几乎可以说日本人的内心里或多或少都有着一种孤独感存在。

之所以会形成日本人这种普遍的孤独感，与他们的传统习俗有关，一般，日本人在与人接触时潜意识里都会刻意与对方拉开些距离。有了距离感，日本人才感到安心，但同时也彼此增加了不信任感。一般日本人在与人相处时不会主动积极地向对方敞开心扉，而是视对方而动。对方敞开多少心扉，自己则相应地打开多大心门，是完全被动式的。日本人从不会主动地把自己“真”的一面示人。究其原因，据日本人自己讲，是不知道对方会怎么想怎么看，所以不想给别人添麻烦。其实，说穿了，还是怕最后会给自己带来麻烦。如此恶性循环，日本人自然就缺少朋友更不会有什么知心知交。互相都憋着，从而越来越感到孤寂，自然心

日本人的孤独解消术。

扉也就渐渐关起，严重者甚至逐渐丧失自信，视自己为对他人和社会可有可无之人。据统计调查，日本有大约五十万人患有忧郁症，可以说大都是由孤独、寂寞导致的。与他人、社会不能共感共鸣，凡事只考虑自己，就不仅仅会陷于孤独，更会陷于孤立之中。

日本人孤独时的表现也有另一面，那就是有些人不像某些孤独者那样会憋着，而是有事儿干忙得很。笔者就认识一位女兽医，她不但养兽、给兽看病，还教人养兽。按理说她既与人接触（动物教室讲师）又与兽相交（养兽），是不应该孤独的，但从其行为看，她很孤独。这表现在她经常一个人住酒店，逢节假日一个人在房间开派对，春分打鬼节一个人在房间撒豆驱鬼，喝得醉醺醺的，就在门上挂上二日醉、临时休业招牌，一个人穷折腾，有钱，自然也就任性，却是孤独者的另类典型了。

前两年夏天的一个深夜，日本一个人气歌手组合的成员之一，赤裸裸地一个人跑到公园“裸嚎”，结果被警察带走。他很有钱，有无数的女孩儿喜欢他，可他由于工作的压力产生的压抑感无法宣泄，在公园里彻底爆发，也才有了当时轰动日本的首条娱乐花边新闻。

韩国人喜喝酒、好热闹，他们来到日本后看到日本人经常一个人去酒馆默默地喝酒吃饭，感觉不可思议，这在韩国会被耻笑没朋友的。在日本也经常见一个人去卡拉 OK。去了，还真唱，而且是边吃边喝边热火朝天地唱。这让我们也百思不得其解。在国内，去卡拉 OK 从来都是拉帮结伙，一个人去唱“K”，这个基本上还真就没有，掉不起那个价，由此也可见日本人的孤独程度了。

这些尚还属过得去的孤独，更有甚者，他们的性格会因孤独而抑郁，进而趋于变态。这类人孤独了也有辙，他们会打无言电话，在扰民中寻求刺激解脱，还会以各种方式骚扰女性以获得快感。在日本多见一个人自言自语或时而一个人偷着笑之辈行走街上，记住，千万躲远点，没准儿蔫不悄地给你一刀。他发泄了压抑，释放了孤独，判个两三年没事儿了，你却赔上了小命一条。日本人滥杀无辜的报道也确是时不时地见诸报端、电视。

日本有种烧酒叫“百年孤独”，是名酒，也很受欢迎。估计勿论其好喝与否，只是酒名就足以引起日本人的共鸣了。孤独百年，岂不是要让日本人孤独一辈子。日本人骨子里其实也是一天都不想孤独的，喝了百年孤独，醺醺然，去找乐子才是日本人的本色。

不过，听说最近日本又出现了一种新行业，叫“话食屋”，发音与“和食屋”一样，也是“哇笑哭呀”。这是一种以收费的形式上门为孤独者做料理并陪吃陪聊的工作，收费不菲，三小时费用为一万五千日元，按现在汇率也就是人民币八百元左右，以后每延长十五分钟加收一千五百日元。陪吃陪聊还能陪来钱，是个不错的行业。但是否真能为孤独的日本人解除寂寥呢？却是仁者见仁。还听说，有的孤独者要求在自己生日的时候，话食屋能上门来为他们做出妈妈的料理，像妈妈在他们小时候给他们过生日那样陪他们一段时光。琢磨着，这活儿还真就不大好练。

一花一世界，一人一家庭

早在20世纪70年代，随着日本的经济腾飞，富裕起来的日本家庭，就率先进入了“一人一个房间”的在当时来说应属于超现实的社会。日本人本来就喜欢一个人独处，因此，一人一间房的实现，其实是成全了日本人的孤独情结。

日本佛教传承久远，流派众多，与儒学一样，对日本影响至深。也许是受佛家的“一花一世界，一叶一如来”的点醒，也许还受了孔子“君子成人之美，不成人之恶”等儒家精髓之点化，与我们不同的是，日本人自古就崇尚独立，现代日本人更是如此，人与人之间的关系相对完全独立，换言之，可以说是没有人能轻易打开日本人的心扉，包括亲人朋友，也可以说，日本人从来就没有也不可能有像我们那样可以交心的朋友存在，大家都只不过是在社会或公司这样的“大家”里遵循着一种平衡的合作关系而已。

那么，日本的普通家庭又是怎样的状况呢？与我们“父母在，不远游”的传统观念相反，日本的“单身赴任”现象早已有之，日本人对此也早已习以为常。而且日本在战后经济重建中取得举世瞩目成绩的同时，大公司还相应总结出了一套现代公司管理方法，传承至今的“年功序列制”就是其中之一。按年功升职加薪，固然好处多多，但却也套牢了员工要永远为公司尽职，从此成为公司这个大家的永久一员。但从家庭的角度来看，就是活生生地把一位家庭主“夫”从家庭里剥离出去永久霸占了，而家庭也从此成了丈夫的食堂、旅馆。如此，在日本家庭中就形成了一个有趣的现象，丈夫以公司为家，形成一个家庭形式，妻子和孩子在家又形成了一个“母子家庭”形式，也就是说，同一屋檐下的丈夫与妻儿却过着近乎两样的家庭生活。而当孩子长大进入青春期后，随着他们拥有了独立的空间和私密生活，日本人的家庭则犹如细胞再分裂般，又出现第二个、第三个新的小家庭，从而出现“数家同堂”现象，甚至有的家庭是成员们各自买来便当同桌而食，互不相扰又维系了家庭之“绊”（纽带）。这种现象日本人自己不会觉得别扭，倒是颇令重视家庭伦理关系的我们瞠目了。

一人一家庭，虽然年轻时拥有独立空间青春自由，就是长大成家育子，也能各有千秋相对潇洒，但无可否认的是，老后则必须要承受孤独，日本近年来频发的老年孤独死现象，就是最现实的佐证。更有甚者，前段时间看过一档日本电视台的街头突访节目，突访的对象是结过婚的白领或家庭主妇，访谈内容则是死后会否选择葬入夫家祖坟，令人惊诧的是，大多数女性几乎都持反对意见，理由么，一是都忍受、伺候丈夫一辈子了，不想死后还继续伺候、忍受；二是与夫家人向无往来，死后与陌生人在一起，会感到不安。由以上原因，受访女性除去极个别的选择与夫同葬外，大多数倒是想葬入娘家祖坟，但又恐给娘家添麻烦。像是要印证这个访谈结果般，最近大都市中渐渐出现了一些“坟墓大楼”，是由楼房改造成的简易骨灰安置所。据说，购买这种骨灰存放处的以老年女性为多，宁可成为一孤魂野鬼也不愿葬入夫家坟地，可见，日本人连死后都在追求“一人（鬼）一家庭”。

变质的母亲之道

与我们一样，日本人在公共场合也称呼老妈为母亲，汉字相同不过读若“哈哈熬鸭”。在公开场合，日本人对母亲还有一种叫法为“御袋”，读若“偶服苦劳”，那是日本人把母亲比作装儿女的袋子之意。这袋子不得了，那可是指的从胞衣开始到怀揣之、哺之、育之，直到呵护子女至长大成人为止的缩写，透出的就是浓浓的母爱。日本孩童也称母亲为“妈妈”，发音虽与我们相同，不过，日本用的是片假名。日本还有个有趣的现象，就是男人们有时也会在人前人后以“お母さん”（读若“欧卡桑”）或“母ちゃん”（读若“卡枪”）来称呼母亲，那则又是昵称了。不过日本男人瘾头上来，有时也称自己妻子为“卡枪”或“妈妈”的，似有长不大和与儿子争宠之嫌。所以说，与日本人交往，还真要注意，突然给你来一“卡枪”，你还真不一定知道他是在叫妈还是喊老婆呢。

儒学传入日本后，受其影响，日本女性也开始有了诸多束缚，渐渐就形成了日本的妇人之道、母亲之道。日本的妇人、母亲之道，要求女性必须无怨无悔、含辛茹苦、大门不出二门不迈地为家庭无偿奉仕。过去的日本母亲也确是这样做的，把孩子抚养长大成人，培育成才，那才是母亲的骄傲。即使儿女长大后不孝，甚至弃母、厌母，母亲也依然故我，这才是传统女性追求母亲之道的极致。但凡事利弊共存，正是由于母亲对子女（主要是儿子）的从襁褓开始的“御袋”般的照料，日本孩子才自小就养成了一种消极性的依赖，这种消极性的依赖，是伴随日本人终生的。这种依赖性造成了日本人在婚前依赖母亲，婚后依赖母亲加妻子，而且好多时候视妻子为母亲。在外则演变为依赖上司，这些都足以说明日本人自小形成的消极性的依赖对他们的影响之大。其实日本女人们就一直说，男人都是儿子，一般丈夫在某种程度上也愿意承认这种儿子的地位。有趣的是，儿子婚后，一般日本家庭还很容易会酿成婆婆与儿媳争儿子丈夫之战，这也是日本婆媳不和的主要原因，也算是日本独有的母亲之道吧。最终，一般都是以儿子顺从母亲，儿媳输掉家庭战争而结束。就是凄凄惨惨戚戚了儿媳，因为她们也是从小就被教育要像观音那般仁慈，要做像儿子一样的丈夫之救赎人般的存在。日本名导、当今著名的女性崇拜者今村昌平就说过：好的女人必须是母性的。殉夫而亡的乃木希典大将妻子，遗书中亦写道：完美的日本妻子应该是丈夫的守护神，在逆境中保护丈夫是妻子责无旁贷的义务……云云。读着就感觉与母亲护犊没什么两样。

时至今日人心不古，在当今教育环境、社会风习的影响下，曾几何时，日本传统的母亲之道业已渐趋变质。比如杀夫、弑子，子又弑父母的现象逐渐增多，这固然有受日本的传统“姨捨”(把不能劳作的老人背到山里扔掉，任其自生自灭)轻孝道习俗影响有关，当今日本的教育制度也负有不可推卸之责任。我们知道，日本学校虽然重视孩子的全方面发展教育，但却慑于人权等多种因素而不敢或不能过多干涉学生的自由，也因此，日本学生上课如放羊，下课则忙于玩耍、打游戏，提起父母则以“粪婆”“粪爹”来称之。虽有“子不教父之过”之说存在，但日本现实社会环境已不仅使得父亲根本没有时间教育孩子，在日本经济长期不见起色的情况下，即便是母亲，为贴补家用也不得不走出家门做起临时工来。如此，教育孩子对于父母渐渐就成了一句空谈，母子、父子感情逐渐生疏也就成为必然。更有根本没有做好当父母准备的早婚夫妻，则视孩子为累赘，因此，弑子虐子现象就不可避免地逐渐增多起来。当然这些现象的发生、增多，也与日本人的精神压抑日趋严重而无处发泄等因素有关。

总之，日本的传统母亲之道，在现实的重击下已经开始不断走向崩溃是不争的事实，长此以往，非但日本人传统的母亲之道，甚至连日本那固有的受行为规范约束的道德意识也会逐渐走向消亡。

藏之有道的私房钱

刷朋友圈，看见一帖，是教男人藏私房钱窍门儿的。本人纯爷们，对此自然极感兴趣。

此帖共提供了四种方法："身高法""勤懒法""分散法"和"遮掩法"。身高法，就是根据老婆身高，把钱藏在她视线看不到、手也够不着的地方，如书柜顶部等。勤懒法，就是充分利用老婆平常懒得碰的东西，比如，把私房钱放在老婆已经食之无味弃之可惜久不用之的旧包包的夹层里等（注：此招儿最大的好处就是，即使被曝光，也可以推到老婆的粗心大意上去）。分散法，你懂的，这个很简单，相信每位男士都早已在身体力行着，化整为零永远是硬道理。最后的遮掩法，就是买小物件，例如绒熊、储藏罐等，堂而皇之地摆在大面上，嘿嘿！赌的是灯底下最黑的"常式定律"。

发帖人虽然大体上说了这么四种办法，但具体来说，相比于过去的"书中自有黄金屋"（藏书里），"鞋儿破，帽儿破，里面有好货"（藏鞋帽里）等，与时俱进的男人们现在又发明出了新的N种藏法儿，比如藏在电脑光盘夹层里、手机后盖里、拖把顶部拧盖儿里等等，当然，至于香烟盒、镜框后等老式藏法儿，也仍在被一些脑子不大灵光的男士们时常利用着……

虽然男人们都在乐此不疲地进行着这项伟大工作（大款、领导等变态男除外），但回头想想，男人若想拥有点私房钱还真不是一般的累。做男人难，做不成功的一般男人更难呵。相反，女人若想藏点私房钱，就忒容易了，家庭财政大权经济命脉握在手里，那是想咋咋地了，人比人，却是只能自叹不如人了。

藏私房钱，世界各国都有，就怀疑此项活动是否是高级动物的通病。邻国日本，自己曝光说是藏私房钱大国，倒是有点信。现在的财务省，过去就叫“大藏省”，财务部长就叫“大藏大臣”，可见，从国家开始就善于“藏”了。日本人低调，这国真正的经济、军事实力有谁清楚？“藏”得好哇！这一个“藏”字，就点透了日本人爱藏着掖着的本性。日本人凡事遮遮掩掩，不肯以真面目示人，久而久之，为人处世自然就处处暧昧了，慢慢这也成了日本人的国民性之一。

私房钱，日本人叫它“脐缲”（へそくり，读若：黑嫂哭哩），本来是指“综麻缲”，比喻搓麻绳一点一点积攒钱的意思。因“综麻”和“肚脐”音同，都读若“黑嫂”，而搓麻绳赚钱和往肚脐眼里塞钱这俩活儿都不容易，久而久之，日本人的私房钱就被混同为“脐缲”了。

日本现任首相，尤喜外游，到处撒钱，就让外务经费捉襟见肘。据《产经新闻》报道，歪嘴麻生财务大臣苦于政府经费难，前阵子罗锅上山时突然灵光一现，想起了日本人有钱藏在家里不去储蓄的毛病，就发飙说：“日本人将超过七万亿美元的现金藏在榻榻米下，是极其荒谬的做法。”他认为，这些“错位”的资金原本应该投入到金融系统中，让银行给日本产业发展提供资金支持。殊不知，庶民有庶民的想法儿，银行经营不振，时有倒闭风险，而且还有毫无吸引力的近乎于零的利率，这都是日本人宁愿把钱藏在榻榻米下也不愿存入银行的理由。麻生提到的“放在榻榻米下”，倒是日本人自古以来藏钱的地方，盖因和式住宅只有木头和纸，可以说是家徒四壁，除了榻榻米下面，也确是无处可藏。

今时固然不同往日，日本人藏钱尤其是日本男人藏钱，已与过去大不相同。因注重个人隐私权，日本男人藏钱就明显不像中国男人那么紧张、小心翼翼。无论是藏在公司抽屉里，还是更衣间衣柜里，哪怕是家里个人东西放置处，都轻易不会有人去翻弄。而且，据世论调查，日本男人为免私房钱给家庭生活带来麻烦，现在大多数人都会把商家提供的积分服务作为私房钱来使用，安心又省事儿。不过，说到家，日本男人也没太多私房钱好藏，一般工薪阶层每月的零花钱，去掉必要的开销，几乎所剩无几。大企业还能靠企业为员工提供的人性化瞒妻员工专用账户，把奖金的一部分秘密打给员工以供员工隐性消费，但现在据说也已不多，小企业里的员工就基本没这项人性化服务了。

相比于日本男人，日本主妇的私房钱就只能说是令人瞠目了。在日本有名的论坛“发言小町”上，一个针对主妇私房钱的问询，反馈回来的消息是八百五十万、一千七百万，最多的是四千万，不知日本男人看后有何反应。即使日本主妇有将自己的婚前储蓄和个人收入也作为私房钱藏起来的传统习惯，但不可否认的是，婚后从工蜂丈夫的工资奖金里私自储存起来的钱，才是最多的那部分。而且日本主妇丝毫不怕曝光，因为日本《民法》有明确规定：以丈夫名义取得的金钱是归丈夫所有的，但同时也规定了妻子以自己名义存丈夫的钱，也不会被判为盗窃或贪污罪。这就产生了一个明显的法律盲区，日本公司都是把员工工资直接汇入家里由妻子掌管的账户，一般日本的工蜂丈夫是不可能知道妻子具体有多少钱，又或者以她们自己的名义存了多少钱的。所以，日本，才真正是主妇藏攒私房钱的天堂，而且那是真背着老公的，而且心安理得。而中国主妇们即使攒点私房钱贴补娘家或私用，但绝大多数还是为了家庭使用的，这与日本主妇私房钱的额度和使用目的相比，简直都是不可同日而语的。

所以，从私房钱的角度比较来说，中日两国男人在私房钱面前，倒是都成了相似的不幸男人，而女人们经济大权在握，那真是堂而皇之的藏钱有道，她们的幸福却也是相似的。记得过去中国男人曾憧憬过的幸福生活是“住美国房子，取日本老婆”。省省吧，真娶回来，卖了你兴许还帮她数钱呢。

饿死人的饱食大国

号称饱食大国的日本又饿死人了。

前些天，日本各大电视台相继报道了，东京埼玉市北区吉野町的一幢公寓里饿死一家三口人的新闻。死者是六十岁左右的夫妇及他们三十岁上下的儿子，发现时已死去两月余，尸体一部分已呈木乃伊化。据调查，在死者家中没找到任何食物，只找到几日元硬币。瓦斯、电源都已被掐断。发现者管理人并介绍，该户居民已经近半年未付房租了，这也是他们得以在死后两个月才“有幸”被发现的主因。

在早已进入“一亿人民总中流”富裕社会的日本，发生如此的人间惨事虽令世人瞠目，但日本人自己却是心知肚明的。其实作为富裕国度的日本，饿死人的事情就从未断过，而且还呈逐年上升趋势。2009 年日本厚生省曾搞了一个人口动态统计就很能说明问题，调查显示，由于营养欠乏症造成的死亡人数，截至调查时为一千八百九十四人，换言之，也就是说按总人口计算每百万人里就有约十五人死于饥饿，在发达国家里这足够触目惊心了。分析原因，首先是虐待饿死，即母亲对育儿失去信心以至不给婴儿进食导致孩童虚弱致死，当然也有厌弃病妻残夫和生活不能自理的老人而故意将其虐待致死的。其次，申请低保门槛儿太高，致使一部分丧失劳动能力或就业难的人，因没有收入而又借贷无门而活活饿死。还有一种，则是耻于领取低保，宁愿饿死也不食嗟来之米而致死亡的。但无论是哪一种原因，在现代国家里都是让人难以接受的。因为无论是邻舍亲友还是断电断水公司，以及团地自治会或市区役所民生部门，都有N个理由及时发现问题，但结果是让人遗憾的，这说明人情冷漠才是真正的罪魁祸首，是怕给自己带来麻烦的自私心理和冷漠的人际关系才造成了此类事件的不断发生，而且性质愈趋恶劣。不觉忆起当年周作人曾热情洋溢夸赞的日本的“人情美”，与今时日本社会对比，真是情何以堪。

最不可思议的是，看日本人的博客议论，居然有人说：最让人痛心的是这三人死就罢了，还把猫咪关在家里一起饿死，简直不可原谅。联想到前一阵子也是电视台报道的，一对年轻夫妇，把微薄的收入全部用来买宠物食品喂狗，而致使亲生孩子活活饿死的事件，对日本人道德观的畸形程度就无语了。顿笔之际，晚间新闻又报：一对母子单亲家庭，母亲因患蛛网膜出血死去，致使无人照看的四岁幼子因饥饿而虚弱致死。富裕日本的无情现实，又给我们上了一课。当下的日本有句流行语叫作：“生在日本，真好！”如果只是从上述这些实例来看，倒是极具讽刺意味呢。

趣谈日本厕所称谓

何谓“厕所”？从字义上看，“厕”字从广，广像屋；从则，则当侧，合在一起，厕所似可以释义为“设于房子旁边的侧屋”。本来嘛，吃喝拉撒，乃是兹事体大，上至王公贵胄，下至黎民百姓，为保体内通畅，每天都要如厕几回。君不见，自古以来，光是厕所的名字，也是庶几繁多，这些都足以证明厕所之重要性。

我国古代较早的典籍《说文》云：“厕，清也。”《释名》则曰：“溷，为浊；圊，为至秽之处，宜常修治使洁清也。”《庄子·庚桑楚》：“观室者周于寝庙，又适其偃焉。”注云：“偃谓屏厕。”可知厕所又称为“偃”。而皇室之“厕”，称谓又不同，《西京杂记》说：汉朝宫廷用玉制成“虎子”，由皇帝的侍从人员拿着，以备皇上随时方便。这种“虎子”，就是后人称作便器、便壶的专门卫生用具。至于其名称来由，相传，西汉时“飞将军”李广射死卧虎，让人铸成虎形的铜质溺具，把小便解在里面，表示对猛虎的蔑视，这就是“虎子”得名的由来。可是到了唐高祖李渊登基为帝时，只因他们家先人中有叫“李虎”的，便将这大不敬的名词改为“兽子”或“马子”，慢慢地就被俗称为“马桶”和“尿盆”了。佛门中则称厕所为“解忧室”，修行乃为解精神之忧，排泄却可解臭皮囊之忧，可见，剃掉三千烦恼丝去蹲茅房，是可解双层之忧的，真乃善哉。古代大家中，又雅称厕所为“西阁”，这则是从古代风水学的角度而来，厕所应建在宅第的西侧之故尔。

今人对厕所的称呼则更多，除了常用的厕所外，它还有一大堆别号，比较通俗的大众叫法有“茅厕”“茅房”“便所”等；学生一般称其为“一号”“伦敦（轮蹲）”；百货商场则多写为“洗手间”“卫生间”或“盥洗室”等；更讲究一点的酒店、会所一般常用“化妆室”或以“烟斗”“高跟鞋”以及绅士、淑女画像代替了。开始重视厕所以后，这不，什么都讲究高大上的国人又发明出了“黄金厕所”“五星级厕所”等等伟大的“屁股工程”。

观察一下我们的近邻日本对厕所的称谓也很有意思，过去的日本人一般也称厕所为“便所”，这在今天，偶尔在郊外的车站或公园也还能看到厕所门上大书的“便所”二字，在日本欧吉桑们的口语中也还是时常能听到“便所”二字。但日本古时对厕所的称呼，那还真就是虽属不洁之地，但称呼却都意境深远，比如：平安时代日本叫厕所为“金隐”，就可以顾名思义了。更远一点还称厕所为“哈叭咖哩”（忌讳、顾忌之意），排泄的地方倒确实是忌讳之所。日本厕所过去也有“远方”之称，字面意思似乎是让人憧憬远方般，实际却是指人应去别人目所不及之处出恭。日本的神社，一直延续下来的是把厕所叫作“手水场”，意在告诉人们方便完要“净手”。日本佛门还有一种对厕所的称谓与中国大有渊源，那就是称厕所为“雪隐”。“雪隐”，按字面意思是“隐于雪中”，洁白、洁净之意也。可实则不然，其来历却是为了纪念我国杭州灵隐寺的古代一个一直勤勤恳恳打扫厕所的小和尚“雪套”，日本人取“雪套”之“雪”字，再加入“灵隐寺”的“隐”字，就完成了既纪念了雪套，又为厕所取了一个充满诗意的名字的无量功德。不过，让我们惭愧的是，在国内连“雪套”乃何方神圣，估计都知者寥寥，更遑论纪念他了。日本古时厕所称谓中与中国有关的还有一种叫“装者所”，则是由中国古代上层人上完厕所后，因认为衣服会沾上厕所的味道，故需更换衣服之说而来，渐渐这种“换衣服的地方”也就成了厕所的代名词。而今天中日韩皆称厕所为“化妆室”，估计也是由此演变而来。日本对厕所还有一个称呼让我们很能心领神会，那就是叫厕所为“闲所”，原指“有了闲时间，可以在厕所里看书涂鸦”之意，听来就和我们的“厕所里看报纸”，有着异曲同工之妙。

现在日本人的口语中，多称厕所为“噢太啊拉已”。再讲究一点的则称“偶胎阿拉姨”或“化妆室”，其实，无论是外来语的“噢太啊拉已”还是日本本土语言的“偶胎阿拉姨”，哪一种称谓都几乎已把厕所的原意“隐”掉了，厕所赋予人们的已不仅仅是方便之处，更是一个让人愉悦的小憩及女性补妆的休闲之地了。

好胜的韩国人在厕所称谓上更是高级化，据说，在韩国如果打听方便之处而直呼“茅楼在哪儿？”肯定没人理，那是一定要问“化妆室”在哪儿的。不过也曾听说过去韩国的宫廷里称厕所为“梅雨间”，乍一听，诗意呵！可当弄明白了“梅”就是“大便”，“雨”就是“小便”时，诗意就一下子荡然无存了。

其实，中日韩的厕所也正如这三国的关系一样，是紧密相连的，从中国古代传来的“更衣”，到日韩今天的“化妆间”，那就是儿一辈儿孙一辈儿的关系，用中国的老话说，自古就已经“尿到一个壶里了”还没事儿闲吵个什么劲儿。

日本人的笑

是不是原话记不清了，说个大致意思。松井中队长带兵前往李庄搜索李向阳和粮食，威逼村民小宝子说出粮食藏匿地点时道：“嘿嘿嘿嘿，不说的干活，死了死了的有”。这是电影《平原游击队》的一个片段。也是我最先接触到的日本人的笑，阴阴的、狠狠的，幼小心灵从此定格了日本人的笑。

与儿时记忆里日本人的笑截然相反的是，来到日本后，首先面对的却是日本人的微笑，不，确切地说是微笑服务。这体现在餐馆用餐、商场购物，或者是问路、陌生人应酬等诸方面。日本人的微笑让人如沐春风心情舒畅，也就同意了法国画家雷加梅在其《日本素描旅行》中的认为日本式微笑是“所有礼仪的基础”之论述，他也同时指出：“生活中不论遇到何种难以承受的悲伤，这种微笑都是不可或缺的。”具体文章名不记得了，希腊记者、作家赫恩，也就是后来赫赫有名的小泉八云，在一篇文章中，好像也为“日本式微笑”做过推荐和辩护。此二人都是一个世纪前的人物，可见，日本人的微笑早在百年前就已引起了有心人的关注。而来日后一直享受这种令人非常受用的微笑，不觉中对小时候被定格了的松井式“嘿嘿”阴笑开始了动摇。

来日久了，自然了解的也就多了一些，在咖啡馆曾见两位欧巴桑聊天，一位述说一位倾听，说者喋喋不休，听者则始终满面微笑，不时点头应承，那副真诚的微笑，倾心倾听对方表述的认真面容，深深地感染了我。因为凭经验她并不一定对对方所叙述的事情感兴趣，可那份微笑，那份真诚，却让我感到了人和人之间的尊重。我们都有去日本商场选衣的经验，无论你试穿多少件，无论你最终是否购买，店员那由始至终的微笑、热忱服务，最后深深鞠躬感谢你光临的身姿，无不让我们对日式微笑服务留下深刻印象。我们知道，那是日本人“必须的”职业微笑，可我们感受到的应该说是真诚的职业微笑。

近来，越来越多的人，包括日本人自己，都认为日本人缺少幽默感。日本人以认真、勤勉著称，换一个角度来看，也就衬托出了他们不苟言笑的国民性。报纸也来凑热闹，记得看过《朝日新闻》的有关“日本人和笑”的大型国民意识调查。结果显示，71% 的日本人认为日本社会缺乏笑，至于理由，半数人认为是自然灾害等不幸事件的经常发生所带来的。还有三成认为是人和人之间的关系发生了变化致使的，另有两成认为日本经济失去活力是主因。《日本人笑谈集》举的例子很好玩，问的是：“两男一女漂流到无人岛后怎么办？”答案是：“如果是法国人，女的会和其中一位男士结婚，然后和另一位男士通奸；如果是美国人，女士会和其中一位男士结婚，然后离婚再嫁给另一位男士；如果是德国人，女士会和其中一位男士结婚，而另一位男士做证婚人；而如果是日本人，两位男士会为哪一位可以和女士结婚而想办法向公司请示。”好玩归好玩，但却也折射出了日本人缺乏浪漫、凡事认真的国民性。不过，以我们外人眼光来看，日本人对人的未语先微笑，还是主流，也是给我们留下深刻印象的。

对日本人的笑，虽然评说众多，笑法也各异，但还是发现了日本人也有发自内心的笑。我们知道，日本人由于工作生活压力大，精神大都处于压抑状态，这也就是我们时常能看到的他们在对人时微笑，但独处时却是一副欠揍的情形。偶尔也会看见日本人一个人走路偷着乐，虽然莫名其妙，但看得出，他们那是确确实实是在由衷地笑。也尝见日本人开怀大笑，那就基本是在酒局上了。日本人大都好酒又不胜酒，而酒局的话题也无外乎谈情色和说上司的坏话，微醺中，谈色谈得眉飞色舞两眼放光，这个时候，你就会看见日本人笑得有多么真实，多么开心了。

不过，对日本人的搞笑不大感冒，经常看到日本著名导演、谐星、电视节目主持人北野武的搞笑节目，此公的经典装扮之一就是，头顶毛茸茸的乌龟帽，裆插毛茸茸的长颈鹅头，语言下流动作猥琐，感觉毫无幽默感。但嘉宾观众却都兴趣盎然地哄堂捧笑。我们则不知哪里好笑，看得莫名其妙。进而开始对日本人的笑点、笑的原点都略微产生了一种迷失感。

渐淡的日本年味儿

说起日本的正月，在过去，日本正月是和我们一样过旧历的。明治维新后，一切向西看的日本把他们的新年也“向西看”成了西历，从此，日本的正月也就变成了西历的元月。

过去，日本人是非常重视正月的，每年进入10月底11月初，日本商家就会把正月装饰用品摆出销售，正月气氛也由此展开。到了12月25日圣诞一过，人们撤下圣诞装饰，翌日就迫不及待地开始了正月装饰，之所以迫不及待，是因为日本有个习俗，认为29日的“9”的发音与日本的“苦”是近音，不吉利，因此，人们都尽量争取在29日前把正月装饰布置完，否则，31日就是日本的年三十，就只剩30日一天可用于正月布置了，所以，过去在日本，无论是商家还是个人，大都要在26日至28日之间把正月装饰搞完。

正月装饰最有代表性的就是大门前的门松、屋门上的注连绳以及家中供养的镜饼了。门松是请年神下车的记号，注连绳是用来防灾神入宅的，而镜饼是敬神用的，由大小两个重叠起来的粘饼以及象征“代代相传”的橙子和绳结、彩扇等组成。讲究的家庭，室内还要供养“神棚”“佛坛”。年饰做完，就是“大晦日”了。日本的大晦日，就是我们的年三十，日本人在这一天进行大扫除以除去一年的霉气，然后，就一家人团团圆圆地吃年夜饭守

风景这边已不独好。

岁。与我们不同的是，日本人是吃荞麦面迎接新年的，称其为“年越荞麦面”。尔后，随着各地寺庙的108声钟声响过，人们或奔向寺院、神社“初诣”（是指一年中第一次去神社或寺院参拜，祈求平安），或钻入被窝祈求做新年第一个吉祥美梦。新年第一天，在过去，日本人是一定要喝据说能祛病消灾的屠苏酒和“杂煮”（即年糕汤）的，然后再给孩子们发放“御年玉”（压岁钱），孩子们则兴高采烈地穿上年三十晚上母亲悄悄给准备在头顶的新衣，女孩儿三五成群地出门玩“羽根突”（打羽毛毽子），男孩儿们则玩“独乐回”（转陀螺）等。而大人们就开始了给父母、亲友的拜年串门活动了。

与我们一样，日本人过年，在过去也是要大吃的，只不过，他们所谓的大吃，看后却是不敢恭维，因为日本人的正月料理主要是以素、淡为主，包括除夕夜迎新年的“年越荞麦面”。大年初一早餐的“杂煮”以及“御节料理”(指年节饭，多为冷盒饭)，日本人美其名曰“精进料理”，其实就是能让我们嘴里“淡出鸟来”的素餐而已。在过去，日本还有一个正月习俗也是日本人必做的，那就是每年进入12月初就开始的书写、寄出“年贺状”（即贺年卡）活动。据说，最盛时，日本每年的贺年卡，平均每位会写字的成年人要书写、寄出一百张，这个数字乘以日本成年人的总数，规模就足可谓触目惊心了。除去上述这些，日本人尚有许多正月习俗，如：吃寓意丰作的“沙丁幼鱼的佃煮”；吃取其音“kuromame”与“辛苦、认真”谐音之意的“黑豆”；吃祈愿出世（升官）的所谓“出世鱼”的烤“狮鱼”或鳗鱼等。除此，尚有“初水”“山初”“船始”“初商”古传习俗等等。

时至今日，日本的正月习俗，虽然大体上尚能保留传统习俗，但毋庸置疑的是，随着网络的普及，日本人的传统正月习俗也在悄然发生着变化。比方说：门松、镜饼以及大晦日的大扫除等，在现今的日本年轻人之间已很少有人谨守，更多的根本不知放置门松、镜饼为何意。甚至，大年夜一家人团团圆圆守在一起，像我们看“春晚”那样看日本 NHK 电视台“红白歌会”的当代传统，也在愈趋减少。转而，对追星类的演唱会、海外、国内旅行等倒是趋之若鹜。同样，如今的日本年轻人对什么“年越荞麦面”“煮年糕汤”和“御节料理”等也是兴味索然。还有一个不得不提的现象，现在日本年轻人选择正月回乡省亲的人也越来越少，由于囊中羞涩而选择过年给家里父母打个电话问候一声的人，逐年增多，空留白发父母在家企盼，这就不可避免地让日本人家庭成员之间的亲情渐渐变得淡薄起来。尤其是随着近年来网络的发达，日本人甚至连坚持到如今的书写“年贺状”（即贺年卡）的习俗，也在逐年减少，网上贺卡、LINE 拜年、“脸书”问候已渐渐为大多数年轻人所接受。而急速发展的印刷术，也使得“年贺状”变得越来越精致的同时，由亲笔书写所带来的那份浓浓亲情、深深厚意也在渐渐淡去……

如此例子，已经不胜枚举，而每每看到每年日本电视台主持的爷爷奶奶、父母等的寻儿（孙）节目，看到那些用颤颤巍巍声音通过电视台呼唤儿孙回家看看的情景，心中就犹如打翻了五味瓶般，倒是真的有点“杂煮”的味道了。真担心，长此以往，日本的年味儿是否会逐渐“年将不年”了呢。

悠闲与匆匆

家乡小城，地处东北边陲，是典型的“千里冰封，万里雪飘”望不见长城内外，但也惟余莽莽的闭塞苦寒之地，每次回乡省亲，总有父老相问：中国好哇？还是日本好哇？回答“日本好”容易被从内心痛恨鬼子的家乡父老误判为汉奸，说“中国好”，又有点违心。偶然想起“悠闲”二字来，觉得若以此为准绳，中日倒有得一比。

国人的悠闲，是我们从小看到大的，举个在中国大江南北无处不见的实例，每逢盛夏烈日炎炎之际，城市的街头、巷尾、树下，会常见一只躺椅，一把摇扇，一杯浓茶，配一位袒胸露背的躺在上面的男子，或读书看报或呼呼大睡，悠然而又令人羡慕。这在日本，简直是不可思议的，莫说日人没这份时间，即使有，注重形象的日人也不会这么做，充其量他们会停下匆匆的脚步，在自动贩卖机里买上一听冷饮，一仰脖“咕咚咕咚”牛饮而尽，然后再继续他们的“匆匆”。日本人白天时自然也会睡，不过，那是在电车里的困极累乏而小憩，与悠闲也就很难扯上关系了。

中国人多，因此街上人亦多，无论是逛街还是工作，国人都是慢当四稳悠然自得的，若非遇上爹死娘嫁人、老婆跟人跑、丈夫包二奶、被炒鱿鱼等大事，国人是永远不屑于匆忙赶路的。就是赶火车，也都会在候车室里泡上几个小时而丝毫不觉得烦，而日人则不然，赶电车是以分秒计算的，一脚踏上站台，电车呼啸而至，再一脚踏上电车，电车疾驶而去，才算正常。中国人在大街上遇到有事情发生，会不约而同围上个里三层外三层看热闹，即使外围的人有时什么也没看到，也丝毫不影响他们继续围下去的耐心。日本人在路上如遇有事发生，哪怕是地上躺个死人，也绝少有人过问的。原因嘛，一没时间，二怕惹事上身。估计哪怕是日本东京国会议事堂被扔个导弹，日本人也不会去凑热闹的。

饮食上亦然，国人的早、午餐时间已然充裕，至于晚上喝酒，则更是要推杯换盏到一醉方休才肯作罢；日人的早、午餐则正相反，基本上是几分钟就搞定，喝酒虽也讲究一次会、二次会，但由于日人视喝酒为工作的继续，因此，喝到最后则是更加疲惫不堪，又哪有什么悠闲可言。常见一两个日人站在车站站台上，没有下酒菜，拿几听易拉罐啤酒在那里“干拉”（北方方言，指没有菜只喝酒），这若是让讲究喝酒质量的国人看见了，没准儿会笑掉大牙。

中国人悠闲，过去，在不发达地区，精力旺盛的人们晚上没事干，就早早上床悠闲地一个又一个制造大虎、二狗子、三愣子等。日本人不悠闲，上班匆匆、吃饭匆匆、睡觉匆匆，就连做爱，据说日人好像也是匆匆，君不见那铺天的性服务广告，有些竟是以十分钟、二十分钟为基准收费的，这么短时间搞定，就要求必须速战速决，也就谈不上悠闲。

日人不善理财，匆匆忙忙干一辈子，都忙着还婚贷、车贷、房贷了，到死时落得个“赤条条来，赤条条去”。国人精于理财，又有亲朋帮衬，因此，哪怕是失业个一年半载，也是小日子滋润得“胜似闲庭信步”，到死时有家产有儿女送终，这又胜过日人多矣。

中国古人曾经留下了诸如诗词、歌赋、戏曲、小说等无数的灿烂文化给后世，大多数也都是拥有悠闲的人写出来的，若生计都顾不过来，又有哪门子的闲情逸致去弄这些，所以，张潮在《幽梦影》中说：人莫乐于闲，非无所事事之闲也，闲则能读书，闲则能交益友，闲则能谋事，闲则能著书，天下之乐，孰大于是？日人也有文化传世，譬如说俳句短歌，不知是不是日人不得悠闲所作之故，五七五的句式，短到实在让人提不起看下去的兴趣，自然也就无法喜欢。余秋雨在《千年一叹》中，讲了一个经典的闲散第一的希腊人的故事。说一个人在鱼群如梭的海边钓鱼，钓到两条就收竿回家。外国游客问：“为什么不多钓几条？”他反问：“多钓几条干什么？”外国游客说：“多钓几条可以卖钱，然后买房、买船、开店、投资……”“然后呢？”他问。“然后你可以悠闲地晒着太阳在河边钓鱼了。”外国游客如是回答。“这我已经做到了。”闲散的希腊人答道。钓鱼人的这份悠闲透着点懒散，其实，国人的悠闲也透着懒散，但人生毕竟境遇不同各有选择，辛苦成功的背后也不尽是惬意，与日人的“匆匆”人生相比，看国人守着这份悠闲生活倒也难说谁对谁错。

弃医从文的名人

长期旅居日本的人都知道，在日本是害不得牙疼的，一旦去看了牙医，那是少则三两月，多则半年一载，犹如股市，你的牙会被牙医彻底套牢。他们会把你的牙从牙床到牙神经甚至每颗牙都研究到毫厘之细，彻底治疗、彻底服务，最后让你彻底没脾气。感觉就不仅仅是在治牙，似乎是在一点一滴地把你牙齿上的最后一点铜臭刮下来。牙医猛于虎，不过吃的是日元罢了。

其实，非止牙科，日本的内外科、小儿科、妇产科莫不如是，与我们的病急乱投医正相反，日本人看病讲究从一而终，正如妇产科会在母亲怀孕之时起，就为产妇建立一套完整的“母子手帐”一样，母子会在数年内都被这家医院套牢。其他医院亦然，小儿科如果接待了一个新病儿，估计就起码吃定他到成年了。说了这么多，无外乎是想说在日本医生这个行业是多么的赚钱，但医生从来不和你提钱。帮助了人还能赚钱，这职业就显得高尚还令人羡慕。

其实，非但日本，医生这个职业在世界任何地方都是受人尊敬的神圣职业。想想也是，培养一位合格医生（当然不包括我们过去的赤脚医生），忒不易。以日本为例，六年医科大学毕业后，才能考取医生资格，而且还需在医疗机构临床实习，到有资格悬壶济世为止，费个小十年的工夫那都是极为正常之事。但就是这样一个来之不易的高尚职业，偏偏就有那么一伙医生身在福中不知福，去选择弃医从文，此种现象，日本有之，中国有之，西方国家亦有之，而且古今皆有之。

医学大体上是探究肉体的奥秘，医生也是治疗人身体疾患的，但由于医生行医使得他们能广泛接触到社会各阶层的人，尤其接触的还都是褪去伪装，赤裸裸展现出本质的弱势病人，而且，医生的职业特性，又使得医生大都具备敏锐的观察能力和判断能力，最终需形成的报告，又使得他们必须具备严谨的写作能力。中国古代就有“医文一家”之说传世。譬如汉张仲景著《伤寒杂病论》，唐孙思邈著《千金方》，明李时珍甚至花三十年时间写作《本草纲目》。很难说，若没一种强烈的使命感，这些传世之作能否得以完成。

鲁迅和郭沫若都曾在日本学医，后来不是亦医亦文而是都弃医从文了，他们的弃医从文被赋予了报效国家的伟大情怀。而国父孙文则非但“弃医”，而且直接从了“政”，倒是干对了，毕竟做过了大总统，尽管那是临时的。有趣的是，这几位都是在日本学的医，也是在日本选择的弃医，冥冥之中好像就有着某种潜在的必然。

“弃医从文”这毛病似乎传染，这不，我国当代知名作家如余华、池莉和毕淑敏等，他们也都是弃医从文。资料显示，据说是某种使命感促使他们做出了这样的抉择，不过，好像直到今天，他们的某些作品、言行依然还有争议，可见，从文的使命感不一定就比从医的使命感来得轻松。

外国著名作家如日本的渡边淳一、俄国的契诃夫和英国的柯南道尔等等，也都选择了弃医从文，他们的作品更是世界闻名，但似乎促使他们转行的原因，与使命感并无多大关系，而纯属自然使然。事实也确是如此，出身医生，得以长期接触各类病体，也就很容易使得他们从探究人体而升华到关注病人的精神世界，进而产生探究人的精神方面的欲望，从而生出欲把自己所观察到的人的表象和内心诉之于笔的冲动。而当他们一旦提起笔来，以他们那得天独厚的敏锐观察力、判断力和冷静的剖析能力，沉淀着理性、堪称隽永的不朽之作的诞生，也就是理所当然的了。

其实，无论是使命感使得这些人弃医从文也好，还是顺其自然弃医从了文也罢，一个共同点是这些医生作家，似乎很容易产生不朽之作。当然，这与他们过去的职业应有直接关系。艳羡之余，不由得也想弃医从文了，奈何从不通医，也就终究没得医来“弃”。

提起和纸都是泪

从蔡伦在东汉和帝元兴三年（公元 105 年）用破渔网、烂树皮和碎麻头等做原料造出了他的第一张纸算起，造纸术在我国已发展了近两千年，按说发展了近两千年的造纸技术，在今天应称其为造纸艺术了。可实际情况却不然。日前，笔者从国内买了几本介绍日本文化历史的书籍，回来在公司显摆时，却被向来自我约束能力良好的日本人揶揄了一把："是写日本的书吧？但纸好像粗糙了一点呀。"很少意识到这个问题的我，看了看自己手中的书，再想想日本那些设计精美纸感怡人的书籍，无语了。

造纸术是于公元 4 ～ 5 世纪从中国经由朝鲜半岛传入日本的，至 6 世纪随着佛教的传来和普及，抄写经文用纸的需求急剧增大，这给日本的造纸业带来了决定性的影响。到了平安时代，官立造纸厂（纸屋院）也已开始出现。当时的造纸原料主要为柘树皮和楮树，后来随着纤维细腻、造出的纸既结实又美观的雁皮树的被发现，日本的造纸技术有了一个质的飞跃，从而使一直以单纯模仿"唐纸"为主的日本造纸业，过渡到了日本特有的"和纸"时代。

所谓和纸，日语音读为"瓦西"或"瓦嘎米"，是为区别于"西洋纸"而取的名字，也称"日本纸"。如果说起纸的种类，与日本相比我们就有点相形见绌了。日本"瓦西"，仅是手工制作就因原料和用途的不同而分为十余种。比如，橘木以结实、吸湿性

骑“鱼”看唱本，还是这么好的和纸，典型的拉仇恨。

和透气性著称，因此，由它加工而成的各种染色纸、花纹纸和皱纸等，就广泛被用于日本的和式拉门、屏风、隔扇、灯笼等。黄瑞香以表面细腻光滑闻名，因此，由它制出的和纸则多被用于书籍等印刷品，而且据说，被誉为世界上质量最好的日币用纸，就是黄瑞香纸。雁皮纸以其细密、结实的特性，则成了保存时间长的印刷品的首选。质地绵韧、纹理美观的麻纸，则是日本画用的专宠。当年，在东京，日本代表在受降书上签完字后，麦克阿瑟看着精美的签字用纸，曾经说过一句经典的话："希望这份条约就像这张纸一样，千年不变。"而当时的受降书用纸就是大名鼎鼎的日本宫城县白石和纸，那是 1945 年……

到了 20 世纪 70 年代，中日"纸"质量之差距，似乎可以用小时候听来的一个故事来描述一下，说：一个人蹲在野外拉屎，完事后才发现没有擦屁股的手纸（当时主要用废报纸、粗糙的包装纸和树枝儿、木棍儿等解决屁股问题），惶惶然中，一只蛤蟆从草里跳出，嘴一鼓一鼓地发声"棍儿刮棍儿刮"。此人灵光闪现：哦！这是叫我用棍儿刮呢。无奈，掰根草棍儿"棍儿刮"过后，似觉仍有残余，左右为难之际，一列火车"咕擦擦、咕擦擦"地呼啸而过。此人灵光又现：哦！原来是让我用"裤衩擦"呀，终于在动用了"布制品"后，后"股"之忧才得以解决。故事即使今天听起来也还好笑，可笑过之后，也让我们明白了当时中国的纸张匮乏程度和国民的纸消费水准。而当时的日本却早已用上了卷筒卫生纸。80 年代末来到日本后，初识日本人称作"太啊拉己偷拍吧"的各种手纸。普通的分为单双层，讲究点的印有各种鲜花图案，高级的柔软舒适，香气袭人。当然价格也是不一样的，日本人也都各自以经济能力来选择自己的手纸，可谓是屁股虽类似，却是纸上见高低了。

有着两千多年历史的中国纸今天竟然比不上只有一千二百年历史的日本“瓦西”，说起来惭愧。但之所以有此差距，颇觉这与两国不同的文化、不同的国民性似乎也有关系。与西方国家一样，中国人喜发明善创造，而日本人却精于使创造趋于更完美的“细工”。“纸”作为一种书写工具，两千年来，在中国虽也有发展，但更多的还是以实用为上，近年来，虽然书籍等印刷品也变得越来越精致、精美了，但纸张的质量还是不尽如人意，报纸用纸及各种包装用纸那灰暗的色彩、粗糙的手感都是我们深有体会的。而日本的报纸和各种包装用纸的精美、悦目也是我们所有目共睹的。

纸，作为文化载体，它生于中国，传播与发展在世界，宣纸、土纸、藏纸等这些中国曾因之自豪的独特的纸文化产品，在我国都已是日渐凋零，有的甚至早已离我们远去。再回首今天依然风光无限好的和纸，留给我们的就只剩下黯然、怆然了。

万能的“思咪码赛”

“思咪码赛”译为中文就是“对不起”的意思。之所以对它感兴趣，一是因为每天都在听日本人絮絮叨叨不停地说着这几个字，二是缘于刚来日本时的一次不小心。记得那是一次乘电车下车时，一不小心笨手笨脚就撞到了前面的一位女士，正手脚局促干嘎巴嘴儿不知“曰”什么时，被碰女士回头温婉的一句“思咪码赛”让我如逢大赦。撞了人，这在祖国可是一言不合就可能演变成口水仗甚至大打出手的，而在日本，被撞女士反过来抢先的一句犹如天籁般的“思咪码赛”，却不仅仅是化干戈为玉帛，那感觉简直是全身十万毛孔都清爽，自此，对这句“思咪码赛”就情有独钟了。

在日本生活久了以后，就会发现这“思咪码赛”在日语里是相当的好用。借光问路时要“思咪码赛”，道歉谢罪时也要“思咪码赛”，而表达感谢时还要“思咪码赛”，甚至于在被感谢或接受道歉时亦要说“思咪码赛”。看起来，在日本如果整明白了这“思咪码赛”，似乎就能畅行列岛，滋润犹如鱼之于水了。

日本《语源由来辞典》释义“思咪码赛”的内容认为它是源于动词“済む”（完成、结束）的否定式，是“未完成”的一种敬语型表达形式。另外还有一种汉字表述形式为“澄む”（澄清）的“未澄清”敬语表达方式。但，无论是“未完成”还是“未澄清”，在日语中都表达出了因未能完成而给对方添了麻烦，并由此产生出的一种过意不去的负疚感。这种感觉，久而久之，就在口语中渐渐演变成了含有“谢罪、添麻烦”等表示“对不起”的意思。不过，日本人在感谢对方时也说“思咪码赛”，那则是因为感受到了对方为了帮助自己确实付出了一定代价，自己感到给对方添了麻烦而表达出的含有歉意的谢意。反过来看，按日本人不愿做出太多亏欠人情之事的思维习惯，他们会尽量避免要求别人给予帮助，因此，一般发生了人情往来，施予方是也要对被施予方说“对不起”，那则是因为一般日本人认为帮助了别人后，也就是使别人处在了一个有亏欠的位置，这也从一个侧面反映了，日本人确实生活在一个处处需要顾虑别人感受和利益的社会里面。行事，首先要考虑不给别人添麻烦，而即使你没给别人添麻烦，是别人给你带来了麻烦，你也要为招致对方给你添了麻烦而同样要给对方说“思咪码赛”。听着有点像绕口令了，不过，倒也正因为“思咪码赛”说得太多了，甚至渐渐成了日本人的口头禅，那“思咪码赛”的真正的“对不起”之意，倒渐渐被淡化了，更趋于表面上的形式用语，话到礼到嘛，但其含金量就感觉大幅缩水了。所以说，一般日本人即使对你说“思咪码赛”，其实也不过是一种让你感觉良好的、口头禅式的道歉而已，而很少是一种真正出于责任感的道歉。

《日本人的心理结构》一书的作者土居健郎指出：日本人对别人的诚心帮助，不满足于仅仅表示谢意，他们总在考虑给对方添了麻烦，所以，还要表示出歉意。他们唯恐辜负了对方的盛情好意，担心不表示歉意是失了礼，因此，禁不住平时就要多说几句“思咪码赛”。如此说来，这“思咪码赛”还真就兼具了道谢和道歉以及其他延伸出的诸如打招呼、开场白等意义，看来，“思咪码赛”在日本倒有着放之“列岛”而皆准的真理地位了。听我啰嗦了半天，“思咪码赛”！

日本的旅游商品

最近，看到了一则“南岛原植树旅游”的广告，广告上方以醒目大字写道：“把充满生机的森林，交给下一代。”具体内容则是：“由于长崎县南岛原市南有马町上原地区的送电所在 1999 年关停后，该地区处于荒废状态，致使当地水源涵养机能持续低下，为了恢复该地的水源涵养机能和防止灾害发生，本公司伞下环保财团与南岛原市政府合作，于 2010 年起发起了上原地区送电所周边的三年植树旅游活动。本年度为最终年度，招募人数为一千名，费用每人两天共计二万九千八百日元。”看罢这则广告，被其中两点内容引出的两个疑问吸引住了眼球，其一是植树旅游，换言之，就是花钱买活儿干，这完全颠覆了我们对旅游定义的认知，那能有人愿意干吗？其二是招募一千名，那可是要招一千名情愿花钱买罪受的旅游者，这能招到吗？担心归担心，查过该公司过去两年的上原地区植树资料后，被醒目的第一年参加人数一千三百二十一名，第二年参加人数一千一百五十名的结果震撼得彻底无语。自然而然，也就对今年该公司的植树计划再也不敢怀疑。

查资料得知，其实，日本人的植树旅游早已有之，而且并非只限国内，还远跑到越南、印尼及我国内蒙古、甘肃等地栽树。上述旅游公司就曾与北京市合作，于 1999 年至 2010 年在北京郊外长城脚下共组织了三期“万里长城植树活动”。三期中参加的日本人总人数逾万，共植树一百万棵。十年树木，至今，这片中日友谊林已是郁郁葱葱。而今年该公司面向参加过三届长城植树的日本人士，又适时推出了对自己所种之树的“补栽、培育和植树地视察的旅游”项目。若成功，则又会成就中日交往史上一段佳话。

我们知道，旅游，仅从字面理解，是指旅行、游览。国际上普遍认同的概念是：“为了休闲、娱乐探亲访友或者商务目的而进行的旅行活动，统称为旅游。”诚然，以商业活动为目的的旅行也称为旅游，只不过那被叫作商务旅游罢了。上述植树旅游，某种意义上，是也可称其为商务旅游的。毕竟在整个旅行中，也包括了观光、休闲等活动。但毋庸置疑的是，植树，才是旅行的中心活动、重中之重。参加者也都是清楚地知道并认可这一有益活动才参团的。这就与我们所认知的观光、享受的旅游概念有点风马牛了。事实也确实如此，针对日本人在我国的植树活动，我们一直都是以小人之心揣度之。有些人认为，日本人在我国植树造林是为了等树长大后再采伐回日本。还有人认为，日本人在北京植树，是为了防止黄沙吹到日本去。其实，这些想法并非不可理解，因为以我们的思维习惯，是不可想象这种“花钱买活儿干”“花钱买罪受”算是哪门子旅游的，想要理解，那是需要一个过程的。

以在我国植树而成为名人的日本人远山正瑛和大龙隆司等人之作为，就是最好的例证。远山先生，以八十三岁高龄开始带领自己的子女及友人在甘肃、宁夏、内蒙古等地展开绿化沙漠行动，一干十四年，迄今已有近万名日本人参加了他组织的义务植树活动，而且，值得欣慰的是，远山先生的善举，也最终带动了相当一部分国人投入到了植树活动之中。而三个“百万株植树工程”的相继完成，以及远山先生在九十七岁时逝后毅然把骨灰埋在中国沙漠的举动，终于开始感动了我们，并让我们懂得了远山之流的“花钱买活儿干”之人生真谛。而另一位值得一提的日本人大龙隆司先生，他带领日本的非政府环保组织“绿色网络”成员，自2000年始，历时十余年，在内蒙古科尔沁沙漠共植树三百五十万棵，为科尔沁重现了二万五千万亩的绿地。与远山先生一样，大龙先生刚开始在中国植树时，也遭到了种种猜忌，但最终他和他的伙伴们以变沙漠为绿洲的骄人成绩终于赢得了国人的认可。这种真正的国际主义精神，今时看来，感觉也不输于白求恩，并且，以他们为榜样，也催我们反省、反思，教我们重新认识日本及日本人。

近年来，虽然很少，但偶尔也能看到我们组织的植树旅游活动，比如北京，每至五一国际劳动节，都会搞植树旅游活动，注意到了北京旅游公司的宣传口号，称作“一边轻松玩，一边种下一棵以自己名字命名的树。”栽树是为了留名，就尽在不言中了。也曾见某旅游公司推出的“森林公园植树游”招募说明。门票是所谓的优惠价带一株树苗，但野餐标准却是五星级酒店的自助餐价，“醉翁之意不在‘树’”，更是司马昭之心了。最近看到一则报道，说某省正拟立法，规定适龄公民每年必须义务植树三棵，逾期未完成的，责令其缴纳绿化费，同时，可并处双倍罚款。这里的适龄指的是十八岁。看了这则报道，不觉间，“苛政猛于虎”就几欲脱口而出，与日本人自掏腰包来中国义务植树相比，境界就差了何止十万八千里。更可悲的是，外国人在中国义务植树，但我们的乱砍盗伐却是历史悠久永不悔改，这简直就是莫大的讽刺了。

我们不难看出，国人缺乏公共道德意识、缺乏环保意识，更重要的是缺乏日本人那种“把充满生机的森林留给孩子们”的责任意识，是造成我们的旅游商品里难以产生真正意义上的植树旅游产品的真正原因。远山先生，以一位近百岁高龄的日本人的身份，荣膺我们赋予他的“沙漠愚公”称号，这在令我们汗颜的同时，我们是不是也该真正反思一下谁才是真正的“愚”呢?

第二辑

历史民俗

日之尚“裸”

女人生孩子，邀请丈夫来全程观摩参与，大和民族又有新举措。虽然友邦自古尚裸，但如此赤裸裸地现场看妇女生产，还是着实被友邦惊诧了一回。（据说现在东风西渐，国内也在流行这一活动）不过惊诧归惊诧，想象一下女性生产的辛苦，对日本人的良苦用心也就理解万万岁了。

说起裸，大和民族之裸实在是太多了。传统的就有各种各样的祭之裸，每至祭，男人们头扎布条浑身上下只着一块兜裆布，抬着神舆在大街上摇来晃去，喜笑颜开，了无庄重之象，感觉就有点像是在忽悠神。据说，岩手黑石寺的苏民祭，干脆就是赤条条来赤条条去。日本古代还有好多部落、村族，每逢祭事高潮阶段，被选中的“巫女”（处女）就会被赤裸裸地奉仕给神。而到了夜晚，全村人都要在神殿上大被同眠（哪有那么大的被）。而且《日本史》明确记载：这一晚，村民做出任何事情都是被神所允许的，其他人也是不能干涉的。其实说穿了就是允许集体宣淫给神看，想象一下这样的神殿就足够神的了。这还有个名称叫作“杂鱼寝”，倒是蛮形象的。

还有混浴之裸，发端于何时，不得而知，但据载，宋朝商人赴日贸易时，就曾见过混浴场面：“倭人体绝臭，乃以香膏之。每聚浴于水，下体无所避，只以草系其势，以为礼”。以草系势，已有

学习了！洗头都要半裸。

渐趋文明之势。晚清王韬东游扶桑，偕友往浴温泉，亦有“方池如鉴，纵横约二丈许，男女并裸体而入”之记载。此习俗，一传至今，不过今天的混浴，已经是由服务人员每人发一条带松紧带的浴巾裙，男的挂在腰际，女的则提到腋下。

日本男人之裸，并不仅仅局限于祭或浴池，荷兰医师西伯特1823年赴日，在去谒见幕府将军时，尝见全裸的嫖客自由进出妓院，哑然中在其著述《江户参府纪行》指出：“日本妓院如餐馆，同是日常生活必需品，白天公然进出妓院，日人就和进出咖啡馆一般。”1853年黑船到来时，贝利的水兵上岸后，惊见日本男人赤裸裸地行走于浴场、妓院之间，从此，西方开始流传日本民族是一个不懂文明、不知廉耻之民族。也难怪西方人这样认为，1902年明治维新的领导人之一涩泽荣一来到旧金山金门公园的海水浴场，见公园门前的告示牌上写道：“禁止日本人在此游泳。”涩泽一打听，原来是大和子民在此玩耍，曾潜到游泳的美国妇女身边扯人家大腿。据说类似事件尚不在少数，明显是日本人错把金门海水浴场当成自家的混浴场了。看来，都是“钱汤”（公共浴池）惹的祸。初来日时，去钱汤洗澡，就尝见偶有欧巴桑在一群赤条条的男人面前视若无睹地打扫卫生，偶尔还和欧吉桑们搭讪闲聊。由此可见，日本人对于裸体还真是自古就有着一颗平常心呐。

露阴，在日本也是历史悠久。喜田顺守贞在其费时30年才完稿的《守贞漫稿》中，就记载有：“为了满足日本从祖先继承下来的露阴、窥阴癖欲望，天保末年（1841年），大阪庙会就有了专门的女阴展览，收门票每张8文，在官仓边野外张席棚，妇女露阴门，观者以竹管吹之。……”但最具影响的，还是《古事记》中记载的天照大神躲进岩洞的故事。说的是天照大神的弟弟须佐之男命，在高天原（天宫）任性胡为，金殿拉屎、倒剥天马皮、梭刺织女阴部，天照大神连气带怕，就躲进天岩屋户，再不肯出来。致使天上地下皆成黑暗之域，八百万神众苦求无果。于是，女神天钿女命踩在倒扣的缸上，开始跺脚，秀起了日本历史上第一场英格兰踢踏式脱衣舞。只见她随着节奏加快，目光渐趋迷离，八百万神众大受刺激，鼓噪拍掌，终于把天照大神从岩户中引了出来，人间天上从此光明再现。

天钿女命的脱衣舞一跳成名。流传至今，更是青出于蓝。今天的天钿女命们在脱衣舞剧场的舞台上曼舞脱衣，当舞女的衣服脱得片缕皆无，伴着音乐渐入高潮时，台下的芸芸众生们则屏住呼吸圆瞪双眼地“剪刀、石头、布”地争个不休，胜出者众目睽睽之下从容登台与脱衣舞女公然交媾，感觉日本这当代女舞神们胜天钿女命多多。

如果说这还是特殊行业的话，那么，现实中，电视节目里搞笑艺人的裸身配猥琐动作，就只剩让人恶心了。每每见著名导演兼谐星北野武裆插长颈鹅头的下流相，就不觉作呕起来。如果说这还算是商业搞笑的话，那么，前几年日本人气四人组 SMAP 的其中一位歌星深夜在公园全裸大叫终至被拘事件，就让人彻底怀疑这个国度的“裸意识”了。

也尝在公司的忘年会等酒会上数次遭遇严谨上司的酒后大裸，所谓大裸，是真的脱剩至短裤一条，而且还露着耷拉着的屁股，有时甚至真就脱得一丝不挂昂然筵前献歌，浑不知羞耻为何物。

今天的日本女孩儿，清凉夏季已是清凉得只剩一条吊带挂肩。更前卫者干脆上半身就只一个纹胸行走江湖。也是，连女中学生都把校裙在腰际挽上几挽，迷你迷到几乎能看到裙底风光，社会女孩儿当然更领风骚了。

最近街头流行的男孩子们把裤子褪至屁股中部，腰带也卡在屁股中部偏下的位置，内裤自然上浮出来，甚至有的干脆直接露出屁股，公然街上行走。日人则见怪不怪，而我们这些外人却就只能感叹日本的裸文化，简直就是邪了门儿了。

最近又被友邦所惊诧，世风不古，坊间居然悄悄地流行起了“裸婚”。所谓裸婚，就是新郎新娘在婚礼上不穿结婚礼服，全裸出场，以展示自己靓丽青春。来宾们则可以自由选择脱与不脱，不过席位是要按脱与不脱区分开来的，否则，估计也就品尝不出宴席的美味了。婚礼程序也与正常婚礼相同，偶尔在视频上看到全裸新人与双方父母站在宴会场前共同迎宾的场景，真想问问双方父母的感想。

我们虽无意用自己的道德标准来衡量别人，也尽量去理解和宽容不同的文化传承，但日本人的古今裸文化，还是忒惊世骇俗了些。至于传统的“大相扑”之裸，与上述裸法对比，那则是相当的健康了。相扑用裈（兜裆布），不仅是简简单单的内裤，裸裈，据说还是日本男子传统文化美学的象征。

从远古岩画和古墓雕刻中来看，人类社会关于人的最早绘画和雕像几乎都是裸体的，这大概也是源于当时人们实际生活中的真实状态吧。观后会给人一种远古的神秘感和美感。就是今天，也偶尔能看到有些国家的土著全身赤裸，那也是在展示男性的雄壮。古希腊和罗马为人类历史留下了大量的裸体雕塑，其俊美雄健，让人们感到了阳刚的男性形象。而自由“尚裸”的日本则不然，我们几乎没见到过日本男神的裸像，日本流传至今的男神雕像，更多的是他们裸露的器官。日本人供养的道祖神就是一堪比真人大小男根，顶端系着稻草绳，上挂无数日本男人祈求性力的小纸条，至于灵不灵，各人心知肚明。道祖神绝谈不上美感，但却绝对健硕，这与日本神社至今仍保留着的“男根祭”中的巨大男根如出一辙。观江户裸画浮世绘中那些无比夸张的局部性器图，亦是如此。由此折射出与外国相比，自古崇尚性崇拜的日本人，在他们的传统思维里，裸文化并不是寻求美的领悟和美感，而不过是追求性力、性刺激罢了。海沃特在《神话与性》一书中写道："社会在特定地点和时间如何建构性关系（包括同性和异性关系），是与这个社会的神话息息相关的……""哪路猴头（原来如此）呐"。其实，连日本这个国家都是兄妹神伊邪那岐命和伊邪那美命交合后的产物，而日本史上所谓的第一代天皇神武天皇他妈大号就叫"女阴"。由这些看来，日本的性文化传承、某些人的性取向紊乱一点，我们也真就没脾气了。

地域的同一性

国内日本游持续升温，国人性喜凑热闹，有了余钱，更是如此，呼啦一下，都往日本跑。其实，观光日本远没有那么复杂，往南看个冲绳，往北，看个北海道，然后中间逛逛东京大阪也就罢了。之所以这样说，是因为在日本除却冲绳、北海道略异于本岛外，其余城市却是长得都差不多，走马那么一两座也就足矣。

非但日本城市结构类似，日本人其实让人看着也腻烦，长得就都很日本了，语言风习、行为模式又雷同，就如出一辙。比如，与我们的“五十六个民族共唱一首歌”（当然是至少几十种语言外加南腔北调的普通话）的生动相比，日语就单调多了，即使有那么一点方言，但与我们相比，也就可忽略不计了。而性格区分更明显，我们粗分就有南方人细腻，北方人粗犷，西部另类，东部文雅之说；而细分的话，如上海人小气、东北虎豪爽，广西蛮子朴实、山东人仗义等等，则不可胜数。日本虽亦有关西人、关东人的性格不同之说，但用日本人这个大概念一扣，基本就可以合并同类项了。

说起日本人，文雅、彬彬有礼、循规蹈矩和暧昧等几乎是他们的代名词，其实这同时也说明了日本人的共性之突出。那么，形成日本人这种共性性格的原因又何在呢？我们知道，日本是一个地震、火山等自然灾害频发的国家，要想在如此恶劣的自然环境中生存，合作、互助就成了必不可少的生存模式，这就需要有一种共性来调和人与人之间相互不同的观念。于是，日本人的“性相近”也就由此产生了。一般来说，共性凸显的同时，个性自然开始趋向隐晦。聪明的圣德太子正是看到了日本人这种“和”之共性，从而把咱孔子的“和为贵”列在其制定的《宪法十七条》之首。从此，“以和为贵”成为了指导日本人行为模式的法规。一个“和”字贯穿日本古今社会，而在“和”之基础上形成的日本人的行为模式就是共性凸显，具体表现为，一是礼仪规范化，古为尊卑分明，今则为细化鞠躬度数等。二是思维模式化，追求共性就使得日本人在思维上也形成了许多需遵守的“型”。当然，好处是显而易见的，当日本人遇到需施以“共力”的时候，他们就能很容易地达成举国一致，这在日本人的战时和战后建设上表现得最为淋漓尽致。不过，坏处也同样突出，思维僵化，缺少开拓精神就是具体的表现。三为处事中性化、暧昧化，共性使得日本社会的基本原理和精神，变为了在整体中以“和”来谋求共存，来保持一体性。为了整体的和谐，不惜抹杀个人的独立思维和自由。要做到这一点，就需要日本人遇事时要把个人想法中和成他人也能接受的想法才能提出来。久而久之，独立的个性思维就会渐渐趋于模糊。比如当遇到与自己主张、利害关系不相同的人时，日本人会收起棱角而后选择委婉的辞藻、说着模棱两可的话。修到高深处，简直不知其所云。共性到足够暧昧，日本人之间也就“心照”不用“宣”了。

有了上述这些，其实已足够为日本人的共性画像了。表面上彬彬有礼优雅风度，但在电车里则是一车木讷一车僵硬的感觉。需表态时云山雾罩，让人摸不着边儿。做事随众，绝不突出个人。遇事左右摇摆立场不定，缺少是非观念。遵守公共秩序，重视规则。如此这般，就有人说，日本人其实就是一个模子刻出来的。正像一首歌的歌词："说着言不由衷的话，带着伪善的面具。"虚伪雷同，语言类同，表情雷同，行为也雷同，似乎日本人就"大一同"了。如此说来，与来日旅游一样，游那么几处地方再认识那么一两位日本人，也就可以小声偷着说自己也算"知日"了。

“日本教习”田冈岭云

无论我们情愿与否，屈辱也罢，曾长久为中国人弟子的日本人，经过明治维新，在甲午战争中一举打败大清国，而跻身世界强国之列并华丽变身成为曾经的老师的老师。

斯时，正值清末民初，有识之士们借甲午海战中国惨败一事，展开了忧国忧民的大思考、大辩论。“长此以往，国将不国”已不再是危言耸听，先驱如梁启超等已率先发起向西方学习的倡议，但由于西方路远费巨，于是，忍下屈辱，向成功拷贝了西方先进经验的日本学习，就成了当时的首选，大清国以及后来的民国都先后向日本派出了公费留学生，同时也延聘了一些日本教师来华教授那些无力赴日留学的拳拳学子们日语及技术等。于是，看到商机的中日两国有心人，也都以各种形式在北京、上海等地开设日语学校。大清遗臣、教育家罗振玉，也应时在上海开办了“东文学社”，并聘请了田冈岭云为日语教师。在当时，来华执教的日本教师被统称为“日本教习”，据统计，最盛时，共有五六百日本人在华任教。

中国延聘日本教习，目的无外有二,一是希望日本教习教授中国学生日本学到的西方先进经验、技术；二是希望针对当时中国现状，能够给开出良方。但遗憾的是，这些日本教习来华，却大多是为了“谋衣食”。水平低者，只能教教日语，水平高者如二叶亭四迷（京师警务学堂教习）、服部宇之吉（京师大学堂师范总教头）、藤田丰八（东文学社教授，后台北帝大教授）等，却又不屑于只是教授中国人日语，他们除了“谋衣食”外，还有着游历中华、考察中国等多重目的。田冈岭云就是这批人的其中之一。

田冈对中国和中国人了解、认识颇深，被日本后世誉为近代日本文艺评论家、思想家，也被中国人誉为明治时代的汉学家和哲学家。他还是著名的《支那文学大纲》的合著者之一。在他来华的那一年，他的名作《云岭摇曳》正在日本畅销中。因此，第一次来华时的田冈，虽也称是为“谋衣食”而来，但实际上，当时的田冈应是不缺钱的。这从他自己所说的“教支那人日语本身并无多大兴趣……”也可看出他志不在此。

如此环境下，被当年的学生所教已是倍感屈辱的殷殷学子们，实际上并未从这批“日本教习”的教授中得到什么现代西方秘诀。作用实在有限，甚至可以说是失败，这大概也是这段被称为“文化倒流”的历史现象，在中日交流史上极少被人提及的缘由之一吧。

不过，田冈自己倒是提到过其所获颇丰。关于教习时代，他曾这样写道：“……然而，上海是支那第一开港城市，是个浓缩于方圆几公里的小世界……我不仅从上海看到了支那，也模糊看到了世界。”而当他作为江苏师范学堂的教习第二次来华时，所看到、感悟到的，用他自己的话说就是：“领悟到自己不过是个‘井底之蛙’，看到了一个更大的世界。”所以，可以说田冈的两次中国执教，使得他的狭隘的民族主义得到了一次颇为完美的升华。有如此开悟，是由于田冈本来是个“东洋恢复论”者，而所谓的“东洋恢复论”，其实就是鼓吹日本率亚细亚全土六亿生民，主动与欧美诸国于全地球上争雌雄，建立大东亚共荣圈，本属于大陆浪人式的理想。可他先后两次在中国看到、感受到、感悟到的一切，让田冈本已走向歧路的“东洋恢复论”，在中华博大底蕴和他所认识到的新的世界面前，被冲刷得干干净净。于是，他坦诚地对外公言，在日俄战争中自己鼓吹的开战论是“以短见为耻”。除去这些，田冈在“东文学社”做助教时，还有一个“大收获”，那就是他的著作给当时他的学生王国维以贯穿一生的深刻影响。某种意义上，可以说田冈是蜚声中外的王国维的恩师。通过这些，也从某种意义上说明了应聘来华做“教习”的田冈，却在华得到了灵魂的改造、思想的升华。至于最终是谁教习了谁，这笔账还真就有点糊涂。

从田冈的《吴王之旧都》中看到他的游历中华时之描述：一看到，其山之容，河之姿，其野色，其树影，其村落，其人家，其塔其桥，其舟其帆，曾经读过的诗句，就仿佛是画轴在面前展开般……由此也可见田冈岭云对中华风物之喜爱，我们仅以这些就轻易地改变了一个“东洋恢复论”鼓吹者的世界观，也可算是塞翁失马焉知非福了。

不同的血统认识

辛辛苦苦在日本打拼十几二十年，再经过日本法务省入国管理局的层层审查，某些旅日华人终于如愿以偿“入籍”了，归化成为法定意义上的日本人。正兴高采烈地等待日本同胞敞开胸怀接纳自己时，却发现周围的日本人仍然丝毫未对自己另眼相看，而是一如既往地保持着敬而远之的态度，这又是怎么回事儿呢？咱不已经是正宗的日本人了吗？

其实不然，日本人是不会从骨子里真正接纳外人的，这和日本人自古传承下来的血统认识有着很大的关系。在日本古代有一种家元制度，所谓的家元，就是指那些在传统艺能、艺道领域里，传承正统技艺的最高权威传承者以及其家系。而家元制度，则是以家元为中心，对传统技艺的传承进行统一管理的制度。这些传统技艺的传承，强调世袭、首重血统，核心技术必须是由父子祖辈相承，日本诸如茶道、花道、围棋、歌舞伎、剑道、柔道、盆庭工艺以及能乐、邦乐等的传承，即是此例。虽然近现代这种血脉传承已不能保持如初，但由这种血脉传承所保存并发扬至今的传统技艺，日本人是有目共睹受惠至今的，这也让日本人的血统观得以久传不衰。尤其是经过近代战争，日本的强势崛起，让武士道大和魂深植日本人心，日本人也渐渐开始认同大和民族血脉优秀这一说法。战后日本经济的神话般腾飞更是使得日本人趾高气扬，而由此也开始迷醉于自己民族的血统优越感之中。除此，日本还有着自豪于全世界的千古一脉之皇家血脉传承存在，这无疑更增日本人的血统优越感。所以，在这样的国度里，外人试图通过国籍变更就成为真正的日本人，那无异于痴人说梦。虽然今天的日本，迫于人口逐年减少而不得不接收外国人入籍，与外国人通婚现象也是比比皆是，但外人们要时时清醒的是，即使你入籍了，即使你娶了日本太太或嫁了日本郎君，但你还是你，日本人骨子里是永远不会承认你是真正的日本人的，这在日本是颠扑不破的真理。

而中国则不然，虽然我们动辄把中华文明、中华民族挂在嘴边，但这里的文明、民族却和血统无关。我们自古以来把自己视为世界中心、文明中心，而周围则是蛮夷狄戎，但有趣的是，我们的文明与蛮夷却是可以互换的，比如说，周太王的长子太伯和次子仲雍，看出了太王因看中小儿子季历的儿子“昌（姬昌）”，而欲立季历为君，二人即跑去当时的蛮夷之地“吴”，按吴地习俗文身断发，即由文明转为了蛮夷。再往远点说，由于共工、驩兜、三苗、鲧有罪，舜遂向尧进言：“请流共工于幽陵，以变北狄；放驩兜于崇山，以变南蛮；迁三苗于三危，以变西戎；殛鲧于羽山，以变东夷。”结果怎样呢？由于他们把文明、技术、知识等传于蛮夷，久而久之，却造就了秦、楚等文明之国，而秦、楚等也自然成为中华文明发源地之一了。可见，蛮夷也是可以转化为文明的，这也与血统无关。看中华历史，元、清，毋庸置疑是蛮夷统治文明了，而即使汉唐皇室，据说也有着蛮夷血统，但国人自古以来就平静地接受了这些。所以说，我们虽动辄以中华民族自居，但其实中华民族却是不大重视血脉传承的民族，与血统相比，中华文明的传承，在我国似乎才更受重视些。不过，具有讽刺意味的是，只重视血统的蛮夷小国日本，现在却是世界公认的文明之邦，而自诩文明为本的中华民族，在国际上的文明地位还真就不大好说。

没有自我的随众意识

记得有人给日本人打过一个比方，说日本人就像一群鱼，在头鱼的带领下，向着一个方向整齐划一地游着，而当头鱼掉转方向向相反方向游去时，群鱼亦会毫不犹豫地随头鱼游向相反方向。当然也是保持着一样的整齐划一。比喻很形象，但同时也暴露出了群鱼日本人的盲从性。

其实在日本，这类例子还有很多，比如在公司，直属上司就像那条头鱼，他的言行会形成一种决定性的氛围，从而让下属们默默执行他的意旨。当然，当头儿错了，又决定改变做法时，下属们还是会默默地随着改过，无言地执行，几乎在表面上是不会有不同声音出现的。这种奉领导意旨如圣旨般的做法，在中国社会虽也普遍存在，但不会像日本那样，还是会有不同声音发出的。而西方社会则更甚，下属如果有不同意见或更好的见解，是会毫无保留地直接向上级提出的。

尚有一例，当初曾被世界认为是个天大的笑话。那是发生在二战后的东京国际军事法庭。当时盟国审问官们审来审去，到最后却发现无法确定日本的战争最高负责人，按日本人的说法是集体责任制，好像发动了这样一场惨绝人寰、灭绝人性的战争，仿佛是日本最高决策层的集体智慧结晶般。盟国军事法庭竟然找不到日本人的自我意识在哪儿了。记得当时看过文献记载后，感觉是既气愤又可笑。不过随着旅日日久，对日本人的了解越来越深，倒还真渐渐了解了日本人的这种随众意识。因为日本人之间在商谈事情时，确实存在着一个氛围问题。在这个氛围里，一个暧昧的共识还真会让日本人互相心照不宣地去执行了。丸山真男在其《超国家注意的理论与心理》一书中对此种现象曾做过精辟的分析。在此仅举书中两例来以点带面说明日本人拥有的这一思维现象。当被东京国际军事法庭审问官问到，对德意日所谓的三国军事同盟持赞成还是否定的态度时，日本原内大臣木户幸一答曰："就我个人来说，对这个同盟是持否定态度的。"而原外相东乡茂德的回答是："我个人持反对意见，但所有的事物都有一个发展过程。"原首相小矶国昭在回答类似问题时则说："就我们日本人的行事方法而言，自己的意见是意见，讨论是讨论，而国策一旦决定下来，我们就会为遵从这一国策而努力……"以上例子虽让当时盟国的审问官们气得吹胡子瞪眼，但结合今日日本社会之现实，我们还真得承认，日本人行事确实"受氛围支配"，骨子里有着一种随众、缺乏自我的国民根性存在。

但若深究日本民族的这种缺乏自我的根性之由来，感觉似乎与日本人的文化意识的形成有关。我们知道文明古国一般都是首先产生了自己的文化体系，在各种文化历史传承中，各国由原始社会过渡到奴隶制、封建制，以至形成了今天的各类或民主或专制的国家。期间，各自的文化传承在其历史进程中，对形成各国独自的文化理念，起到了至关重要的作用。在这方面，日本则近乎于一个怪胎，因为他们自古就没有自己的文化传承和思想哲学体系，贯穿古今所施行的，不过是古代以我汉唐为榜样，近代模仿西方以为己用。这就使得这个国家自古就缺乏自我意识。虽然后来日本人融合东西方文化，又加入自己的一些特性，形成了自己所谓的国风文化，但日本人自古以来就养成的以先进为榜样的模仿本能，却还是始终未能改变，这也使得他们始终仍然处于缺乏自我的意识状态之中。而缺乏自我意识，做事自然左右摇摆难于决断，久而久之，在朦胧暧昧的氛围中向前走，就成了日本人的特殊行事风格。当然，如此思维方式，他们就很难为自己设计出一份未来的蓝图。打个比方，若问日本历届首相究竟想把日本建设成一个怎样的国家，保准儿没有任何一位首相能痛快地回答出来，而只会顾左右而言他。也和普通日本人探讨过人为什么活着，却哭笑不得地发现，与日本人谈这个问题很严重，因为他们大多数回答不上来，自我意识在此根本不动作。

不过，这种没有自我或曰缺乏自我的意识，也自有其妙处，因为这能让日本人总是把自己放在一个中间的位置。某些时候，就让这个民族如鱼得水左右逢源，对谁都不必负责，从而得以巧妙地周旋于各种势力之间。但也有可怕之处，试想啊，一伙没有自我而又唯命是从的人，那可是啥事儿都能干得出来呵，有“二战”为证。

日本人的天足

据说南唐后主李煜为满足其风流癖好，专门命工匠打造了高六尺的金莲台，以珠宝、绸带、缨珞装饰，然后命嫔妃以帛缠足，使脚纤小，屈做新月状，再穿上素袜在莲花台上翩翩起舞，心裁别出，嫔妃的舞姿自然更加袅婷、翩跹。后主欣之赏之，诗兴大发之下，传世词作就频出不断。主子好这口，众大臣纷而效之，缠足之风因而渐开。

至北宋，缠足之风已流行开来，未能免俗的苏轼，亦曾作《菩萨蛮》一首以咏之："涂香莫惜莲承步，长愁罗袜凌波去；只见舞回风，都无行处踪。偷穿宫样稳，并立双趺困；纤妙说应难，须从掌上看。"从苏东坡词中已可看出宋代对缠了足的女人小脚之欣赏，已经颇有雅的感觉了。元代时，"三寸金莲"之说开始在朝野流行开来，就间接证实了至少在元代女子缠足已经开始追求一种夸张的缩小之境界了。明代，缠足达到最鼎盛时期，对缠足的要求也更加严格、挑剔起来。史料载，在当时缠足不但要缠到三寸，而且还要"弓弯"，裹成"角黍"状。如此，走起路来才能体现出"三寸金莲四寸腰"的袅袅婷婷感觉来。进入清代，当时清醒的清政府虽多次明令禁止缠足，但缠足之风并未能杜绝，而是直到辛亥革命后才渐渐被废除。记得小时候还能偶尔见到裹了一半脚后解放出来的年老妇人，当时被称为"解放脚"或"半裹脚"。

缠足，可谓是彻头彻尾的反文明、作践妇女之恶习，因其目的不外有三：首先，就是为了满足男人的变态情欲。明末清初的文人李渔就在其《闲情偶寄》中公然声称："缠足的最高目的，就是为了满足男人的性欲。"他甚至赞三寸金莲"香艳欲绝""令人魂销千古"。还把三寸金莲的玩法归纳出四十八种之多，就足够变态。其次，缠足的另外一个目的据说是因女子缠足就不便行走，这样，可以防止女子红杏出墙。再次，女子缠足，不仅走起路来袅袅又婷婷，激起男人遐思无限，更重要的是因缠足使得女子在行走时自然绷紧大腿锻炼肌肉，古时男人认为这能增强女子阴道的紧窄度，故而趋之若鹜。由此可见，缠足恶行，除却满足了男人的变态情欲和狭隘的大男子主义，再无他。而对于女人而言，却不仅要忍受缠足时的生理摧残，更可悲的是还要忍受一生的走行痛苦，某种意义上几乎可以说，"缠足"是封建社会摧残女子之极致行为。

正因为千百年来的恶习使得国人男性不知女子天足的可爱之处，所以，清末民初一些使节和文化名人在东渡扶桑后，初见日本女子的赤足，立时双眼放光，目不忍离日本女子的雪白天足了。王韬东游时就曾作诗云："最是舞裙斜露处，双趺如雪似观音。"兴奋过度，竟至于拿东瀛的普通女子来比喻神圣的观音菩萨，浑忘了此乃大不敬之举。黄遵宪亦咏穿白布袜子的艺伎之脚为"鸳鸯恰似并头眠"。周作人刚到日本时，心情振奋地随着哥哥鲁迅屁颠屁颠地去寄宿地伏见馆，抵达后，应声出迎的下女让周作人仅一瞥就受不了了，原来他看到了一双美丽的光脚丫子，而且，这一双美丽的光脚丫子还在泛着草香的榻榻米上轻盈地跳跃闪动着，这使得生来所见都是包裹严实的三寸金莲的周先生一时陷于晕眩……据说，周作人与日本的一生缘，某种意义上，极具象征性

是比臭裹脚布里的三寸金莲好看，“双趺如雪似观音”。

的就包含在这最初的一瞥中了。直到五十年后，已是八旬老翁的周作人在《知堂回忆录》中还提到这一瞥，日本女子“素足”的“卡哇伊”魅力，对周作人影响不可谓不深。

1949 年后，国内女子缠小脚的几乎没有了，而几乎统一样式的肥大的人民服不仅让女性曲线彻底没了，被装进臭臭的尼龙袜里的脚也彻底看不见了。直到改革开放，国内女子才真正翻“脚”得解放。每到夏日，望着穿在各式漂亮凉鞋里的柔若无骨春笋般的盈盈玉足，总是吸引着男士们不时地偷瞄上两眼，正合了“从头看到脚，风流往下跑”。其实，就女性的脚而言，中国女性的脚白皙、瘦弱适中，形体娇秀，观之赏之也会涌出秀色可餐的冲动。而东瀛女子，确也有如我国女子美足那种娇小可爱型的，但看的更多的还是由于长期跪坐榻榻米而致走形的脚多一些。还有一种长得像蒲扇的脚也不少，个人琢磨也许是过去渔女长期站在船头打鱼慢慢形成的这种蒲扇脚的遗传吧。也时常见一些欧美女人趿拉着凉鞋赤着巨足公然行于闹市的光景，简直不忍直视。这正是不比不知道，一比更恨古代国人的变态嗜好，好好的美丽天足，就被他们生生摧残成裹在又臭又长裹脚布里的所谓三寸金莲了。致使至今提起中国的缠足，还被老外们摇头嘲笑着。这正是一“缠”足成千古“羞”，都是李煜惹的祸，该他亡国。

岛民的个性也很精彩

表面上看，在衣着方面，日本人在婚嫁、节日等重要场合，一般都是和服款款、燕尾飘飘，白领们的工作装几乎也都是西装套裙，除去大学生稍微随便一点，初、高中生，包括有些小学校、幼儿园小朋友的服饰也都是整齐划一的。若从行为方面来看，日本人乘电车车内无声，过马路严守交通规则，上班时统一的不苟言笑，下班后又是集体的推杯换盏放歌卡拉 OK，遇人鞠躬行礼，行事循规蹈矩。如此例子，简直不胜枚举，看起来，这日本人就像一个模子里倒出来的，表面上可谓是共性多多。不过，实际接触日本人久了，就会发现，日本人的个性也同样丰富多彩，有些甚至是令我们这些外人瞠目的。

还是从服饰说起吧。就拿日本女孩来说，她们并不太在乎自己是否天生丽质，穿衣对她们来言，就是一场视觉游戏，只要能充分展示出自己的个性，日本女孩儿的装扮可以说是无所不用其极，不要说女学生的水兵式校裙是必须要挽到不能再短的超迷你程度，长筒棉袜还要如肥猪下颚老太皱纹般重重叠叠堆砌在脚脖子上。你如果走在东京的繁华街如秋叶原、涉谷、原宿等地，看到那些脱去校服的日本女孩儿们或以白雪公主打扮示人，或以女佣服饰吸引行人目光，或以中式旗袍招摇过市的情景，就会惊诧连连了。而原宿周末的街头男女更是让人眼花缭乱，放眼望去，光是脑袋颜色就已经是五彩缤纷了，什么粉红、草绿、茶色、金黄，甚至一个脑袋数种颜色的，那是无奇不有。至于形状，有西瓜皮状的、孔雀开屏式的、尖塔式的、一条大路通罗马式的等等不一而足。再配上各种卡通装等奇装异服以及男不男女不女的高超化妆（日本有些年轻男性不但描眉涂口红，有的为了追求胸部稳定感还戴胸罩），那端的是个雌雄难辨的世界，诚可谓个性十足了。曾在电车上见一老兄，金发披肩，解放军上装显威，下身则是英格兰式“跑偏”男裙裤，足登日本军靴，肩上斜挎一粉色坤包，日本人是见惯不怪，那小子更是自自然然，倒是让我辈初次见识了中英日三国的军装组合。去东京迪士尼乐园，你会看到无数的模仿迪士尼里人和动物装扮的男孩儿女孩儿，这却也司空见惯。倒是在迪士尼还能看到一些大叔大婶们一身米老鼠唐老鸭装旁若无人地招摇过市，那才叫“个性”。也曾经目睹，一位状若鲁智深的日本大和尚清晨开大奔送妙龄女郎到车站的场景，那临分手时妙龄女郎在大和尚额头的一个响吻，绝对是个性十足呵！去年感恩节，适逢在东京前卫地涩谷与友聚饮，酒后正月朦胧鸟朦胧地踏凌波微步晃向车站之际，一不小心却跌入了吸血鬼僵尸的海洋，连滚带爬冲入车厢一坐下，顺着窃笑声望向对面，却又看见四位穿着雪白的染血护士装女子正睁大熊猫眼嘴角流血地吃吃说笑，这也太有个性了吧！不是半夜鸡叫，这是典型的夜半鬼笑哇！没胆儿继续坐下去，只好落荒逃入相邻车厢……

其实，日常生活中常见日本人这种特立独行彰显个性的装束，日本人习以为常视而不见，而我辈却像刘姥姥进大观园。不过，久而久之，也就懂得了日本人在拥有并遵守共性的同时，对个性的释放同样是不遗余力。我们看日本人活得累，但看他们玩起来时个性张扬，其实，人家是活得蛮滋润的，穿出、玩出个性才是王道嘛。相比之下，在个性发扬方面，日本人还真就比我们精彩，起码，上述例子中的日本人的个性张扬法，咱还真就玩不来。

灵活与不灵活

小时候很喜欢抗日小说《烈火金刚》，至今回忆起来，书中的八路军排长史更新、飞行侦察员肖飞、猪头小队长、猫眼司令以及毛利太君等还记忆犹新。其中，令我记忆犹新的还有一人，那就是被八路军争取过来的反战日本兵武男义雄，之所以记住这哥们儿，是源于他一开始瞧不起八路军的理由，记得他被俘后曾不屑地评价八路军："八路军的，拼刺刀的干活，铁炮的给。"意思是说，八路不讲究，拼刺刀的时候居然开枪。看小说时就忍俊不禁，觉得这哥们儿特逗，生死存亡关头，还记得守规矩，这也是第一次知道日本人的呆板、不灵活之处。

东渡后，一路看下来，还真就发现武男式的不灵活在日本是一种普遍现象。打个比方，常去家附近的便利店买烟，二百五十日元的香烟每次买两包，店主欧吉桑每次都是拿出小小计算器，啪啪，二百五乘二一下，再收我五百日元。偶尔欧吉桑的太太欧巴桑出来接待，还是啪啪按上两下再收我五百块钱。一次，碰到店主儿子卖货，如假包换的当代大学生，但此君一如其父母，收款时还是啪啪按上两下然后收五百谢谢您这一套，只能让人彻底无语了。

去日本政府机构办事，只要你合乎手续，公章就给你"咣咣"地盖，但有时差那么无关紧要的一两样手续，那对不起，不合规矩的事儿，即使你说破天也不行。就不知道是该夸这日本人守规矩还是该嘲笑他们不灵活。在日本的华人都有与电话公司或电脑网络服务公司打交道的经验，那每换一位接线员就会被重新问一遍姓名、住址、电话号码、生辰八字的做法，简直让人烦不胜烦，有时气得直想骂呆鸟。还有去饭店吃饭，如果想吃寿司，那你得去寿司店。想吃拉面，你得去拉面馆。想吃烤鸡肉串，那你得去烧鸟屋。在日本就很难找到把这些都弄到一起的饭店，从表象上看，这日本人做生意就跟不灵活的呆鸟一样。不过，仔细琢磨，日本人在表象上表现出来的不灵活，从另一个角度来看，倒是还有着诚实、认真、守规矩等意义存在。其实正是日本人以其不灵活的认真和精益求精的努力，才让他们因“不灵活”而受益匪浅。世界发展至今，诚实守信、发达文明，几乎已成为了国际社会对日本及日本人的定评。如果从实绩看，日本人的不灵活则可以冠名曰“聪明的不灵活”了。从这个意义上来说，当年武男义雄对八路军的“拼刺刀的干活，铁炮的给”之不屑，表面上看武男这日本人在不是你死就是我活的生死决斗中，显得特别呆鸟。其实，正是日本人这种不灵活的守规循矩，才让他们虽侵略了中国，但当我们问起经历过那段历史的老人们，说起日本人时，还是有相当一部分人怀着复杂的心情表示，普通日本人还是友好而又遵纪守法的。

不过，在有些方面，日本人却又显得聪明、灵活，比如日本的电器、汽车等行业，却是一直在不停地推陈出新，精益求精，永远引领世界新潮流。尤其是在色情业，无论是服务特色还是项目种类，几乎都把女性的身体开发到极限。我们说老虎全身上下都是宝，在日本绝对可以说从事色情业的女性全身上下都是宝，这就得归功于日本色情业者对女性身体的灵活开发了。与前面所述日本人的不灵活事例相比，则又体现出了日人的《菊与刀》之矛盾本性。

综合来看日本人，可以说日本人是不灵活之处十八九，灵活之处不常有。不过正是从小处看来不灵活，甚至呆板的日本人，从大处着眼，却显示出了他们绝对的聪明睿智。与日本人打交道做生意的人都有体会，那就是永远都算计不过日本人的。他们充分地利用自己的不灵活、认真跟你死磕，坚持到最后，基本都是大头让日本人赚取，然后给对手留下一点蝇头微利。所以，从结果看，从深层体现出来的却是日本人不灵活中的灵活，说日本人大智若愚，诚以为然也。

绘图天赋

每当与日本人对谈或听日本人解释问题时，经常会碰见日本人提笔就画，以图示、图解来直接客观地说明问题的情景。这就让人怀疑这被公认为木讷的日本人，是不是在形象思维方面有着什么非凡的天赋。

日本书店里从来不乏关于中国的书籍，近来尤其多，驻足游览，在为其数量之丰、涵盖面之广咂舌的同时，亦为其内容之翔实，尤其是图示、图解部分的生动形象、简洁明了而惊诧。联想到前段时间在网上看到的一则消息，说的是，在日本某大学的电脑终端服务器上，发现的四万余幅战时日本军用中国地图，其囊括地貌之详，地图分辨率之高，即使与我们今天的地图相比，也无遑多让，看着就感觉后脊梁骨有点凉飕飕。

可以说，日本人是特别喜欢画图的，非但在说明解释问题时画，而且在诸如留言簿、贺卡或是医院的病历卡等，也都有以图画来画龙点睛的习惯。让人看后感觉不仅生动形象，而且亲切有趣。近年来日本人在博客、脸书、LINE 或手机短信上的文字也都流行配以形象、有趣的卡通图案来增添生动性。可见图案、图画已经成了日本人日常生活中不可或缺的东西。其实，日本人喜欢涂描也算历史悠久，记得看过鲁迅先生的一篇文章，大致是说日本人喜欢在商店、车站的公厕里涂鸦一些色情图案。今天，我们能告慰鲁迅先生的是，时隔近百年，他老人家记述的日本人这一恶习，至今仍在继续并且发扬光大着，日本人美其名曰“落书”。其实，就是我们讲的乱涂鸦罢了。

日本人几乎人人能画，而且还都像模像样，这就有点颠覆我们的认知，一般我们认为图画画得好，那得有天分，是画家、美术家干的事儿。至不济，也得是绘画爱好者才能玩的东西。有此先入为主的观念作祟，就特羡慕日本人的人人操笔能画。虽然有说法认为日本人图画得好，是因为他们从小就注重培养这方面的才能，但总觉得这日本人在形象思维方面还是有天赋的。

最近读了日本学者内田树的《日本边境论》，其中，有论述日本人画功的内容。观后，才终于有了一种“茅塞”豁然“顿开”的感觉。内田把日本人的这种画功，归结在日语是一种既表意（汉字）又表音（假名）的混合语言的特殊性上。日语由汉字和假名组成，汉字表意，也就是拥有象形的图像功能；而假名表音，具有象声的声音功能。内田认为：“日本人在阅读文字的时候，从解剖学的角度看，头脑中同时进行着图像处理和声音处理的活动。”这不同于别种语言，而是一种特殊的语言状态。日本非小说领域的头号畅销书作家养老孟司也认为，因日本人的阅读障碍症不同于别的单种语言，只是不会阅读文字。日本人如果患了阅读障碍症，症状会有两个，一种是无法阅读汉字，另一种是无法阅读假名。也就是说，在日本人的大脑里，汉字和假名，换言之，也就是图像和声音是在不同部位进行处理的。这种语言处理的特殊性，就决定了日本人从小就在接受图像处理的训练。如此看来，日本人的形象思维能力想不强都不行，可以说日语的这种特殊性使得日本人的绘图能力就近乎“天分”或“天才”了。想想却又有点憋屈，看看那汉字假名，哪个不是我们的，可我们就没能弄出个

团子五姐妹，活了。

真、假名来，否则，吾国不也是满地画家了吗?

日本人拙于创造原始事物，也就是没有创造性。不过，正因于此，日本人却被赋予了一种学习上的模仿、改良能力，并由此使得他们精于在原始的基础上进行再创造精加工。不过，正所谓事物都有正反两方面。日本人的表意功夫修炼到极致，亦即大脑图像处理功能达到登峰造极，甚至堪比韩国、朝鲜人画圈时，势必也就开始影响到了他们的表声意识，亦即语言表达能力。于是，感觉日本人说话也开始像画圈，只是画到月朦胧鸟朦胧阶段也就罢了，这虽然让外国人迷糊，可日本人自己却明白着呢。但日本人凡事又追求精益求精，语言的画圈就渐渐画到了大道无痕之境界，这下好了，日本人现在自己交流时，双方对话时若不能时刻注意对方的用词、眼神儿甚至肢体动作，日本人自己也就开始“朦胧”了。日本人不知是自豪还是自嘲地说自己“暧昧”，却是累了我们这些大脑不具备分别处理图像和声音功能的外人，跟着日本人“死都累死”(精神压抑)。

1871 年：日本崛起

在“大政奉还”“王政复古”的鼓噪声中，随着德川幕府的走向衰亡和崇明天皇的骤然驾崩，十六岁的睦仁于 1867 年元月 9 日践祚登基，于次年改元后，正式成为日本第一百二十二代天皇，即明治天皇。他的“广兴公义，万机决于公众；公卿与武家同心，以至于庶民，使各遂其志，人心不倦；破旧来陋习，立基于天地公理正气……”的登基誓言，不同于以往任何天皇，令人耳目一新。给列岛众藩的感觉是，一个雄心勃勃立志改革的明智君主要呼之欲出了。

1867 年，借德川幕府最后一代将军德川庆喜“大政奉还”之机，天皇家族重新掌握了国柄。而随着 1868 年鸟羽、伏见战役对幕府实力的最后剿灭，明治信心百倍地迁都江户（今东京）了。明治二年（1869 年）由萨摩、长洲、土佐、肥前“四藩”提出的“版籍奉还”（把领地和领民返还给国家）被认可，全国二百五十余名大名，正式把土地和人民交还给了皇室。作为交换，这些大名被中央政府任命为藩知事，继续享有支配领地和领民的权利。这一举措，使得明治天皇表面上掌控了整个国家的行政权力。

版籍奉还后，在沾沾自喜中过了两年的明治，感觉到国库并没因此而充盈起来，国家财政与老爸孝明天皇活着时的幕府时代一样不见起色。究其原因，明治意识到“版籍奉还”后，“藩”并未消失，二百五十余名大名还实际拥有着广袤的土地、家臣及领民，尤其是占全国人口百分之三的武士所效忠的不是他明治而是主子大名，这让素有雄心大志的明治相当的郁闷。于是，废止大名与武士的从属关系，把土地真正收为国有，使臣民效忠皇家，从而建立起真正的以天皇为中心的国家政权，就现实地成了明治天皇最优先考虑的问题。经过数度折冲，1871 年 8 月 29 日，明治召见众大名，正式下达了“废藩置县”令。从此，一个中央集权的国家正式在日本列岛诞生了。但明治知道，“废藩置县”彻底伤害了既得利益层的全国二百五十余名大名和二百余万藩士。为防地方武装叛乱，他命各大名定期移住江户，不能来的可以妻儿代替，实际上也就是人质制了。而各大名所属武士，则由国家实行一次性买断政策使其自谋生路。“废藩置县”使得明治实现了全国“年贡”归属皇家的谋求。由此，国家财政得以安定，中央集权制得以确立。非但如此，1871 年“脱刀令”下，国家开始文明开化，而身份解放令的颁布，使得人权得以确立，百姓从此获得平等权利。这些举措，使明治政权的威信从最底层开始获得了广泛的支持。明治天皇近半个世纪的统治，也由此坚如磐石。

明治一生政绩辉煌，1869 年的“版籍奉还”；1873 年的地税改革；1882 年的《军人敕谕》；1889 年的《大日本帝国宪法》和《皇家典范》的制定；1890 年发布的《教育敕语》以及 1893 年下达造船诏书，扩充军备。1894 年亲自指挥的中日甲午战争。1904 年对俄宣战，到 1910 年的合并韩国，直至 1912 年（明治四十五年）明治天皇由于尿毒症驾崩为止。一生可谓波澜壮阔，功勋卓著。尤其是甲午海战、日俄之战的胜利，更是确立了明治天皇的无上权威。不过，辉煌过后的沉思告诉我们，如果没有 1871 年“废藩置县”的成功而导致的国家权力和财政的回归皇家，就不会有日本以后那一连串的辉煌。而没有近半个世纪的明治维新的辉煌，也就谈不上日本今日之辉煌。因此，从某种意义上说，1871年，应该是历史上使日本真正崛起的一个重要年份。由此看来，日本人似乎应该永远记住这一年。

源远流长的日本现实主义

公元663年（唐高宗李治龙朔三年）8月27日上午，中日关系史上的第一次战争——白村江海战爆发了。

当时日本的国内背景是，以主张改革的舒明天皇之子中大兄皇子（626—671）和出身于世袭祭官家庭的中臣镰足（614—669）为首的新势力集团，利用朝鲜半岛的新罗、百济、高句丽三国使节向大和朝廷进赠礼品之际，刺杀了当时权倾朝野的苏我入鹿，夺回并建立了以中大兄皇子和从隋唐留学回来的“海归”们为中心的政权，并在日本历史上首次使用了取其“伟大的变化”之意的年号——大化。然后，通过利用从大唐留学二三十年后回来的“海归”们带回的宝贵经验，取精华去糟粕制定了一系列的包括“废除世袭氏姓制”“设立中央集权机构”“废除皇室和贵族土地所有制及部民制”“实行班田收授法”“建立租庸调制”及整顿交通、军事制度等等，这就是日本史上著名的“大化改新”。

“大化改新”是日本建立统一的中央集权国家的开始，可以说是日本历史上一个伟大的转折点，甚至使日本开始由弱变强并觊觎起朝鲜半岛来。而当时的国际背景是，朝鲜半岛上，新罗在大唐的支持下正进行着统一半岛的战争，自认羽翼已丰的日本为了改变在朝鲜半岛的势力布局，迫不及待地派出二万七千兵马联合半岛上的百济政权的五千兵马，来对抗唐朝和新罗的军队。当时的军力对比是大唐水军约七千人，一百七十艘战舰，日本水兵却是万余人，更拥有战舰一千余艘。日本水军人多船多，但兵器落后，而大唐水军虽兵少船少，但却是船坚器利，武器装备优良。据《旧唐书·刘仁轨传》记载：仁轨遇倭兵于白江之口，四战捷，焚其舟四百艘，烟焰涨天，海水皆赤，贼众大溃。《日本书纪》第27卷对此亦有详述："大唐军将率战舰一百七十余艘列阵白江村。27日，日本船师初至者，与大唐船师会战，日本不利而退。28日，日本诸将与百济王不管天象，而相谓之曰'我等争先，彼应自退'，更率日本乱伍中军之卒，进打大唐坚阵之军，大唐军自左右夹船绕战，须臾之际，官军败绩，赴水溺死者众，舻舳不得回旋，朴市田来君仰天而誓，切齿嗔杀数十人，于焉战死。是时，百济王丰璋与数人乘船逃去高丽。"

白村江海战给了日本极其深刻的教训，使日本人认识到了自己与强国大唐之间的真正差距，因此，日本人非但没有为此与大唐交恶，反而在665年遣使参加泰山封禅，669年又派河内鲸为"平高丽庆贺使"前往长安，祝贺大唐在朝鲜半岛的彻底胜利。同时，此战还有个直接效果就是使日本停止了对朝鲜半岛的扩张，更在此后的一千余年里未曾向半岛用兵，给朝鲜半岛带来了千年的和平，在比自己更强大更先进的大唐文明面前，日本心服口服地低下了谦恭的头。但这一切，对比今天日本的表现，却使我们意识到了日本人的现实主义作风还真是源远流长。

如果说"大化改新"是以中国化为最高理想的话，那么，"明治维新"就是以西洋化为最高理想的典范。在位四十五年的明治天皇，在其统治期间，建立了卫皇制专制政权，他宣布版籍奉还、实行废藩置县、改革地税、制定帝国宪法、招聘西方专家，并像当年派出遣隋使遣唐使般向西方派出留学人员，大力发展教育，培养本国人才，然后像扔破靴子一样扔掉了曾经虔诚地学习模仿过的中国文化。从经济方面也采取奖励贸易、统一货币、创办银行、发行纸币等一系列措施，并设立邮政通讯机构、促进铁路及海运的发展，为日本新型经济的出现创造条件。随着西方的先进技术、文化思想源源不断地传入日本，日本开始步入小康阶段。

通过这一切使政权得到了稳固后，这时，以富国强兵为终极目标的明治天皇，觉得自己已是羽翼渐丰了，开始有了新的现实主义想法。于是，他开始着手改组兵部省，设立陆军部与海军部，建造军事院校等。明治天皇这一切“明智”的决断，其结果是使日本仅用几十年就走完了西方几百年才走完的路，使日本的综合国力渐凌驾于中国之上。新现实主义想法并不是明治天皇一个人的专利，当时有实力的日本政治家、军部负责人等，亦是利用舆论不断为日本的军事强国论和将要开始发动的侵略行径，不遗余力地造势。

首先，以“脱亚入欧”制造者日本启蒙思想家福泽谕吉开始，不断地在各种场合推销自己的强盗逻辑，他先是在1875年撰写的《文明论概略》中宣称：从文明进化的角度来说，欧美是最高发达的文明，中国、日本、土耳其并列处在半开化阶段，而朝鲜则是野蛮国家。认为文明国家应向野蛮国家推广文明，手段就是强大的军事力量。由此足以看出，日本人骨子里的狼子野心已开始暴露出来。1881年，他又在《时事小报》中扬言：日本已基本达到文明程度，须将目光转向海外，振兴国权。引导并欲为日本人植入扩张意识的野心渐渐表露出来。而到了他发表《文明论概略》十年后的1885年，福泽谕吉又在《时事新报》上发表《脱亚论》，提出“脱亚入欧”“与西洋文明共进退”的导致日本国策最终改变的重要论述，他在《脱亚论》中坦言：我国不应犹豫，与其坐等邻国的开明，共同振兴亚洲，不如脱离其行列，而与西洋文明国共进退。对待支那、朝鲜的方法，也不必因其为邻国而特别予以同情，只要模仿西洋人对他们的态度方式即可。在此，值得注意的是，经过十年的酝酿、变化，福泽谕吉已将十年前把日本与中国划在同一个起跑线上的论调彻底改变了，已经在潜意识里把中国列为和朝鲜一样的“野蛮国家”。

到了 1890 年，如果能多活二十年，肯定是一个不折不扣的甲级战犯的日本当时的陆军大臣山县有朋（1838—1923），在其《外交政略论》和《第一次帝国议会上的施政方针演说》中已是公然叫嚣：要维持一国之独立，仅仅守卫主权线是绝然不够的，必须进而保卫利益线，而保卫利益线就必须侵犯邻国主权。据此，我们已足以看出，强大起来了的日本的现实主义就是要当侵略者，而且做强盗都要言之铮铮。当然，除去强硬军国分子的舆论造势，从 1874 年到 1890 年，这十余年时间发生的对外扩张的确迅速：在 1874 年由日本大久保利通与清政府签订的使中国既赔钱又赔面子的《北京专约》；1875 年借由日本挑起的江华岛事件而迫使朝鲜与之签订的丧权辱国的《日朝修好条约》；1885 年与清政府签订的致使中国丧失了朝鲜宗主国地位的《天津条约》；尤其是甲午战争一举击溃了大清北洋水师，打破了由中国主导了数千年的东亚朝贡秩序。几次牛刀小试尝到了甜头的日本，就以为自己已是世界无敌了。

从 1895 年到 1945 年这短短的五十年中，日本一口气发动了十四场战争，勿论中国，即使当时强大如英、法、沙皇俄国者，也都被日本人打得丢盔弃甲。甚至于帝国主义的新贵美国，在太平洋战争初期也尝尽了日本人的苦头，而在当时的日本，其现实主义就是侵略、扩张、疯狂掠夺。但日本人用来自刹那间俟机一击取胜的剑道和相扑的手法，来偷袭珍珠港并同时攻击老挝、缅甸、泰国、新加坡、印尼等东南亚国家，那则是把游戏场子玩儿得太大了。

多行不义必自毙，当美、英、法、中、俄、澳等二十四国陆续对日宣战，尤其是美国的两颗原子弹彻底使日本这架战争机器停摆后，崇尚现实主义的日本就迅速演出了与一千余年前打不过大唐就低下谦恭的头的相似一幕，对着山姆大叔，日本低下了他那狂傲的头，原因只有一个，那就是山姆大叔依旧比他强大。

历史总是上演相似的一幕，从二十年前日本经济开始出现泡沫直到今天，借助中国经济的腾飞，日本经济终于又像找到了第二春般，开始渐渐复苏了。这也致使在接任首相前屡有反华言论的安倍晋三不得不屈服于日本经济和国内政治的需要，一改对华强硬作风，又祭出了屡试不爽的“现实主义”法宝，接任首相后首先低下谦恭的头，充当了一次相隔五年的“遣华使”。但值得注意的是，随着日本经济的复苏，安倍一直推动的防卫厅升“省”计划的得以实现，第二次接任首相后在国内推动修宪等计划、国际上处处制约中国的一系列做法，则又是今时的日本国家现实主义的体现。那么，我们是不是可以想象一下，将来经济富裕、军事强大起来的日本，如果有了与山姆大叔一较长短的本钱，到那时，日本的现实主义又将是什么呢？

同化与被同化

刚来日本的时候，一下飞机就被到处可见的有汉字的指示牌等标识吸引，在日本生活了一段时间后，又了解到日本不仅有很多生活习俗源于中国，更重要的是连茶道、花道、弈棋等等高雅文化艺术，甚至于儒教、佛教等哲学宗教思想亦由中国传来。与日本人交流，更是惊讶于日人对我中华文化历史的了解之深。沾沾于我大中华文化对日本从表面到深层的影响之巨、同化力之强的同时，一丝隐隐的不安也随着旅日日久而渐渐成为现实。

是的，中国那从未间断过的沉重的四千年文化历史，就犹如一口巨大的染缸般，曾经搅拌并染色了一切试图进入并改变这口大染缸颜色的人种，即使现在这种上色工艺依然在继续着，只是染出来的东西已然是面目全非、特色各具、千秋各有而已。

从中国历史来看，远古的蛮夷部落虽然众多，但那基本是属于神话史，不太靠谱，不谈也罢。单从汉代说起，我们知道，创两汉数百年江山的刘氏王朝就是西北边陲的外夷出身，称霸中原后，汉武帝从一代大儒董仲舒的“君权神授、天下一统”的宏大理论之谏，罢黜百家，独尊儒术，经过数百年的熏染，至东汉亡时，汉王朝已被染成地地道道的中原色，并且发展成为今天的汉族，为正宗的中国之代表。

北魏拓跋王朝，心仪汉朝文化，为了更好地统治天下融入汉文化之中，皇帝亲自下令，全国臣民，均要穿汉衣、习汉文、说汉话，并身体力行，带头穿汉服，皇宫内首先汉化并连皇帝祖宗姓氏都改为汉姓。到北魏末年，北魏人已不知母语者十有八九，不识母国习俗者亦是众多，俨然已是汉民族之一员了。至于隋唐，拥有鲜卑血统的这两个王朝，早在建朝之前，就已经完成汉化了，所剩者，不过那么一点外夷血统罢了。

到了公元1644年，建州女真的顺治帝在北京即大清帝位，又开始了正式的少数民族统治大汉民族的历史。其实，大清帝国，从开国皇帝努尔哈赤到皇太极，他们早就醉心于中原那如画的江山、璀璨的文化，康熙更是对天文术算，无不涉猎；诗文历史，无不通晓。“康乾盛世”对后世之有益的影响，不仅告诉了大清汉民，他们是合格称职的汉化皇帝，即使今日我们议起此事也是一点脾气都没有。

要说在中国，被染色最彻底的当属宋朝时逃入中国的那数千犹太人了，经过千余年的岁月，犹太色已几被漂成白布的这个在华犹太民族，时至今日，知道自己祖先是犹太人的已不足几十人，当中的几位，凭着电视里那少得可怜的以色列新闻，弄来几顶犹太小瓜皮帽儿扣在头上，以炫示并满足自己乃犹太人种那一点点的母国情。当然，犹太语是一句不懂，犹太风俗也已是一窍不通，更不要谈森严的犹太教规了。

中华文化那无与伦比的巨大的同化力，看看他们，我们想不偷着乐都不行。还有一例，就是观音菩萨的中国化，他本乃天竺佛祖驾前一位堂堂男性护法仙圣，相当厉害，换在今天，那不是甘地也是尼赫鲁，最次也得弄个IT界领军精英玩玩。可到了中国，先是被中国人民给插入道班，在《封神演义》里做个慈航道人混混，经过了与封神榜上的邪恶势力的血与火的战斗考验，中国人民才正式给他安排了佛籍，然后又给他留起飘然长发、描上慈眉、涂上朱唇，更是让他白裙飘飘，抱着小孩儿，到处送子，以纤纤玉指，沾几滴玉露，去普度众生，干起了慈善事业，而且还干得轰轰烈烈有声有色。至于把“他”变成了“她”，那观世音菩萨硬是连眉头都没皱一下，原因嘛，中国人民用中国文化不是给他封了个大慈大悲救苦救难的尊号！嘿嘿，受人封赏之恩，就得“闭嘴”相报，谁让中国人造神的能力如此强大呢？

历史上，未被中华文化同化的民族也不是没有，就说元朝，自成吉思汗率蒙古铁骑南征北战，打下了冷兵器时代称雄欧亚大陆的最大的蒙古帝国江山，使其孙儿忽必烈在其子国之一的北京称帝后，直至元末，蒙古人在中原一直以贵族自居，高高凌驾于被视为最下等人的汉人之上，再优秀的汉人也只是被蒙古人当作下人使用。这种蒙汉地位的悬殊对比，尤其是把代表中华文化的汉人知识分子排在娼妓之后的第九种人的“臭老九”的位置，更是大大挫伤了汉族人的自尊，此种拒绝并凌辱中国文化的作为，无疑让民众与政府离心离德，也最终导致了蒙元王朝在中国只混了不足百年。抵触中国文化，让大漠雄主后悔不已，现如今，更是混到了在中俄两个大国之间夹缝里生存的地步。

邻国日本则不然，这个民族的可怕之处就在于，他们的永远不知足的取长补短的学习精神、永远的危机感意识和踏踏实实的做事风格。正是这些促使这个资源贫瘠的蕞尔岛国，成为今天的经济巨人。初抵东瀛的旅日华人，大都有过对中华文化对日本的影响之巨的自豪感，有时更沉醉于中华文化对日本的巨大的同化力的沾沾自喜中，可随着旅日日久，我们开始瞠目于日本对中华文化的取其精华去其糟粕的运用之精。隋唐时，日本就派出了大批的遣隋使、遣唐使，佛教、儒教，茶、花之道，律令制度等等，都是那时引入日本的。以木讷认真著称，不大聪明但又被誉为“鬼子”的这个民族，他们聪明地学去了中国文化的精华，而没有在与中国打交道的漫长历史里沉醉在中国文化之中不能自拔，他们也聪明地从西方那里学去了先进的技术而未陷入西方文化之中不能自已。东西方精髓的完美合璧，使得这个岛国经过不懈努力成了世界的技术先驱、经济典范、礼仪标兵。不是吗？主流西方世界在对亚洲各国的评价上，日本无疑是最高的，民间的反应更是令我们华人尴尬，我们不是无数次在西方旅游时被欧洲人当成日本人而享受了热情的服务吗？同样，把“仁、义、礼、智、信”传给日本的我们，不是只有在日本才享受着周到礼貌的服务吗？我们教会了日本人汉字，日本人今天用汉字告诉我们中国人哪些店铺华人不得入内；我们教会了日本人喝茶插花，今天日本人用优雅的茶道花道教我们如何优雅地做人。欲回国发展的旅日华人丈夫们，有些也在遭遇着妻子儿女不肯离开礼貌舒适卫生的日本优裕生活这一尴尬的事实；而加入日本国籍的华人逐年增多，亦在时时刻刻动摇着那些当初发誓绝不加入日本国籍的华人之心；还有国内“哈日一族”队伍的不断壮大，日本游戏、动漫等在国内的普及流行……这一切都在说明着一个尴尬的事实，那就是素来以同化他族而自豪的中华民族，正在被他族潜移默化地同化着——起码是旅日华人尤其是旅日华人二代们，正在被日本文化无情地同化着。

事实就是这样，自从我们打开国门，曾经把中华文化精髓带给世界的我们，曾经以中华大邦、礼仪之国而自豪的我们，曾经以中华文化无与伦比的同化力而傲视世界的我们，就在沾沾自喜于用自己的文化历史同化世界的同时，却在被日本慢慢地同化着。这对一个拥有数千年文明史的古国，祸焉？福焉？倒着实值得商榷。

日本历史上的两场大风

日本有句俗语："明日の風は明日吹く"（明天刮明天的风）。乍一听，颇有点得到了吾国"得过且过"之真谛的那么点意思。但我们知道，日本民族从来就不是个得过且过的民族，以暧昧的日本人的思维习惯来解读，这句俗语应该是日本人对"每天的风都不一样"，亦即人生无常的一种暗示。不过，说到风，日本历史上曾经刮过既长且久的两场改变历史的大风，对日本文化传承、文明认知的影响之巨，却是有目共睹的。

第一场风，始于630年，终于894年，是日本向中国派出遣唐使阶段。如果算上从六百年开始的遣隋使，这场学习中华文化之风就刮了近三个世纪。当时的遣唐使成员除去正副使、判官和录事，尚有主神、卜部、阴阳师、医师、画师、乐师、船师以及木、铸、锻、玉等各行工匠，还有后来长居于中国的留学僧和留学生等。人员更是精挑细选，如名闻后世的高向玄理、吉备真备、山上仁良、菅原道真和阿倍仲麻吕等，把十几批这样拥有特殊才能的人组装在一起，简直就是一台古代版的"巨型拷贝机"，他们拷去了中华文化的经史子集、音乐绘画、建筑艺术；也拷去了律令、教育和官史制度等等。除此，当时的嵯峨天皇还下诏改定礼仪，并命"男女衣服，皆依唐制"，甚至连历法、节令习俗也尽量依仿唐朝。古都奈良的皇宫建筑、城市布局更是被后人称为"小长安”。日本拷贝大唐，可以说是相当彻底。至于在 894 年停止遣唐使，那是因为日本人自认为已经把从大唐学来的一切，融会贯通并形成了具有日本特色的国风文化，觉得可以出徒了。

近三个世纪的强劲中国风，把日本吹成了真正意义上的国家。但也有不这样认为的，作家松枝正根就认为，702 年派出的遣唐使，在中国一逗留就是三载，是唐朝在通过他们来影响日本迁都、全国遍建国分寺等活动，从而达到消耗日本国力之目的。而当时日本的都城、寺院大佛的建造，此君也都认为是学习唐朝的副产品，劳民伤财，致使国家疲惫。停止遣唐，非是日本出徒，而是日本借安史之乱，终于摆脱了遣唐的梦魇。狭隘的岛国根性尽情地让松枝意淫过去。不过，借此君说法，省视一下，觉得日本遣唐，还真有那么一个副产品，成了日本永世的梦魇，那就是以日本受中华文化影响之深，每每说起日本史，总会绕到中国史上去，离开中国史日本史还真就像“没有共产党就没有新中国”般，不成其为“史”了。

日本历史上的另一场大风，即欧化之风。从 1869 年明治维新时刮起，已是近一个半世纪，而且至今犹盛不衰。当年，甲午战争一声炮响，猢狲扳倒了大树，日本从此刮西风。追逐欧洲文明之风，日本确也获利颇丰，西方的先进工业、电子、军事技术等以及先进文化，统统被日本拿来细细加工为本国产品，并发扬光大为响当当的“日本造”，在世界范围大畅其销。不过，大浪淘沙，当然不可无泥沙。《诗经 · 匪风》首章有云 :“匪风发兮，匪车偈兮。顾瞻周道，中心怛兮。”意思是说风烈车疾，大道在后。回顾来路，却又隐隐感到失落之意。

日本思想史家渡边京二在当时对“脱亚入欧”就有这样的担心，也许渡边京二是看到日本人对陌生人的信任和热情，邻里相助的无拘无私的情意，以及朋友亲人间毫无芥蒂地对饮畅叙情景的消失才发出的感慨。不过，站在我们这些“不在此山中”的外人立场看，日本其实在猛追西方文化的同时也还是保留了自己传统文化的，就像各种“祭”的表演，仿古秀、花道、茶道等等的有序发展，还有今日遍布各地的人文、历史、建筑博物馆以及传统饮食特色的保持等等。当然，看今日日本的年轻人，渡边京二的担心也并非完全是杞人忧天。一身西式打扮，一头黄毛，一口正常日本人听不懂的由风马牛的词头词尾组成的新新人类用语等。非止这些表象，今天许多年轻人所普遍表现出来的对人、事之漠不关心，缺少上进心，颓废作风等，可以预见，日本的传统文化，在不久的将来，将面临严峻考验。

两场风，两场长长的大风，加起来刮了四五个世纪，结果就把日本人刮成了今天的这种既上进又颓废，既时髦又保守，既……打住，突然发现有那么点《菊与刀》的意思了。

卑弥乎与魏明帝的双赢

弥生时代后期，也就是公元250年前后，日本列岛上的百余个部落小国之间战乱又起，在此次战乱中，邪马台国脱颖而出，联盟周围30余小国，形成了辐射日本列岛的政治中心。据《三国志·魏志·倭人传》记载："其国本亦以男子为王，住七八十年，倭国乱，相功伐，历年乃共立一女子为王，名曰卑弥乎。"也就是说，一位叫卑弥乎的女子被推选为邪马台联合王国的国王。

据《日本历史大图鉴》援引《三国志·魏志·倭人传》记载："邪马台女王卑弥乎，'事鬼道，能惑众'，终身不婚，擅长巫术，并以此来统治诸国。"戴季陶先生在《日本论》中曾说：各个民族都有许多特殊的神话，在历史上是很有价值的。日本人也不例外，他们一直以为，他们的国体，他们的民族，是世界上哪里都找不出来的，是神造的。从一千七百年前充满野性的邪马台联合国家，居然甘愿听命于一位十五岁的自称是神的使唤人的巫女支配，以及如今遍布日本各个角落的十三万神社来看，日本人的神国观果然是自古就有市场，而且贯穿整个日本历史一直被继承并发扬光大至今。

卑弥乎倒也并非浪得虚名，在她治下，邪马台国已经拥有了一支维护女王统治秩序和进行对外战争的军队，也有了虽不成文但却管用的法律和刑罚处置手段，比如："违法者，轻者没其妻子，重者，灭其门户及家族。”卑弥乎还很神秘，据《日本历史大图鉴》记载，光是在王宫里为其服务的奴婢就有千余人，但却几乎没有几个人见过她。只有一个负责女王的饮食及杂物的男婢，可以自由出入女王的房间。卑弥乎还把国民划分成“大人”“下户”“生口”和“奴隶”四个等级。“大人”是指达官贵族及奴隶主，“下户”是指平民百姓，他们已可以拥有自己的家庭，定期向国家交纳租赋，占人口绝大多数，同时也是社会生产的主要生产力和战时的主力军。“大人”和“下户”之间也是等级森严。据说，路途相遇，“下户”不仅要让路给“大人”，并且要躲到草丛中去。与“大人”讲话，“下户”还要蹲下或双膝跪下两手伏地。至于“生口”和“奴隶”，仅从字面也可推测出其社会地位了，他们主要来源于战俘和罪犯，没有人身自由，任凭“大人”们使用和相互赠予，生命也毫无保障，据《三国志·魏志·倭人传》介绍，卑弥乎死后被殉葬的奴婢就有百余人之多。

统治国家，除去装神，卑弥乎还另有妙法，在公元239年至248年的九年间，任凭风吹浪打前途艰险，她曾先后四次派出使节团到中国朝贡。时值东汉末年天下三分时期，女王的使节虽仅仅带着“男生口四人，女生口六人及斑布二匹二丈”就来晋见魏明帝了，不过，换来的却是魏明帝授予女王的“亲魏倭王”印，使节并获封赏官职，赐予黄金、五尺刀、铜镜、珍珠、铅丹以及纺织品等物。只是实物，卑弥呼已是收获不菲，但卑弥乎的鸿鹄之志显然非止于此，更重要的是她还要得到政治收获。事实上，她如愿以偿了。据《日本史》记载：卑弥乎得到“亲魏倭王”这个破格的称号，就明确了她是凌驾于当时列岛诸国的王之上位的地位，得到了中华上邦的“封绶”，卑弥乎的统治就更正统了。而魏国在此事上也有斩获，公元240年，魏明帝遣使将诏书、印绶及礼物送到日本，开创了中国历史上公派使者赴日的先河。而且，对于魏国而言，时值魏、蜀、吴三国争霸天下之时，封赏倭使，同样是向蜀、吴二国表明了自己才是“承继大汉之正统”的优势地位。魏倭互通，魏明帝、卑弥乎实现了一次双赢。

公元248年，卑弥乎死后，邪马台国也曾立一男子为王，但不久就因内乱而下台，而重立了与卑弥乎有血缘关系的一位十三岁的叫“壹与”的少女为王，局势才得以稳定下来，由此可见，在当时，母系氏族制度仍在主导着日本社会。遗憾的是，据《晋书》记载，自公元265年倭国遣使入贡以后，从此后一百五十年，中国史书再无关于日本事情的记录了，而日本当时没有文字，当然也不会有只言片语留下。以至今日邪马台国究竟位于日本何处？最终结局如何？留给后人的依然是争论不休和无限遐思。

大概也是由于卑弥乎的身份难以确定的原因吧，做梦都想把自己的历史推前到宇宙初开时期并喜欢创造历史的日本人，手痒再三，因无法证实邪马台国与后来的大和王朝的关系，所以，最终还是没敢把卑弥乎定为日本的第一代女皇，而是把后来大和国时代的推古天皇推上了日本史上第一位女皇的位子。因日本人的来源说太多，又弄得日本人不敢挖古坟，生怕一不留神挖出个中国祖宗或朝鲜大王、蒙古皇帝来，若果如此，日本人将何以自处？所以，千百年来，日本人对本国历史，就是这样捂着、盖着、遮着、憋着。憋不住了，就埋块“当代古董”再挖出来折腾折腾，以博世人一笑。感觉日本史学家们挺累，日本皇室也挺累。不过，日本人一直都是挺累的，这样一想，我辈倒也不必杞人忧“日”了。

武田信玄的英雄传承

日本人自豪于自己也有个战国时代，对那些叱咤风云的战国武将充满了向往、憧憬，至今提起战国武将也还是津津乐道。不消说，演绎战国武将的小说、舞台剧、影视等文艺作品，一直以来也是盛而不衰。其实，这些对于日本人民族性的形成，也有着潜移默化之功效，那么，剖析战国武将的性格特征，对于我们了解日本这个民族及其民族性似也不无帮助。

战国武将众多，却独想说说有“甲斐（今山梨县）之虎”之称的武田信玄，此人在战国时代有日本孙子之称，被后世誉为“战国第一兵法家”，而他那几乎插遍日本列岛的“风林火山”军旗，也是出自《孙子兵法》中的“其疾如风，其徐如林，侵略如火，不动如山”。有如此渊源，自然就对他颇感兴趣。

武田信玄，也称武田晴信，还有个乳名叫胜千代。据说，信玄出生时，曾有黑帽白衣人在其宅前徘徊，身边停驻的一只白鹰被人认出乃诹访大明神座前神鹰，因此，信玄自幼就被赋予了一层神体转世的神秘色彩。不过，其父家督武田信虎，却觉得信玄太过深沉，又是自己抢来的媳妇所生，因而不喜，转而重视次子信繁，就琢磨着废长立幼，欲把信玄流放到骏河（今静冈县）边荒去。信玄当然不干了，联络了支持自己的老师及家臣发动兵变，结果反把老爸给流放到骏河了。从此，大权在握的武田信玄，开始了他被日本人誉为波澜万丈的传奇一生。

信玄上位稳定了治内后，即反其父之道与邻邦北条家和今川家结为三家联盟。接下来，又把目光投向了北方的信浓国（今长野县）。当时，信浓的诹访、木曾和村上三家，正在与守护小笠原家争夺守护之位。信玄利用信浓内部纷争，首先把手伸向了与自己有着姻亲关系的诹访赖重，诹访赖重是信玄的亲妹夫，而信玄又娶了妹夫家的女儿即外甥女并且生了长子信赖，但连老爸都敢流放的信玄当然不会对妹夫手软，趁其不备，一举拿下诹访家，逼得妹夫兼岳父自尽而终。接着，信玄采取蚕食政策逐步吞并了信浓。其中值得一提的是，1547 年，信玄进攻志贺城的笠原政繁，大败笠原联军后，信玄不允败军投降，而是全部杀尽后悬敌军首级三千于城头示众，足见信玄之心狠手辣。继续扩张，信玄终于在长尾遇上了劲敌——号称“越后之龙”的上杉谦信，二人在川中岛进行了五次龙虎斗，虽无果而终，但历时十几年的龙虎斗却让信玄名声更隆。有越后之龙拦路，信玄北上无望，于是开始南下，正巧此时信玄的盟友兼姐夫今川义元在桶狭间战死，精于杀熟的信玄就利用今川家走下坡路之机，雷霆一击，又灭了今川家。占据今川家地盘后，信玄又击败了战国另一名将北条氏康。从此，没有了后顾之忧的信玄一路征伐，使得武田家势力遍及甲斐、信浓、骏河、上总和美浓等各藩国。顺风顺水的信玄又开始布军西进，正打得德川家康割须弃袍，织田信长狼狈而逃之时，却不幸于军中病倒而终。信玄死后，武田家快速没落，仅仅几年就为德川家和织田家的联军所灭。

观武田信玄一生，因其在军事、民政、治国等方面成就卓著，不问德行崇拜强者的日本人，自古而今都把武田信玄尊为英

其疾如风，其徐如林，侵略如火，不动如山。

雄，完全罔顾了他的奸诈、残忍。或者可以说信玄的这种残忍行为也被日本人视为英雄行为而接受并传承了。如此来说，日人隐藏在内心深处的狡诈、残忍之本性，是否在此也找到了一点出处呢。

平清盛的另类高瞻远瞩

平清盛（1118—1181）本是日本平安末期的著名武士。其父平忠盛借祖父平正盛得宠于白河天皇的余荫，年少得志，因平兴福寺僧众叛乱有功，天皇一高兴，就把自己的宠妃祇园女御赏给了平忠盛，如此，白河天皇与平忠盛就有了那么一点暧昧的裙带关系。《平氏物语》甚至自曝，祇园女御在被白河天皇赏赐给平忠盛时，已怀有天皇骨肉。因此，关于平清盛的皇子说，也一直为日本人所津津乐道。甭管真假，平清盛从一介武士到位极人臣，无论是当时的白河天皇还是后来的白河法皇，对其一直关照有加却是不争的事实。

平清盛在平定“保元之乱”和“平治之乱”时，因功勋卓著，从此步入中央贵族行列。地位稳固之后，平氏就开始了联姻皇室、贵族，从而成为外戚重臣，并最终于 1167 年一举升任正一位太政大臣，权倾朝野。不过平氏大权在握后，开始尝试间接控制天皇、大臣，终导致以后白河法皇为首的院政势力对其不满，并开始试图逐步削弱平氏权力，削减平氏领地。这引起了平清盛的震怒，于是他发动了“治承政变”，囚后白河法皇，撤三十九位大臣，并任命平氏亲贵取而代之。次年，又废高仓天皇，拥立自己孙子为新天皇，即为安德天皇。从此，平氏家族迎来了全盛期，平氏彻底掌握了政权，开了武家执政的先河，他本人也被后世誉为武家政权鼻祖。

平清盛一生可谓是波澜壮阔，因其在“保元之乱”和“平治之乱”时的果决魄力和在“治承政变”时的铁血手腕，平氏在日本历史上留下了个性残暴的形象，这就使他另一面的卓越功勋被后世有所忽视。其实，基于其建立政权和巩固政权所需，平氏由始至终都在致力于发展与宋朝的商贸关系。为使日宋航路通畅，商船能够通过濑户内海直达他的老巢摄津，他开音户海峡，修大轮田泊建人工经岛，所费昂巨，而平氏政权一直是以财力雄厚维持政权而著称，其实这些财力，大都是在日宋贸易中赚来的。虽然其后继乏人使得平氏政权短命，但不可否认的是，最初平氏政权的基磐是稳定的，这其中日宋贸易居功至伟。也许你觉得只凭这一点，平清盛还谈不上高瞻远瞩，但当你看到镰仓幕府时期重修的大轮田泊已成为日本第一大港，即兵库津，当你看到室町幕府时期兵库津又已变成了日明贸易大本营时，相信你就会同意平氏的功在后世了。要知道，即使日本在闭关锁国时代，也是一直通过兵库津保持着与大明贸易往来的。后来日本学西方，设立海关，兵库津正式改称为神户港。发展至今，神户港靠其海岸线长、泊位水深等优势，航路遍及世界各地，仅通往中国的航路就有二十三条之多。而神户，也正是因为神户港之名，成了今天日本的海上贸易重镇、观光名所。

所以说，不管当初平清盛动机为何，只看结果，一个千年前的人物，就能拥有如此走向海洋走向世界之胸怀，并一直扎扎实实贯彻始终，不能不说，他是一位真正高瞻远瞩的伟人。据说，日本近来也在重新评价平清盛，试图淡化其暴君形象，光大其正面功绩。其实，在重新评价平清盛的问题上，神户人倒是更应该踊跃参与进来的，平清盛带给神户的好处，神户人怎么为他“点赞”都不为过。

望断南飞燕！神户港就是老头儿这么琢磨出来的。

又见汉代人用倭扇

看历史剧，曾经为李逵把包着熟牛肉的报纸包往桌上一摔而瞠目，也曾经为武侠片中的大侠们空中斗法时，随着倒掠的镜头闪过的根根电线杆而结舌。最近看一部汉代片，又见汉朝人优哉游哉地轻摇折扇的情景，就有了那么点古人看电视的感觉，倒着实令人艳羡。

不是卖弄或装懂，只是觉得一部不错的电影或电视剧因了一点瑕疵而留下笑柄，可谓莫大遗憾。李逵的报纸包牛肉和大侠们电线杆前斗勇，毕竟还是技术性失误，而汉代人用倭扇，却是有着认识上的误区的，这也是值得商榷之处。

虽然在古埃及壁画中也发现有团扇，但咱先民自远古时期就已经从用树叶遮阳而渐渐形成了团扇的原型，史料记载殷代已有野鸡毛制“障扇”的团扇出现，今之“扇”字下面为“羽”字，据说就是由此而来。不过，那时的“障扇”不是用来扇风取凉，而是作为帝王外出巡视时遮阳、挡风、避沙之用，因此，团扇在古时也被称为仪仗扇或宫扇。一般认为，西汉以后扇子才被普及用来取凉。据“维基百科词典”介绍，日本最早是在弥生、古坟时期出土的带把的团扇。而“雅虎百科事典”又说，团扇是在奈良时期由中国传入，最开始与我国用法相似，主要是皇室、贵族或者神社在举行仪式、祭神时才使用，至于民间普及，那是江户时代以后的事儿了。但不论哪一种说法，都证明了团扇乃源出中国。

对于团扇的出处没有异议，但对于折扇的发明是在中还是在日却一直有争议。我们说折扇出于中国，是认为南北朝时期的“腰扇”即为折扇，所据者为《南齐书·刘祥传》中有腰扇的记载。而胡三省《资治通鉴音注》中进一步解释：“（南齐高帝时）腰扇，佩之于腰，今谓之折叠扇。”不过，以此就断定南朝已存在折扇了，听起来颇觉不大靠谱，“佩之于腰”的扇子这个因，并不一定能带来“今谓之折叠扇”这个果。团扇也可以插腰上，而且，从我们唐宋时期咏扇的诗词中也可略见一斑，唐代咏扇诗句基本都是咏团扇的，而宋元时期却出现了许多歌咏日本折扇的诗句，比如苏轼就有“日本折扇精致非中国所及”之语留世。苏辙则在《杨主簿日本扇》中吟咏道：“扇从日本来，风非日本风。风非扇中出，问风本何从？风亦不自知，当复问太空。空若是风穴，既自与物同。同物岂空性，是物非风宗。但执日本扇，风来自无穷。”元代贡性之《南湖集》卷下《倭扇》的“外蕃巧艺夺天工，笔底丹青知无穷。好似越裳供翡翠，也从中国被仁风”更是赞极了日本折扇。

而从日本文献记载看，日本的折扇从材质可以分为板扇（桧扇）与纸扇（蝙蝠扇）两种。桧扇的起源一般认为在平安时代（794—1192），如最具权威的日本史学辞书《国史大辞典》认为桧扇是“九世纪前后日本发明的”。又如著名语言学家松村明编的《大辞林》，亦云：“桧扇为日本在平安前期所独创。”但是，近年在平城京遗址中发掘出数柄桧扇，从年代考证，被确定为公元747年前后的遗物。从而使桧扇的历史上溯到了奈良时代（710—794）。这一重要的考古发现，也为折扇的日本起源说提供了强有

扇从日本来，风非日本风。

力的佐证。如此看来，这折扇源于日本说似乎比源于中国说更具说服力。《日本语源由来词典》还介绍说：日本折扇起源于奈良时期，时人把木简叠在一起，然后在底部开眼以绳纽系之，是用来做记事簿的；至平安时代，才出现了把五六根细竹条如上述方法组合在一起，在竹条之间贴上绢布或纸，开合之间，就形成了折扇的雏形，当时日人因其形状而称其为蝙蝠扇。但据说折扇在当时也不是用来取凉的，而是用在如皇室举行各种仪式或祭神时，也是作为装饰品使用。后来，文人骚客模仿我们在团扇上题诗作画风习，也就开始在折扇纸间写上和歌等，作为馈赠礼品互相赠答。

折扇，日语汉字也写作“扇子”，发音近似于我们的“绅士”，看后代日本人对折扇的使用，还真有点绅士的样子。折扇在日本传至今天，不仅天皇祭祖时手持折扇，日本人结婚时新郎官也手持折扇，艺伎们献艺却也离不开折扇。普通人图方便，夏季出门在外也用折扇，但感觉就是和用“无妻哇”（日语团扇）有点不同，看着倒是颇有绅士淑女之风。

说起日本折扇传入我国的时间，一般认为，晚唐时，随遣唐使的到来，折扇也作为一种赠答品被带入我国，但普及到普通人使用，据说是在宋代。而至明代，折扇不仅已经普及，做工选料也愈趋于精，比如象牙的、玳瑁的、檀香的、沉香的以及传统棕竹的等等都已出现，制作工艺也已发展至螺钿、雕漆、洒金等各种。折扇传至今天，在我国也与日本一样，更多的还是重于装饰，毕竟折扇是扇不出多大风来的。真要过瘾，还得是芭蕉扇等。但即使是折扇，也不要像某些导演那样，一扇子把相当于我们唐代的日本平安时期的扇子给扇到汉朝去，被日本人知道，倒是徒落笑柄于邻邦。

日本人是真正的中国人吗

一直以来，就有人说“崖山之后无中国”。崖山之役，简言之，就是宋元最后一战，最终以南宋左丞相陆秀夫背着九岁的小皇帝赵昺跳海身亡，宣告宋朝正式灭亡。而崖山战后的“无中国”，则是指古典意义上的中华文明，经此一役而丧失殆尽，中国自此失去真正的中国魂和民族自尊心。

那么，崖山战后的中华文明去哪儿了呢？去日本了。清末大学者辜鸿铭在其文集《中国的复兴与日本》中说：“日本人是真正的中国人，是唐代的中国人。”据说现代有相当一部分学者也认同这一观点。他们认为：元代宋，标志着宋朝高度发达的科技、工商业、手工业、科举、开始受限制的皇权、先进的政治制度等都中断了。甚至，传统的文化传承也出现了断层，中国人的奴性也由此产生。

而在邻国日本，也有持相同观点的一批学者存在。元代宋，他们更是认为在中国本土中华文明自此不存在了，而日本肩负起了中华文化正统传承的重任，所以说，中华文明正朔已在日本。也由此，日本历来就有一些文化人以发扬光大所谓的正统中华文明为己任。二战时，日本军国主义分子就以辜鸿铭的言论为依据，炮制出了“共建大东亚文化”的堂而皇之之借口，从而吞朝鲜、占台湾、攻陷我东北，继而征华东、华南，侵东南亚诸国，致使一段时期内，东南亚诸国许多地区都陷于了日寇的铁蹄之下。

辜鸿铭说的“日本人是真正的中国人”，他应是完全从文化的角度出发，认为当时蒙元铁蹄踏遍欧亚，只有继承了唐代文化并孤悬海外的日本得以洁身自保成功，应该在那儿保留着完整的中华文化传承。不过，日本确是较好地保留了一些中华文化，但以这些就说“日本人是真正的中国人”，颇嫌太过。如果此说成立，那么，日本侵华在某种意义上不就可以理解为“日本中国人”去拯救被蒙元、满清外族文化入殖过的“本土中国人”了吗？这明显是谬论。

旅美华人作家赵无眠，最近推出了一本《赵无眠辣说历史》。书中，作者以中国引进了许多日制汉字词语来说明，中国的语言文字受日本影响之巨，同时以日本治台、治满时，在当地所做的铺铁路、建银行等贡献，来说明日本在中国的近代科学、教育和建设等各方面所施予我们的“恩惠”。而且赵先生还打比方说：“茶是中国的特产，茶道却形成于日本。”因此，作者得出近代日本是中国恩师之结论，并欲以此来说明日本继承并发扬光大了中华文化之事实。赵先生又强调说：我们与日本应“恩仇分明”，虽然他打了咱们，把咱们家搞得一塌糊涂、损失严重，有血海深仇，但他还是恩师。即使他干的坏事罄竹难书，我们还是无法否认他教给我们的东西太宝贵了，云云。但赵先生似乎忽略了日本人对我们所施之恩，是建立在为其侵略扩张服务这个大前提之下的吧。如此恩仇，倒确是要分分清的。即使从文化的茶道方面来谈，不知赵先生对日本的茶道有何体会，据我等长居日本的观察，所谓的茶道，其实不过就是完全程序化的繁复的茶艺表演而已，非要扯上“道”，那也不过是发明、传播茶艺之辈的生财有“道”罢了。

赵先生力图说明日本继承并发扬了中华文化，其实，我们更知道，那早已是彼文化非此文化也。日本人早已把汉文化融合进日本固有的文化，并形成了今天自己的国风文化。我们又何必非得拿热脸去贴人家的冷屁股呢？宣扬“崖山之后无中国”，打击的不过是国人的自尊心罢了。

书写历史的天武天皇

说起日本天皇，能给国人留下印象的，大概除了云山雾罩的神武天皇和女巫卑弥乎，也就是明治天皇和昭和天皇了。或许今日之平成天皇，国人多多少少也能有些印象。其实，值得一提的还有一位，也就是在日本历史上被誉为最大内乱的“壬申之乱”后，使日本国家面貌得以焕然一新、皇权得到从未有过的最大发展的天武朝之天武天皇。

天武天皇，幼称大海人皇子，是日本第四十代天皇，在位十四年（673—686）。他是舒明天皇第三子，天智天皇（大化改新之主角中大兄皇子）之胞弟，参加大化改新时开始崭露头角。公元663年，日本在朝鲜对抗大唐和新罗联军的白村江海战中惨败，中大兄皇子因此引责虚位，大海人皇子开始走上前台，并逐渐成为朝廷首席大臣。668年中大兄皇子即位，是为天智天皇，为第三十八代天皇，居功至伟的大海人皇子理所当然地被立为皇位继承人。但是，到了671年，天智天皇病中却改立亲子大友皇子为皇太子。大海人皇子为避祸，断然在天智天皇驾前请辞皇太子位，随后出家为僧，隐居吉野（今奈良）。有诗“吉野开我怜，雨雾则不住。前途多险阻，行行复行行”存世为证，可见其当时心境。同年，大友皇子即位，是为日本第三十九代弘文天皇。672年，弘文天皇借口为给天智天皇修陵，征发美浓（岐阜）、尾张（爱知）人夫，并向被征发者发放武器。大海人皇子不甘坐以待毙，暗赴美浓组织军队，发起了日本历史上历时一个月之久的、也是最大的“壬申之乱”，并最终击破朝廷军，迫弘文天皇自杀。取得胜利的大海人皇子，在飞鸟（今奈良）建净御原宫，并于翌年，即673年，在飞鸟净御原宫正式登基，即天武天皇。

天武天皇即位后，首先废除了天智天皇任命的太政大臣、左右大臣等重要官职。从此，其在位的十四年间，天武天皇再未任命过一个大臣，只由皇后、皇太子辅佐其政务，成了名副其实的皇亲政治，也正因此，日本天皇的权威在其手上得到从未有过的提高。而把活着的天皇视为“神”，据说也是从这时开始的。这一时期，也可以说是日本历史上绝无仅有的几个皇权集中时期之一。天武天皇还以其强劲的指导力，使得日本自白村江败战以来，停顿的律令、国家建设，加速了进程，在位十四年，制定了《飞鸟净御原律令》；废止了部曲食封；重定了八色大姓及氏族阶级；使“践祚大尝祭”（即位仪式）制度化；并创始天皇号、选定伊势神宫为祖先神的祭祀神宫；而且还制定历法、设立天文台等等。以如此业绩，可以说天武天皇足以名垂“日”史了。

除此之外，在天武朝，天皇称号和日本国名的诞生，也值得别笔另述。5世纪的倭国时代，五倭王争先恐后地跑到尚处于南北朝时期的中国求封，并以拿到中国的封号为荣，那时，倭王们并不知“倭”之贬义。到了天武朝，野心勃勃的大海人皇子，已不甘心为“王”了。于是，他把自己最信服的神教最高神“天皇大帝”的“天皇”拿来，用在了自己的头上，据说是为了与支配地上的地皇们相区别而取用的。而据日本历史读本编辑部编撰的《日本史》记载：天武天皇并不满足于在日本列岛模仿出一个“小中华帝国”来与中国皇帝对等，而是有着胜过地皇（指中国皇帝）并居于地皇上位的野心，因而采用“天皇”称呼。天武朝时，日本也已经理解了“倭”字的真意，故此，当时根据“日之本之大和”乃日出之处的地理特征，取其“日”和“本”二字，从此就有了“日本”这个正式国名。

天武天皇还有一大功绩留世，那就是他在位期间，为了说明天皇家族乃太阳神之后，具有优越于其他大氏族的血脉和历史，从而进一步提升天皇权威，而主持编纂了国史。他明确提出了编纂历史是“邦家之经纬，王化之鸿基”。命川岛皇子为首的十二人，于681年开始编纂《日本书纪》，为编纂此书，耗时四十年，于养老四年（720年）而大成。只可惜，在位仅十四年的天武天皇并没能等到这部巨作史书的面世。一般来讲，以当时日本国之规模，国史有一本也就足够了，可天武天皇又命舍人裨田阿礼负责，对《帝纪》《旧事》等书“消伪定实”，整理出对天皇家有利的史料。由此，712年，《古事记》又被呈上了当时的元明天皇驾前。而据《日本史》记载：《日本书纪》和《古事记》之最大的区别在于文体，《日本书纪》大量引用中国书籍，属中国人一见之下也能理解的汉文体。而《古事记》虽然也是汉文体，但基本是以日本人一见之下就能理解的日本文法写就的。因此，日本学者们认为，天武天皇骨子里是用《日本书纪》向中国炫耀日本文化水平和日本天皇之正统性的。而《古事记》是用来震唬当时的日本各大豪族，以使他们安于“龙生龙，凤生凤”这一神示天规的。

不管怎么说，纵观天武天皇在位十四年之作为，他确也算得上是一代风流人物了。从倭五王始至天武朝止的短短二三百年日本史，日本民族的那种从愚昧到觉醒，再到形成进步的律令社会，以致最后公然叫嚣，甚至要超越当时人类盛世的中华，骨子里那种不安分，从那时就可见其一斑了。由此来看，这不仅仅是一段日本史，同样也是今天提醒我们时不时要照一照的一面镜子。

演歌

也许是那忧伤的曲调吸引了漂泊的我，也许是那充满感伤的歌词唤起了我的共鸣，也许是那煽情的肢体语言感染了我。总之，来日后不久，我就喜欢上了演歌。

演歌的历史并不算长，严格说来它应是明治时期自由民权运动的产物。当时，岛国的开化激进派们，以集会演说的形式来批判藩阀政治、宣扬自己的主张，而感到危机的政府，则开始严厉取缔开化派的这些集会演说。于是，开化派们魔高一丈，把“说”改为“歌”，以歌谣的形式继续唱出自己的主张。民众唱歌，政府就不大好管，由此，“演说歌”渐渐定型，其实就是政治讽刺歌。而今天所谓的演歌，是当时演说歌的略语，只不过今天的演歌无论从形式上还是内容上，与 19 世纪时的演说歌，都不可同日而语，早已没有了政治色彩，而完全蜕变为一种纯歌谣形式的演唱了。

演歌，经过了最初的 19 世纪末的创成期，20 世纪初就在流行歌、大众音乐的冲击下匆匆谢幕，接下来进入战时萧条期，演说歌就近乎绝迹了。而后，20 世纪 50 年代，由明显区别于流行歌曲的、近似于现在演歌风格的民谣和浪曲的出现，使得演歌进入了复兴期。发展至 60 年代的演歌，社会讽刺要素已经完全不见，可以说，作为演歌，只是名称复活了，内容已与当年的演说歌风马牛。望乡歌谣风格带动了演歌的新形式，高仓健、森进一、千昌夫、北岛三郎和小林幸子等开始崭露头角。同时一首首如《池袋之夜》《函馆之女》《北归行》等好的演歌，也开始流行开来。70年代可以说是演歌的一个辉煌时期，这一时期一批如《北国之春》《舟唄》《津轻海峡冬景色》等脍炙人口的演歌唱红列岛。五木ひろし、石川さゆり、八代亚纪、森昌子等一批演歌歌手也活跃起来。从80年代至90年代，借卡拉OK东风，演歌在中老年受众群体里得以重新热火起来，什么《无锡旅情》《酒よ》以及邓丽君的歌曲被人们传唱开来。不过，也是从90年代后期开始，演歌渐渐被年轻人抛弃，流行歌曲再次夺走了青年受众。进入2000年，虽然大泉逸郎的《孙》和冰川きよし的《箱根八里の半次郎》一时大火，但也仍然未能改变失去年轻受众的事实。2010年代，近藤真彦唱的《ざんばら》和坂本冬美的演歌，也一时成为话题引起轰动，但也不过是昙花一现而已，没能掀起大浪来。尽管如此，演歌那独特的充满乡愁的情绪宣泄的表现手法，却还是让我越来越喜爱。

今天，日本人自己说演歌是基于日本人独特的感觉和情念而派生出的娱乐歌曲。由歌手的唱法、歌词的性向又被分为“艳歌”和“怨歌”。歌词充斥着“海、酒、泪、女人、雨、北国、雪和离别”等词语。歌者在台上一般都以传统和服装束示人，再辅以歌者那紧皱的双眉、悲哀的表情、并紧伸直的五指以及在悲哀表情下做出的高难动作——嘴唇微笑状，再加上胜如我们民族唱法的肢体动作，然后目视远方，以时而悲伤、时而泪流、时而激情的淋漓尽致的表演，让观者身不由己地随着歌者的情绪起伏，歌词的动人心魄而进入一种与歌者共歌共舞的心境之中。那悲伤的曲词、伤感的表情以及歇斯底里的肢体表现，说实在的，确实是易让中老年观者、听者产生共鸣，当然，也易让我们这些海外游子产生共感。

但无论是日本还是中国的年轻人，都是不大可能愿意欣赏这种曲调的，这跟我们欣赏不来年轻人的狂嚎乱跳的所谓流行音乐一样，却是彼此彼此。不过，不管怎么说，演歌那动人心的歌词，撩人肺的忧伤曲调，倒正和了我们一杯清酒，一首思乡歌谣，想念远方亲人的情怀。我喜欢演歌，想家了，听一首演歌，乡情无限更加。

第三辑

文化宗教

去见观音

按印度佛教说法，观音乃阿弥陀佛座下的一位上首菩萨。同大势至菩萨一起，被尊为佛祖身边的胁侍菩萨，地位崇高。而且，观音菩萨本是位须眉男儿，这有我们敦煌洞窟里的蓄须男身观音壁画为证。但据我国道教《历代神仙通鉴》记载：观音原名慈航，乃是一位商朝时期的得道真人，为元始天尊座下十二金仙之一，号慈航道人。后来，在《封神演义》中叛教转行跟着准提道人去修习佛法。因其大慈大悲现各种法身救苦救难，在唐代就被仕女争相崇拜。后来，又管起了女人生孩子的事儿，兼职“送子”，男身就多有不便，于是乎，到了宋代，观音成绩斐然，以女身供世人膜拜至今。至于观音到底是从印度舶来的，还是本土偶像，虽然说法不一，但经由咱们的“佛道习合”，让观音大士彻底变成了中国风女菩萨，才是最重要的事实。

观音文化非但在中国，在日本、朝鲜半岛、越南等佛教流行国度，也都有普遍的传承，由此，观音信仰也有着“大半个亚洲信仰”的美誉。而在日本，据说在唐代之前，就已有观音文化存在的考古证据。但是，无论中日，都有这样一个传说：宋代时，日本和尚惠锷在五台山得观音像欲携回日本，结果被狂风巨浪阻在普陀山，由此，普陀山成为观音道场。并且日僧惠锷因此还被尊为普陀山佛教开山之人，观音在日本的传播史也被中日一些人

日本人去脱衣舞剧场“见性”的绝妙表情。

士认为是由斯时开始。

观音崇拜在日本发展至今，已有很多寺院主供观音菩萨。比如栃木中禅寺就供奉着千手观音；东京浅草寺则有圣观音；东京护国寺还供有如意轮观音；东京品川寺则供奉水月观音，除此之外，福井马居寺还供奉马头观音；大阪四天王寺则供奉救世观音；京都清水寺、观音寺、醍醐寺还分别供有千手观音、十一面观音、如意轮观音等。可见，观音信仰可谓是遍布日本列岛。不过，日本的馆林市见性寺，却供奉着一尊特殊的观音，菩萨以裸露下体像示人，当地的日本人虔诚地在此“见性”，却让我们这些外人瞠目结舌。这完全颠覆了千百年来观音菩萨在我们心中的慈悲、圣洁形象，但日本人却干了，公然弄出了这么一座寺庙来“礼菩萨”，神佛与日本人的性观念之关系颇值得探究一番。

这还得从日本人的性传承说起。我们知道，日本的神话历史，是从他们的元祖神伊邪那岐与伊邪那美这对兄妹夫妻神开始。伊邪那美在生小儿子火神时，被烧伤阴部奔赴了黄泉国，哥哥兼丈夫的伊邪那岐，思妻心切追入阴曹地府，不料看到的却是满身蛆虫的妹子老婆，吓得“妈呀”一声转身就跑，妹妹老婆羞恨交加，率阴兵追杀变心的哥哥老公，并发誓要每天杀一千个伊邪那岐的子民以报复丈夫。由此，伊邪那美在日本历史上就渐渐变成了死亡、污染和恐怖的化身。而传说中的大和国女王卑弥乎因“能惑众，伺鬼神”，也让远古时期的日本人对其充满了敬惧。日本主掌高天原的天照大神也是女性，在被其弟弟海神须佐之男命，金殿拉屎、毁坏稻田气得躲进岩户不肯出来时，是舞神天宇受卖命跳起脱衣舞引动八百万大神齐声喝彩，才把天照大神从洞中吸引出来重新照亮天地，这又让日本先民领受到了女性的魅力。还有传承至今的神社的各种“祭”，其中重要的一项仪式就是向神供献神女，即选处女作为巫女敬神，当然便宜的是那些神社的大祭司。而纯洁的巫女就又让日本先民感受到了无比的神圣感。古时候的日本人因没有医学知识，所以对会生孩子的女人还充满了神秘感。日本曾有一个神话故事，说的是有几位女性在乘船时被流氓滋扰，无可奈何之际，神灵现身，教给她们只要露出下体即可退敌，倒是着实管用，当几位女士撩起裙子春光外泄时，流氓们果然呵呵大笑离去。就想起了洪秀全领导的太平天国，在清兵兵临城下无计可施时，好像也用过妓女登上城墙露出下体并泼洒经血退敌的这招，就是没人考证这招儿是谁传给谁的，不过，毕竟是一衣带水的邻邦嘛。

由此渐渐形成了日本人对女性的既敬且畏又不尊之习俗。日本人受天宇受卖命跳脱衣舞启发，褪下了观音菩萨的裙子，用日本历史的眼光来看，倒不像是侮辱菩萨，而有点向世人展示观音无限魅力的意思。馆林市当地的男人，把去看脱衣舞心领神会地戏称为“去见观音”，那可是去“见性”的。

言灵

言灵，日本人也叫它言魂。简言之，就是说语言是有灵魂的。古代日本人，相信大和语是拥有一种被加持过的不可思议力量的语言，并由此传承下来一种言灵思想，后来发展成为了言灵信仰，最终弄出一个言灵学传世。收入《万叶集》的柿本人麻吕之歌，干脆就说“日本是由一种不可思议的语言力量带来的幸福之国”。不过今时的日本人已经不大相信言灵说了，年轻人甚至不知言灵为何物，虽然有电影《爱的言灵》闹炒了一阵子，却也是仅限于此而已。

不过，随着对日语的理解加深，还真觉得日语确有那么一种不可思议之处存在。日语是一种暧昧的语言乃世所公认，但暧昧似乎只是相对于我们这些外人而言，日本人却是在暧昧中明白着呢。打个比方,在日本我们几乎每天都能听到“しょうがない”“我慢”和“顽强”等用语，相对应的中文意思是“真没办法”“忍耐”和“加油”等。一般我们说对事物没有办法时，基本上就是放弃的意思了；而忍耐干脆就是不作为；加油，除了体育赛事更是几乎很少听到。但老日本们都知道，日本人嘴里的“しょうがない”，它绝不是消极的代名词，而是对事物变消极为积极对应的一种态度的表现。而“我慢”，无疑就是积蓄能量的代名词。至于日本人常挂在嘴边的“顽强”，则更如一剂剂的强心剂般，日本人听到后

吾，虽恶事一言，虽善事一言，皆以言断之神。

潜意识里真就有那么一种奇异的力量，让他们为了一个很渺茫的目标而坚持奋斗到底。明白了这些，再看今时的日本人，我们就知道了，与其说今天的日本人不知言灵为何物或没有言灵信仰，倒不如说言灵信仰早已潜移默化植入了日本人的精神深处，让日本人在不知不觉中身体力行着言灵之力。

日本学界精英们，骨子里是认为日语里存在着其他语言所没有的“灵”的，所以他们认为“外人”是不可能学到真正的日语中，那种云深不知处的意境的。话虽狂，但似乎也颇有道理，因为言灵融于大和语中，成为一种具有深意的纯粹的语言后，汉字、罗马字虽然日本人都拿来用，但毋庸置疑的是，有了言灵融入其中，尤其是汉字，很多都被日本人赋予了风马牛之意。这让我们觉得日本人有那么点把汉字当作鬼画符来用之嫌。

说到鬼画符，“言灵”二字虽说是日本造，可论起言灵，咱倒也不是没有，写有“天灵灵地灵灵”“太上老君急急如律令”的黄符，“啪”的一声被道士贴脑门儿上，那可是能动用神仙的力量啊。如此说来，如果去“搜”一下“狐”再摆（百）一下渡（度），没准儿，这“言灵”还是传自上邦呢。

高尾山药王院有喜寺

秋高气爽游兴动，于是，驱车去了东京西八王子市附近的高尾山观赏红叶，不料乘兴而来，却只得稀稀落落的红叶三两树而已。不过沿途见了不少佛门石碑矗立于路边或树丛中，海拔仅有六百米的高尾山倒是平添了几分庄严。于逶迤处，尚有镶嵌石转轮并朱笔题就的“眼、耳、鼻、舌、身、意”六根清净石碑，错落点缀其间，路上见不少游客在那里排队转六根清净轮，想到自己天生劳碌命，转了也未必能得清静，不转也罢。沿路标，直指山腹，是日本佛教真言宗三大名寺之一的药王院有喜寺，这里不仅供奉有本尊药师如来，还供奉着据说是如来座下不动明王化身的饭绳权现分尊。“神佛”在此“习合”，不觉兴趣盎然，索性弃红叶看药王如何有喜去。

所谓“山不在高，有仙则名”，天狗和真言宗弘法大师据说在高尾山经常显灵，于是这座山就有名了，并由此成了日本庶民的山岳信仰之一。公元744年，圣武天皇敕命在此山建祈愿寺以震护东国，供奉的是药师如来，据说这就是高尾山的开山由来和药王院的出处，药师如来从此也被奉为高尾山开山本尊。药师如来的入主灵山，使得高尾山愈趋红火，于是，至永乐年间（1375—1379），京都醍醐寺高僧俊源来到高尾山，他将饭绳权现尊为高尾山守护神，由此，高尾山上就上演了一出神佛习合，而由于饭绳权现和修验道在日本普遍的信仰力，高尾山道场从此更加繁昌起来。饭绳权现又由此被尊为高尾山的中兴本尊。

佛教的事不提，在此说说日本的权现信仰。所谓的权现，是日本神的神号之一，是日本人基于佛教的本地垂迹思想而创出的佛，以日本神为化身宣教的一个称呼，“权”指临时之意，“现”就是“出现”的意思，所以，“权现”合起来也就是代替佛的临时的佛之化身神出现了之意。不过，凡事一临时，就有点临时抱佛脚蒙人的感觉了。至于高尾山供奉的饭绳权现的饭绳，本是指长野县长野市北的饭绳山（今饭纲山）。在古时，此山是作为修验道之灵山而闻名的，香火鼎盛起来后，就渐渐形成了饭绳信仰，供奉的就是经过神佛习合后的，佛前不动明王化身的日本神——饭绳权现。

提起修验道，那是被日本人视为民族自豪的，日本人自诩，修验道是嵌入了民族独自的精神文化体系之日本国独特的宗教，其实不过是把佛教的显密二宗糅合在一起的杂交产物而已。如此看来，高尾山的宗教，囊括了佛教、修验道、神佛习合、本地垂迹和山岳信仰等诸般杂教于其中。除去这些，在高尾山腹地，还设有供奉神变大菩萨的神变堂，供奉八大龙王的八大龙王堂，供奉弘法大师的大师堂，以及诸如爱染堂、圣天堂、天狗社稻荷神等，看上去有点神佛共舞眼花缭乱之感。

最怪的还数饭绳权现的神像，他是由左手持剑右手拿索的不动明王与日本神欢喜天、迦楼罗天、荼吉尼天和弁财天五尊神佛形成的组合体，身后腾腾烈焰，头部则是蓝脸鸟嘴，呈双翅飞天的天狗状，足踏一只白狐，可谓是集佛、神、妖之大成。联想了寺名，这药王有喜而身下有白狐，怎么都觉得这有点佛被狐妖迷惑了之嫌。不过神社与寺庙同在，如来与权现睦邻，倒是方便了日本人拜完神调转屁股就叩佛的习俗，这倒确是日本宗教。

山伏是怎样炼成的

山伏，是和式汉字。日本人一直得意于自己善于制造汉字和重新整合汉字。不过，把“山”和“伏”凑在一起，让国人乍一看，就感觉不是什么好鸟，貌似躲在山里专干打家劫舍的土匪。遗憾的是，山伏非但不是土匪，反而是有大毅力的修行者。《日本辞典》定义它为：“在山中修行的修验道行者。”

提起修验道，这是日本人把古神道的山岳信仰、佛教和密宗融合后独创的一种混合宗教。它非佛非神，似神似佛，看上去有点不伦不类。但也有日本学者指出：“从现代宗教的意义上来看，修验道虽然是一种独立的宗教，但显而易见，它偏于佛教的成分比较多些。”修验道开山祖师是奈良时代的“役小角”，也称“役行者”。这位开山祖师很牛，他不出家，而是一直坐在家里修行，但却能开宗立派，并且发扬光大之。

山伏，也称修验者、山卧、行者。修验道 8 世纪成型，盛行于 12 世纪至 16 世纪末，他们主要活动在被称为灵山的奈良吉野大峰山，鸟取大山、山形羽黑山等。明治时代曾被禁，于战后又得以复活。山伏虽然多是受神佛习合影响的神社、佛寺的神职人员和僧侣，但据说现代的普通人因空虚也在不断加入。他们也真的进山修行，找个山洞独居十数日或数十日，经受烟熏、辟谷、夜巡等修行内容。如果是专职人员，据说在山洞中烟熏时还要关

“修验道”是怎样炼成的。

闭洞口，然后烧柴生火，并向烟火中抛洒辣椒粉，看上去就有点欲修成火眼金睛的节奏。夜巡比较好玩，是指修炼完成的前一夜，修行者要在山中巡游，并且一定要经过一个峡谷，以作为从母体的子宫或产道中诞生的象征。天明回到神社，要关在屋内，然后突然打开所有门窗，嗷嗷大叫而出，以表回炉完毕，从娘胎中呱呱坠地了，其实就是一出不太精彩的自编剧罢了。

每年 9 月份，鸟取的山伏圣地黑山，满山都是白山伏在那里觅洞潜修，绝食（只喝水）、瀑布浇灌、封洞修禅，反正怎么残酷怎么折腾，其实就是自虐。通过这些修行，山伏们以期把灵山的超自然圣力吸收转换为自己的能量，看来基本上也就是做梦。日本民主党前首相菅直人因逃税丑闻下台时，缠一身白布戴着斗笠手拄拐杖也去山伏了一阵子，但怎么看都像是火线下来的逃兵，其实看他干的事儿也就是一逃兵——逃税兵。

山伏出现时，天狗也已飞来日本。我们说的天狗，日本人也认它是妖怪，但除去吞月，日本人还赋予了天狗其他超能力，而且把它正面化，定其性为：正直、洁癖、刚气、执着、不服输、有复仇心等。日本天狗有两种，一种是长着一张猫头鹰脸的天狗，一种是支着一根与地面平行的大红鼻子的天狗。天狗虽然有两种，但装束基本都一样，都是手持羽扇、宝槌，脚踏高齿木屐、双翼飞天，整个一穿越剧中的飞天玄妖形象，酷毙了。不过，山伏再怎么练也飞不起来，但还得扮酷，于是，就拿来天狗的装束打扮自己，给自己壮胆兼吓人。他们虽飞不起来，但外表特征非常明显，比如每年 9 月份入山修行时，一般都是一身白色法衣，披袈裟，头戴多角头巾，手持锡杖，腰挂铃铛，讲究的还配有大刀、法螺、桧扇、念珠等总计修验十六道具。其实，如果山伏去掉一身零碎，晚上出来，看着也就是一白无常。

大和民族的另一魂

大和民族本来好像没什么正式的魂儿。据说还是东京女子大学创立人新渡户稻造访欧，在比利时卖弄“日本的学校不进行宗教教育”时，被欧人挤兑：“没有宗教，学生如何接受道德教育呢？”新渡户稻造抻不住面儿，回国后才开始闭门造车为大和民族找魂儿。他所找到的魂儿，是从武士那儿翻腾出来的。他认为：“当武士道从武士阶级向平民普及，成为‘全民道德标准’的时候，便成为了大和魂。”于是《武士道》诞生，经过了后来的逐步完善，这大和魂还与樱花扯上了关系，日本人把武士的随时赴死，与樱花的瞬间开放刹那败落，弄到一块儿，这武士道大和魂就又被赋予了凄美之感。

大和魂虽是后世赋予武士的荣誉，但日本武家倒是早已有之，日本古代武士所遵循的各种规则，在新渡户稻造的《武士道》中得到了高度的概括。他把日本武士的关于义、勇、仁、礼、诚、名誉、忠义、克己和剖腹等概念，向世界介绍的同时，再次明确了日本武士所应遵守的道德规范。凭良心说，武士道的道义，毕竟主要源于我们的儒家思想，儒家道德规范也确实影响了日本古代武士的行为。可以说，古代日本武士在面对信誉和尊严时，还是有令人尊敬的一面的。有个事例足以说明这一点。由于武家有蔑视商业的风习，所以古代日本武士是从不参与商业活动的，这从所谓的“士农工商”中，武士排在首位而商人排在末尾就足以说明商业距离武士有多远了。但不幸的是，在日本明治时代开放港口开展外贸后的短短几年里，封建制度就消亡了，于是，武士的俸禄也被剥夺了。作为补偿，武士们得到了公债，并且有权把公债投入到商业活动中去。毫无疑问，投入商务活动的武士们，都把老本儿赔了个精光，至于原因，就是武士的名誉感、尊严感，让他们不屑与商人讨价还价、订立契约、签署合同等，由此，武士屡屡被狡诈的商人所骗，也就是必然的结果了。后世编排武士历史时，把这一现象称为“武家商法”，其实，说穿了就是赔本儿买卖。不过，到那时为止的日本武士道，还是有着令人敬重的成分的。

坏就坏在“一战”和“二战”，当时日本一些迷醉于侵略扩张美梦中的狂妄分子，伙同持同样观点的文人政客，将武士道的道义断章取义，只给军人灌输无原则的忠君思想，致使日本人踏出国门大和魂就随云飘散而只剩“鬼”了，干的当然也是见不得光的勾当，全不见了“信义”与“尊严”。战后复兴时期到来，日本人又重拾武士道精神，在商务活动中融入武士道的“诚”和“信”理念。也由此，给日本的经济腾飞带来了莫大的助力。曾几何时，随着日本泡沫经济发生，经济持续不振，商家为维持生存，就又开始了背信弃义之行，虽与我们假冒伪劣之高水准相比，尚属小巫见大巫，但什么以次充好、挂羊头卖狗肉，甚至造假现象，也是呈上升趋势，故而感觉日本人的大和魂倒也不是一成不变的，而是随着需要而在与时俱“变”。

说到“变”，日本倒也确实有一直不变的东西存在。比如说日本人的模仿能力，日本人自古就是奉行拿来主义，从中国拿来文化、艺术、宗教、律令制度等，后来向西看又拿来了西方的先进技术、欧洲文明等。拿来了，当然要想方设法把它变成自己的东西，日本人不善创造，但却精于模仿，精于细加工，经过他们再加工出来的产品，非但惟妙惟肖，而且青出于蓝更胜过本家。看日本的模仿史，才能了解日本是如何将模仿进行到底、臻至化境的。如此，从这方面来看，大和民族这种亘古不变的模仿能力，某种意义上，倒也可以说成是日本的另一魂。不过，那是有别于武士道的另类大和魂。

日本神那点事儿

《说文》里说："神，天神，引出万物者也。"《孟子》有曰："圣而不可知之之谓神。"《广韵》亦言："神，灵也。"由圣贤之论可见，神，对于人类而言，那是一种高高在上的、超越自然规律且能主宰世界的无上存在。

提起神，人们容易联想到的就是神仙、神圣、神人、神通等等。当然，神棍、神经病也与神字有那么点不正当关系，但只是盗用了"神"字而已，本无伤大雅。不过，这种对神的根深蒂固的尊崇意识，却随着对日本神话历史的了解加深而开始破灭。日本神，似乎与神圣无涉，倒与神棍有些类似。在日本神话历史中，众神居住的天界，称为高天原，一开始高天原有五尊原始神存在，其中以天中御中主神为主。接下来神世七代十二尊神诞生，其中又以创造日本国土、掌管下界万物生育的根本之神伊邪那岐神和伊邪那美神最为广为人知。传说这两尊神还是兄妹关系。据说天地初成，当时下界还是一片汪洋，上浮一片不固定的陆地。于是，伊邪那岐神与伊邪那美神奉众神之意，下界修固陆地。二神站在天梯上，以天沼矛搅动海水凝聚成岛，这就是所谓的定国土。然后，二神降临岛上建八寻殿、立天玉柱，闲着没事儿就绕天玉柱对行，相遇后比较前卫地以鸟之交配体位结合，如此，生出了今天的淡路岛、四国岛、隐岐岛、九州岛，还有对马、壹岐、佐渡、

怎么看都有点像《封神演义》。

本州，计八岛。因此，日本古时又被称为大八岛。伊邪那美厂家可谓生产规模庞大，品种齐全，生完岛，意犹未尽的二神又开始了造神运动，先生长子大事忍男神，到生出最末尾的小儿子火神为止，共造神三十三尊，若加上大八岛等，伊邪那美为大和民族可谓是鞠躬尽瘁，“生”而后已了。

小儿子火神的出生，却彻底改变了其父母的命运，先是老妈被儿子出生的神火燎了阴部，急火攻心，不久就奔赴了黄泉。剩下老爸一怒之下为红颜，斩子祭妻（貌似是日本史上第一出父子相残剧）。火神灭，伊邪那岐赴黄泉万里寻妻，却不料在黄泉看到的是浑身蛆虫丑陋不堪的妻子，伊邪那岐吓得撒丫子就逃（貌似是日本史上第一出抛弃糟糠妻剧）。为洗去在阴司地府沾染的污垢，伊邪那岐在逃亡回来路上的筑紫阿坡岐原进行祓禊仪式，他洗左眼时，化出了天照大御神（主宰高天原的太阳女神），洗右眼时，化出月读命（主宰夜国之神），洗鼻子时，化出了须佐之男命（主宰海之神）。其实，日本神话历史中，神祇出生，并非只是由产道、眼睛、鼻子化出，耳朵等身体其他部位同样有此功能，更有甚者，神的大便亦能化出神来（貌似是人类神话史上最肮脏的神仙出世剧）。

天照姐姐主持高天原，须佐之男命却胡作非为，终至被逐出天界，他去向姐姐辞行时，在他的建议下，这对兄妹神又造出了若干小神。但最终天照还是怀疑弟弟是为了夺取高天原而来，须佐之男命于是就以摧毁天照大神的田埂，并在她宫殿的墙壁上涂抹粪便等手段来折磨姐姐（天照貌似是世界各国的天帝开荒种地第一人）。天照大神一怒之下就躲进岩户洞穴以避之，让人间天上顿时陷于黑暗。最后还是舞神天钿女命敞胸露乳褪裙的脱衣舞尽情表演（貌似是人类神话史上神仙跳脱衣舞第一人），引得八百万大神齐声喝彩哄笑声中，天照出于好奇才走出洞穴，天地间也才得以重现光明。

须佐之男命则被罚以割须断手、脚指甲后，被逐下天界来到大八岛国的出云国（今岛根县）讨生活。他在出云斩八歧大蛇、建宫殿，开始正式成为本地神。从此，日本神系分为天神系（即高天原天照一系）和国神系（须佐之男命一系）两支。天照、须佐之男命本为姐弟，分主天地后，天上地下就皆为神之世界了。也因此，渐渐地后世日本人就开始把自己视为神的子民，神国日本由此走进并扎根于日本人的心中。须佐之男命的儿子，即赫赫有名的大国主神，因其平定荒地有功而成了英雄，致使兄弟，甚至父亲都因嫉妒而欲残害他。但大国主神命硬不说，还得到了天照大神的赏识。大国主神最终建立了出云国，其后辈也同意了由天照大神之孙下凡所生后裔神武来统治人间，于是，天照大神的七世孙儿神武就成了日本史上第一代天皇——神武天皇（有点根不红苗不正之嫌）。也有传说日本第一代神武天皇，其实就是咱大秦始皇帝派出海外仙山寻长生不老药的方士徐福，如果这一论证坐实了，那日本历史将彻底改写。

观日本神话史，一个现象十分引人注目，那就是对日本神的这些肮脏、残忍行为，从未看到只字片言的任何的善恶的道德判断。某些行为，虽然也被责备或惩罚了，但绝对没有道德的说教在其中。这也许归结于日本自古没有哲学一说，没有哲学，也就不可能存在哲学家，当然也就产生不了深奥的道德思考、论证与说教。从今天的日本人身上我们也明显可以看到，神祇与普通民众在道德水平上似乎没有什么区别，神祇们干的为人所不齿之事，日本人依旧乐此不疲地在继续着。行为，只是依据具体情况而被接受或否定，却不是依据普通的规则或道德规范。这也正是现时的日本主流媒介以及评论家们评论人之行为的模式。人之好坏，只是在于他们的行为是否符合了日本人的约定俗成的行为规则，却很少从道德范畴去加以论证。从日本神话历史中则可以看出，这种行事作风，还真是有点源远流长呢。

以点概全虽不免有失偏颇，但也足以看出日本神的那点事儿了。因此，对于日本人的“神事”，我们大可不必大呼小叫大惊小怪的，与我们能认知接受的神圣的神话历史相比，那根本就是两码事儿。

日本人与曼珠沙华

曼珠沙华是来自于《法华经》中梵语“摩诃曼珠沙华”的音译，原意为天上之花、大红花，是天降吉兆四华（曼珠沙华、摩诃曼殊沙华、曼陀罗华、摩诃曼陀罗华）之一，典称见此花者，恶自去除。曼珠沙华也称彼岸花，属石蒜科，喜群生。历史上彼岸花在中国又被叫作金灯、赤箭或者无义草。根据中医典籍记载，曼珠沙华既能入药也能成毒，因此，曼珠沙华可谓身份复杂，有点让人既爱又惧，且喜且怖的感觉。

初识曼珠沙华，是在初秋参访日本神社的时候，记得刚刚走近神社，就被路边一片如火如荼盛开中的红花吸引，那一株株挺拔的根茎，支撑着似菊非菊、呈开放状的、似血般的优美花形，在周围绿荫的衬托下，倍儿娇艳，一下子，就喜欢上了它。

彼岸花在中国有较长栽培历史，《花镜》中有记载：石蒜冬季叶色深绿，覆盖庭院，打破了冬日的枯寂气氛。夏末秋初葶葶花茎破土而出，花朵明亮秀丽，雄蕊及花柱突出基长，非常美丽，可成片种植于庭院，也可盆栽、水养、切花等。可见，在中国，曼珠沙华还主要被视作观赏植物。而日本人把曼珠沙华归类为“归化植物”，认为是随着稻作文化由中国传来时也一并把花种裹带进日本的。但自从曼珠沙华偷渡到日本后，发展至今，日本人却赋予了它更多的新意。

彼岸花在日本受到了广泛的传播和关注，因为它是在彼岸（即秋分）时开花，此时正为日本人秋大祭上坟时节，敏感的日本人自然就会对彼岸花情有所寄。而在传说中，彼岸花是自愿投入地狱的花朵，据说她被众魔遣回后，仍徘徊于黄泉路上，众魔不忍，遂同意让它开在此路上，给离开人界的亡魂们一个指引与安慰。所以，一般认为它又是生长在奈何桥边的接引之花，也因此，彼岸花也被称为“死人花”“幽灵花”“地狱花”等。曼珠沙华这种“我不入地狱，谁入地狱”的舍我精神，同样引起了受佛教影响极深的日本人的共鸣。而更重要的是，彼岸花花开时绝无叶，叶出时，花已谢，花叶永不相见。有老话曰：“彼岸花，花开一千年，花落一千年，花叶生生相错，世世永不相见。”于是，曼珠沙华会激发日本人那种“物哀”的悲凉情绪。日本人认为，曼珠沙华的美，是妖异、灾难、相思、死亡与分离的不祥之美。它盛开时那触目惊心的赤红，如火、似血，时时刺激着日本人那脆弱的神经，使得他们对彼岸花是既爱又怕，久而久之，就形成了一种对曼珠沙华爱惧交织的心理。

不过，日本人毕竟是一种充满着矛盾的生物体，因此，在日本也就存在着众多的赏彼岸花名所，最著名的要数埼玉县日高市的巾着田，每到彼岸季节，五百万株曼珠沙华盛开，像极了开满彼岸花的地狱“火照之路”。除此，神奈川县伊势原市的日向药师寺附近、爱知县半田市的矢胜川堤防上、长崎县大村市的钵卷山等地每逢秋分，百万曼珠沙华红衣飘飘、摇曳生姿，也都是日本人赏彼岸花的聚集之地。据说，每至花开之际，日本主要赏花名所都还要加开临时列车以便游人观赏，只是不知赏花的日本人是否在矛盾的心理中看到了彼岸之真、地狱之酷抑或是天堂之美呢？

悲情国度

“生如夏花之绚烂，死若秋叶之静美”，泰戈尔的这句名诗，在日本之所以被广泛流传，无外乎是它应和了日本人的幽玄情绪和悲情情结。那么，日本民族的这种浓厚的悲情情结，又得自何方呢？分析研究日本的文化历史，我们会发现，日本民族之所以有这种悲情情结，既是其自然环境陶冶的结果，也是其传统文化必然的生成。

说其受自然环境影响，我们知道，日本是一个山多、水多、平原少而资源匮乏的蕞尔小国。自古以来，日本人就教育后代，自己国家是一个没有资源可供开发的、环境恶劣的岛国，打小儿就有意识地培养孩子的紧张感和危机感。而随时随处可发生的地震、山体滑坡、火山爆发等自然灾害，也无形中促成日本人容易陷入焦急、恐惧和失望的悲观情绪。这种种压力，更是扩大了日本人的心理阴影，使得在狭隘的海岛上生存的日本人，一直以来就认为老天不公。这一切，都在潜移默化地生成着日本人的悲情情结。

“花是樱花，人是武士”，樱花是日本文化的图腾，日本人的骨子里认为樱花是其生命最重要的象征，“宁愿短暂，只要灿烂”是日本人将武士比作樱花所取的原意，因为樱花最美的时候，也就是它将要凋谢的时候。因此，日本人把樱花与大和民族的武士道精神相联系，樱花的瞬间开放，瞬间凋零，就如同武士最光彩的时候，也就是他抛洒热血效命疆场的时候。将武士比作樱花，也有寓意人生的悲观无常和凄美的、视死如归的英雄悲情心结之意。所以说，日本人可以把死亡看作是樱花陨落时璀璨悲壮的一种景观，而这种超越生死的超然心态，从日本人与佛教的关系中也能找到根据，就是佛教尤其是禅宗的轻生、出世、信仰命运等人生观教义，与日本人的悲观主义心态极为契合。可以说，是佛教使武士对于命运有一种镇静之信托，对于前途所不能避免之死，有一种安之若素、安之如归的平常心态。从日本人的审美倾向亦能看出日本人的悲观主义思想，与中国人看戏喜欢看喜剧、看大团圆结局不同，日本人无论是看书还是看戏，大都喜欢看悲剧，百十年来热映不衰的演绎日本古代“四十七浪人”为主复仇的悲情剧《忠臣藏》是之，前几年风靡一时的小说及根据小说改编的悲情剧《失乐园》亦是之，此种例子在日本不胜枚举。其实，这些小说、戏剧、电影的故事情节都很老套，但却都蕴含着人生短暂世事难料，美好的东西必将付之流水的悲情意识，因此，它们受欢迎的原因之一也可以说是因为戏里同样体现着日本人的悲情情结。

日本最古老的诗歌集《万叶集》，有句名句为日本人所万世传唱，诗云：“色香俱散，人事无常”。我们中国最古老的诗歌集《诗经》中，亦有传唱千古的八个字，谓曰：“窈窕淑女，君子好逑”。对比可知，一个悲观，一个乐观；一个忧郁，一个明朗，其情怀之差，似有天壤之别。但世世代代念叨“色香俱散，人事无常”的日本，却能在悲情中奋发，而至今日傲视世界。日本是一个名副其实的悲情国度，但这个悲情国度却常常让我们陷入困扰。

遍路今昔

2004年5月，当时的日本民主党党首菅直人，因未交养老金丑闻而引咎辞职。7月，据称为了重新检视自己，一顶斗笠，一身白衣，一根金刚杖的菅直人，开始了四国八十八处所的遍路历程。这也是我首次知道遍路，首次见识日本遍路装束，当然是在电视上。

学习了，也才知道了古代日本修行人的修行地被称为“边地”，沿海岸的修行行脚之路称作“边路”。久而久之，据说因“边”字有边缘化之意，渐渐就被“遍”字取代，而行脚修行这个过程就慢慢地演变成“遍路”了。遍路，如果直译，应该称之为“朝圣修行”比较正确，但这毕竟是针对修行者而言，鉴于今天的遍路人已不全是修行者，更多的是把它当作一次体验修行的旅行或干脆就是观光游玩，因此，称之为“朝圣旅游”似乎更贴切些。

说起遍路，最有名的当属日本四国地区的“四国遍路”或曰“四国八十八处所巡礼”。而提起四国的八十八处所遍路，就必须要浓墨重描被誉为日本佛教始祖的弘法大师，即遣唐僧空海。他在长安青龙寺师从惠果禅师，回国创立真言宗，尔后在四十二岁时为了消解世人的灾厄而遍游四国各地布教，并开创了八十八处寺院，也称灵场。这即是四国八十八处所的由来，而循着一千二百年前弘法大师修行时所走过的路径，实地去感受、体会个中滋味，遍访这八十八座灵场的旅程，就被称作“四国八十八遍路”。

当初，空海法师行脚四国的八十八处渊源之地，成为寺院的同时，也被称为八十八灵场。灵场，听着就有点瘆人，其实遍路之旅，也确实有着追求凤凰涅槃式的新我再生过程之意，因此，遍路人穿的白色长褂，拿的头陀袋、念珠、铃铛以及金刚杖等，在过去，差不多都是尸体入棺时的装束。而整个遍路修行，先是经过旅途上的借宿、行乞、苦修，历时五十天左右行程一千三百公里，最后到达寺院后还有各项参拜、读经活动，虽然修行僧们把“弘法大师”几字书写在斗笠上，据说这样弘法大师就会与参拜者以“同行二人”的方式同在，但实际却是要一个人上路品味独孤艰辛的。总之，在古代日本，遍路修行绝不是轻松之旅。

不过，遍路传至今天，真正的如过去的僧侣般一个人上路踽踽而行一心向佛的已然不多，更多的是只选择一处或几处，甚至有的会开车前往，就只能说是今人在循古路旅行了。据报道，每年倒也有数万之众一个人或三两朋友，一起去四国遍路。感觉倒也是不错的旅行。轻松者，不仅能欣赏奔腾的吉野川、荡漾着平静的濑户内海等四国地区秀丽的风光，还能观赏到已逐渐消逝的古朴乡村、农田和旧街道，品尝地方料理，遍览众寺院的重要文化财。而且一个人静静地行走野外或山林，默默品悟自然、人生，重新审视自己，抒发精神压抑，疗治心灵创伤，尤其是沿修行者们走过的路而行，还会有一种神圣的宗教感时时伴随自己，不时地荡涤着旅人的心灵，最终使得旅人的心灵得以抚慰，人性得以升华，回归红尘，亦能以崭新的面貌示人。从此意义上说，遍路之旅，倒确是不错的选择。不过，也有例外，菅直人或许是光想着“直人”了，却没能把自己“直”过来，后来咸鱼翻身做了一届首相，却发现还是咸鱼，似乎遍路之旅对他没能起到多大作用，是不是老菅红尘杂念太重呢？

从《忠臣藏》看武士道

元禄十四年（1701），为了欢迎和招待天皇由京都派来的敕使来到江户（今东京），德川幕府第五代将军德川纲吉，特命播磨国（今兵库县南部）赤穗藩的藩主浅野长矩为“御驰走役”（接待人员），来主持迎接天皇敕使的仪式。但由于被配合他负责接待工作的礼仪官吉良义央要弄，浅野在主持接待天皇敕使的仪式上，纰漏频出，洋相不断。不堪羞辱的浅野藩主，拔刀刺伤了吉良，德川纲吉闻讯大怒，立命浅野即日切腹砍头并抄没家产。当天，才三十五岁英年的浅野死难。藩主死讯随即由飞脚传到了赤穗藩，被抄了家沦为浪人的浅野藩武士，在为首的家臣大石良雄率领下，隐姓埋名思谋复仇，在年底一个大雪纷飞的日子里，“四十七义士”潜入江户并择机冲进仇人吉良宅，斩杀了吉良并将其首级献于主人浅野藩主墓前，然后束手就擒，遵幕府将军之命，集体在藩主墓前剖腹自杀。这种对国家对主人都能尽忠尽孝的撼天地、泣鬼神的凛然气节，使“四十七义士”名播当时，义留青史。而由此真实事件创作的歌舞伎《忠臣藏》，更是自诞生之日起，数百年来久演不衰，剧中所表现的忠义主题，至今，还一直从精神深处感染着日本人忠于国家，忠于公司。

其实《忠臣藏》所表现出来的就是日本真正的武士道精神，近读周兴旺先生的《日本人凭什么》，书里称：武士道以“杀人之道”“战争之道”“残暴之道”而成性。作者举了一个例子：1937年，在日本北部的一个山区学校里，一个小学生在被命令解剖青蛙时，哭了起来。老师立即在他的头上狠狠打了一棍教训道：“你为什么会为一个小小的青蛙而哭呢？等你长大后，你将要杀死一百个或两百个中国人。”作者最后概括云：这就是日本人武士道教育中的一个片断。我们姑且不论作者所举之例是否属实，仅从作者对日本武士道的定义就深觉有失偏颇。联想国内有些传媒，有时亦在有意无意地把武士道与日本右翼联系起来进行抨击，颇有一种一提起武士道，就让人觉得有一股残忍的血腥扑面而来之感。

那么，起源于“大化改新”之后的日本武士道，究竟是什么呢？从字义上来解，武士道即意味着武士在其职业上和日常生活中所必须遵守之道。日本的第一部武士道德规范《贞永武目》已经粗线条地把“忠孝”“武勇”奉为最高信条，强调武士随时要为它们的主人去赴汤蹈火，为了维护武士的尊严与荣誉，武士们在必须赴死时，要选择令人觉得既野蛮又残忍的剖腹自杀方式来结束生命。而到了江户时代，进入了长时期的没有战争的太平盛世，作为统治阶级和特权阶级的武士们，其战场拼杀的舞台就转到了日常生活及政务之中，为了维护巩固幕藩体系，这一时期又出现了一套专为武士量身定做的理论——“士道”论，让人哭笑不得的是，我们所批的日本武士道，它被细化了的指导理论如“忠孝”“仁义”“克己奉公”“重名誉”“报恩”“俭朴”等却恰恰来源于中国的儒学尤其是朱子学思想。被称为日本“国民道德的权威，武士道精神的真谛”的制造者，江户时代的山鹿素行，也为日本武士制定了一系列的礼法，诸如“慎视听”“慎言语”“节饮食之用”“明衣服之制”等，这些良好的规矩，遑论武士，就是在今天的日本人身上，我们也常常能看到这些美德的体现。

通过以上自古就有的日本武士道精神，我们不难看出，日本真正的武士道与周先生所描述的武士道是有很大不同的。固然，日本人在“二战”中犯下了无数令人发指的罪行，这与日本武士道的精髓之一就是崇尚对上级、天皇盲目的绝对服从、尽忠不无关系，可是，真正的罪人，并不是一般武人，而是那些供在靖国神社里的武人执政者。好战，是武人的天性，但如果让武人执了政，开动起了战争机器，那就是人类最大的悲哀了。这也不用只说日本，世界上任何一个军事政权的所作所为都差不多，说日本人在“一战”“二战”中涂炭生灵，那么，我们中国在战国时代，又涂炭了多少生灵呢？所以说，我们不能简单地把日本少数武人决策者所犯下的罪行，单纯地归咎于日本的武士道精神，既然中国的“桃园三结义”能名标青史，让日本的“四十七义士”的武士道精神也流芳又有何妨？

一所悬命与“石门心学”

日本人常常用“一生悬命”这个成语来形容努力做事，其实，这个词的原型本为“一所悬命”。“一所悬命”四字，本源于日本中世纪时武士们拼死守卫祖先传下来的一方领地之说，有时也用来形容处于万不得已走投无路时的背水之战之意。但自从“一所”或有意无意中被人们错认作“一生”（日语“一所”与“一生”发音近似）后，过去的“一所悬命”就演变成豁出命去干什么事儿的“一生悬命”之意了，代表着的已是日本人的职业观了。当然，“一生”只在一个职场努力奋斗的原意也尚存。

日本人就这样“一所悬命”地到了德川幕府第八代将军德川吉宗统治的享保时期，“东方红，日之丸升，东瀛出了个‘石田梅岩’”。此君出生于平民家庭，从十二三岁开始，就在京都商家“奉公”（学徒），“一所悬命”到了四十余岁，在升为小掌柜后，辞职在京都开私塾开始传播自己的思想，并创立了“石门心学”。

“石门心学”的基本思想，其实就是“诸业即修业”五个字。也就是说，干什么工作都和庙里的和尚修炼一样伟大，职业之间，没有高低贵贱之分，任何工作都可以承载人生的全部意义。其实，石田本人也是长年过着禁欲生活，它主张节欲与盈利相统一，认为“士农工商”的“职分”都是社会中不可或缺的。他的这一“心学”理论，伴随着他的附以神、儒、佛全方位的宗教性说教，在为士商指明了方向的同时，又由其平民出身的身份而得到了农工们的拥护。总而言之，应该说他的理论赢得了从当时森严等级制度下熬煎过来的日本整个社会的基本认可。可以说，是这位商人哲学家彻底改变了儒家以职业论卑贱的传统观念，建立起了适应社会化生产的全新的职业观念，这种职业观所产生的深远影响，就是在今天，我们在日本人身上，也是处处可见。

旅居日本，无论是在电视上还是生活中，我们时常可以看见，腰缠万贯的大富豪或公司社长们，那早餐时一碗米饭、一碟咸菜、一碗酱汤、一条小鱼的素朴生活情景。我们也时常看到在日本哪怕是被视为最底层的清洁工、洗碗工们那兢兢业业一丝不苟的工作身影。同样，在方方面面，我们也都能经常感受到日本人的工作态度、职业道德和个人品格修养。这一切，都使得我们在发出了日本人都是“先进工作者”慨叹的同时，又不得不佩服日本人坚持、保护、发扬像“石门心学”这样的国学传统的民族底力和“一根筋”精神。

从“一所悬命”到“一生悬命”来看日本，我们发现“石门心学”使得“一所悬命”或“一生悬命”得到了彻底的发扬光大。在信息时代的今天，国人都在忙着“跳槽”“享受”的时候，大多数日本人却还都在坚持着“一所悬命”。是日本人的信息发展不如中国吗？答案当然是否定的。正是有了贯穿古今的“石门心学”之精神，“一所悬命”深入骨髓之影响，才使得日本人能够任凭世界风雨变换而“我自岿然不动”，才使得日本的公司大都是百年老店，才使得整个日本社会稳如泰山。看看我们急火火地忙着发财，急火火地忙着跳槽，急火火地忙着享受，然后急火火的火烧屁股似的工作态度、生活方式和所带来的恶果，就啥也别说，全都是呜呼哀哉了。

“石门心学”，这颗在日本经过二百余年闭关锁国所培育出来的果实，延伸至今已是三百余年的坚持。它使得日本人的职业观、道德观得以数百年来如一。相比于日本，我们所受的苦日子虽然更长，我们也拥有过更多的道德大家、哲学巨子，但却都没能教会我们把苦日子里磨炼出来的功夫变成习惯而代代相传。看来，我们是容易忘记苦日子的，或曰不愿记住苦日子，但终究我们还没大富起来，自谦：我们是发展中国家。

活学活用中国文化

近现代以来，邻国日本无疑比我们更重视引进、学习、借鉴外来文化。日本有许多成功的政治家、商人，他们自言，自己的成功与精研中国文化不无关系。其实，即使是普通的日本人，在闲谈中也能对中国古典文化信手拈来，并能用以画龙点睛般论说自己的观点和主张。日本之所以能取得今天的瞩目成就，固然与他们从被迫开国后走西化之路等有直接关系，但自古以来借鉴、融合我们的优良传统文化以为己用，同样也对日本的现代化发展和建设起到了重要作用。

日本人对中国传统文化的研究，千百年来从未有一刻中断，在此特别想提的是一些商业精英。比如，被誉为日本现代企业之父的涩泽荣一，就是运用中国文化经营企业的典范，他以一手拿算盘，一手拿《论语》的《论语与算盘》之经营之道，在当年也成了日本企业家们争相效仿的举措。涩泽认为：《论语》是“工商之本”“商业圣经”。他从《论语》的“忠孝仁义”儒家思想里总结出的“见利‘思’义”“士魂和才”经营之道，不仅让自己成功创立了五百余家企业，还使得他借此成了日本儒商的旗帜。号称经营之神的松下幸之助，也十分推崇儒学和《三国志》，他由此总结出的“合作、报恩、报国”企业基本精神，一直也是指导松下公司的社训。松下以“兼相爱，交相利”“至诚无欺”“吴越同舟”精神，发展出的“终身雇佣制”，数十年来，一直都是日本企业遵循的经营模式。而本田公司创始人本田宗一郎，则终身信奉儒家的“知之者，不如好之者；好之者，不如乐之者”，并以此经营企业，处处运用儒家观念，最终使得本田公司成为世界企业界的佳话。日本人还喜欢《孙子兵法》，但这却是一个沉重的话题，战争年代日本人以《孙子兵法》对战中国，可谓是以其人之道还治其人之身的极具讽刺意义的典型例子了。但，让我们瞠目的是，战败后，日本人却又与时俱进地继续精研《孙子兵法》，不过，这次日本人是把它广泛地应用于外交、商业、文化等各领域。日本网站统计表明，在日本，研究《孙子兵法》者竟有百余万人。据说，日本软银总裁孙正义就致力于精研《孙子兵法》，他以“智信仁勇”创立的“一流攻守群”方法，把软银引领到行业的最前沿。因此，他曾说：“没有《孙子兵法》就没有我孙正义。”即使不以这些名人轶事说事儿，在日常生活中，偶尔也会遇到日本人兴致勃勃和我们谈起汉唐文化、三国逸事等，而每逢此时，当看到某些旅日华人无以应对的瞠目表情时，日本人才真正瞠目了。每遇这种场合，说实在的，真恨不得把自己的脑袋塞到裤裆里。

翻检资料，看到日本元首相竹下登在位访华时，曾对媒体感慨道：“中国是日本的文化源头和精神故乡，今天，我们日本人一听到丝绸之路、敦煌、长安这些词儿就激动不已，就是这种文化至今仍然强有力地活在日本人的心中。”看至此，作为“文化源头”的我们，是不是也应感慨万千呢？鲁迅针对国人之不争曾经说过：“多有不自满的人的种族，永远前进，永远有希望。多有只知责人不知反省的种族，祸哉祸哉。”这段话说的其实就是中日两个民族，今日听来，尤觉振聋发聩。什么时候我们也能像日本人研究我们那样把日本研究透，如果再能升华到以彼之道还施彼身的境界，那时也许才是“天下寒士俱欢颜”的时刻。

香书·书香·薛涛笺·千代纸

在日本乘坐电车的时候，看到日本人手持掌中宝般的袖珍读物阅读的样子，每每艳羡不已。就琢磨着如果有朝一日国内也有哪家出版社，能够把我国的古典、现代小说以及诗词典籍等，都印制成这样一种袖珍读物，让我辈也能在乘坐交通工具时，既不增加自己行李的分量，又不给周围人添麻烦，还能满足自己时时重温经典的愿望，那可就是读书人的福气了。

别说，事情就是这样不禁琢磨，偶逛上海一家书店，于不经意间就瞥见了这样一个笼罩着淡淡檀香味儿的袖珍作品专柜，凑近一看，嗬！好家伙，那是《老子》《庄子》《墨子》皆在柜上，《诗经》《史记》《论语》赫然目前。随手捡起《老子》一翻，不仅是印刷精美，而且更有一股淡淡的檀香味儿扑鼻而来。狂喜之下，不由分说，架上袖珍经典尽入“蓝”中，付款了账，急急如律令，“开路”去也。

回家书上架后，一直沾沾自喜于这些“香书”给书房带来的淡淡的檀香味儿，可好日子没过多久，就发觉书房中本应有的书香在渐渐淡去，相反，檀香味却是越来越浓，以至每当翻看这些“香书”时，都会被迎面扑来的刺鼻檀香弄得眼痒喉痛鼻涕眼泪一起流，犹如被花粉重袭，又活脱儿的一个犯了大烟瘾的烟鬼形象。因本人有个习惯，那就是每当买来新书，都会忍不住把书翻开凑近鼻前深深地吸上几口那清新的书墨香气儿，可今天，望着这些看得见却不敢摸的犹如被《西游记》中的菩萨罩上“金丝禅衣”的《老子》们，不由得怀念起书房中那曾经的淡淡书香来。从有了活字印刷术，直到今天的电脑排版，印刷术虽然已进步到了能把香气植入书中了，可给人的感觉却是书中再也难觅黄金屋，而只闻庸脂臭了。

对纸张的美化加工，其实自古有之，据《方舆胜览》和《薛涛小传》记载：中唐时期，蜀妓薛涛以当地盛产的原料木芙蓉和以水质极好的浣花溪水，煮烂，后加芙蓉花末，制就一种便于写诗、表宽适宜的笺纸，以十张为一沓，颜色有深红、粉红、明黄、鹅黄、深青、浅青、深绿、铜绿和浅云等十色小笺，名蜀笺。然后裁笺供吟，应酬贤杰，时谓之薛涛笺。薛涛以这种别具一格的小小笺纸与当时著名的诗人元稹、白居易、刘禹锡、杜牧等人唱酬交往。我们虽无缘“薛涛笺”，但仅从薛涛留下的“庭余一古桐，耸干入云中。枝迎南北鸟，叶送往来风”等，与当时名家唱酬应和的诗句，以及与元稹的那段名人恋，已足令人神往之。而那散发着幽雅纸香的薛涛笺则显得更加迷人了。古隆中就有奇联“南华经，相如赋，班固文，马迁史，薛涛笺，右军帖，少陵诗，达摩画，屈子离骚，古今绝艺”，来公然把“薛涛笺”纳入其中，也足见薛涛笺之名气了。固然，今时之造纸术所造出的精美纸张，已不知强过古时候多少倍，电子图书、手机小说甚至已让现代人开始告别书本纸张，可我们还是愿意固守着散发着书墨清香的这传统的砖头作品，固守这满屋的书架和书店里琳琅的书山……

旅居日本，还认识了一种日本的类似于薛涛笺的小巧精致的“千代纸”。这种“千代纸”也是颜色各异，或印成格状，或以金线饰之，或以浮世绘为面景，各种图文皆可印在纸上，可谓色彩斑斓，日本人闲时用它来叠成纸鹤，以寄思情。这种“千代纸”也是那种让人看上一眼就会爱上的小巧玲珑的精致纸张，但却也有一个缺憾，就是与日本那些精美的印刷物一样，精美之余，书香墨气却皆无，不如我们那些印刷质量虽稍差，但却能墨香四溢的普通读物。

科学技术的发展所带来的印刷技术革命，毋庸置疑，给现代人带来了视觉上绝美的享受，但我们还是希望要尽可能地保留那些书中应有的浓浓的书香墨气，不要像日本书那样精美有余书香不足，更不要像上面所举之例，把好端端的经典名著弄得犹如用低劣的化妆品化出的庸脂俗粉般，使人厌之。望着这一堆食之无味弃之可惜的“鸡肋”，虽不敢效仿秦皇“焚书”，可为了自己的眼睛鼻子咽喉再不受“檀香袭鼻症”困扰，也只好将这些迷你经典“鸡肋”捆绑成摞，搬到楼下，以期能够换得日本上门收破烂儿的赏一卷“噢太啊拉己偷拍巴（厕所手纸)”，也就于愿足矣。

散乐·能乐·京剧·变脸

散乐，历史上是指散乐百戏，是中国古时由民间音乐、技艺发展而成的多种艺术和娱乐表演种类的泛称，大体包括歌舞、器乐、角抵、武术、杂技、魔术以及杂剧等。散乐一词，在周代的《周礼·春官宗伯》第二十四卷已有记载。散乐在先秦、两汉时期的表演尚以宫廷为主，南北朝时期已扩展到了寺庙等地，而至隋唐时期，拜那位好玩的隋炀帝所赐，散乐得以有了飞跃的发展，唐朝则基本上延续了隋朝的散乐形式，仍以“俳优歌舞杂奏”为主。至宋代，散乐百戏则已扩展到了城乡市肆。再至元、明、清时代，散乐之百戏就大多能独立发展了，并且形成了独具特色的各式剧种，散乐一称也开始逐渐消弭。总的来说，以历史为序，散乐可以说是发于先秦，盛在汉魏，荣于隋唐，流行于元明，衰落在清代，而今则堪称凋零，或曰已融于各种大众艺术之中。

日本有一种传统戏剧叫作能乐，据说就是起源于中国汉代的散乐之化装剧，在隋唐时传入日本，并逐步发展成为今天的日本能乐。日本能乐《白乐天》《东方朔》《杨贵妃》《项羽》等中国题材剧目，至今仍占日本能剧的三分之一江山，由此可见中国传统文化对日本的影响之深。当然，反过来，日本继承、发扬并维护中国传统文化之完善、之恒久，也已几乎可以说是“先王大典藏夷貊”，正统在番邦了。

日本的能乐，由于在艺术上已经具备了戏剧、文学、表演艺术、音乐、舞蹈、舞台艺术等各种元素，因此，观赏能乐，已可以说是象征修养的一种高雅享受。遗憾的是，我辈俗人，尚没欣赏过日本的能乐，不过，偶尔从电视上看那么几眼能乐表演，那份机械，那份枯燥，那份根本不明其所以然的语言表现，就已经让我辈望而却步，失去了花钱花时间去欣赏它的勇气。观赏虽不去，但对能剧主角脸上带着的那副桧木雕成的“能面”（面具）倒是颇有兴趣。旅居日本日久，对于日常生活中语言暧昧、行动木讷、个个都像带着一副“能面”的日本人印象颇深，与能乐演员所带的看似微笑，眼角却又露出些如泣如诉之意；看似悲伤，唇边却又漾出一丝平和笑意的“能面”相印证，“能面”与“人面”忽而重叠，忽而分开，就让人觉得日本人的表与里两张脸，更加难以琢磨了。

一直喜欢中国京剧，不仅仅是喜欢京剧演员的扮相、服装，更重要的是喜欢京剧演员那程序化的造型、动作所含的“语义”。机械但又灵活，笨重而又轻灵，一招一式铿锵圆润的演技，一直吸引着京剧票友们爱不释“眼”。不可思议的是，带着“能面”的日本能剧演员，居然能凭着其拘禁木讷的动作和无法看到其表情的能乐艺术，就能准确地传达出自己的“语义”。从这点来看，应该说，日本的“能”似乎也已掌握了属于中国京剧的这门儿“行为艺术”。当然，日本能乐与中国京剧究竟有何瓜葛，没研究过，也就无资格嚼舌。

有时看中国人做事情，觉得虽显张扬但却极富个性，可谓丰富多彩，极具视觉冲击力，就像好莱坞大片一样，刺激而又富创新。也喜欢看四川“变脸”，在那昂扬铿锵的音乐声中，“变脸”

演员那灵活迅速、优美优雅的身段、演技，简直就是尽显国人个性，张扬了国粹而又娱乐了世界。

其实，无论是散乐、能乐，还是京剧或是变脸，芸芸众生们相对来说也都既是演员又是观众。人生如戏，这在一切文明社会都是如此，因为有许多事儿是不能说但又要表达的，是既需要张扬又需要装傻的，这就需要散乐、“能面”和京剧的行为艺术了，当然，有时能变变脸儿效果会更好。

汉字古用法在今天的日本

丝毫没有不知天高地厚自我炫耀的意思，只是由于旅居日本，经常会不期而遇一些看上去似曾相识，却又横看竖看都觉得被日本人用得有点别扭，但又说不清道不明的汉字，那些让我们莫名其妙甚至哭笑不得的日本汉字的用法、读法，曾不止一次使我们这些旅日华人陷于似懂非懂的尴尬境地。当我们忍不住以绝对正宗的汉字使用者身份，向日本人语重心长地指出并讲解日语里汉字的错误时，也许我们不知道，我们正在出着丑，因为很有可能我们是在以今天的、已简化了并拥有了新意的中国现代汉字，来攻击在日本千百年来一成不变、沿用至今的中国古汉字。

记得刚来日本时，日本人在工作时让我“速く（读‘哈丫哭’）”，因为写了个“速”字，我懂了，是让我快点“仕事（意为干活）”。不久，又让我“走る（读‘哈西路’）”，觉得日本人挺好，怕我累着，让我“走着”干活，可干着干着，看日本人那不断催促的样子，又不像让我“走着干”的意思了。就纳闷儿了，回家翻《广辞苑》后才恍然大悟，原来在日语里，“走”与“奔”相同，都是“跑”的意思。转天儿上班，我就用还没识上一筐的斗大的日本语，向日本同僚正式指出了他汉字的谬误之处，日人谦虚，一直在那儿“哪路猴头（原来如此）”，我也沾沾自喜，还是我中华文化博大精深。可还没高兴几天，偶翻《辞源》，却残酷地发现了“走”在中国古汉语中原来也是只有“跑”的意思，引申义为“逃跑”。只是在现代汉语中，“走”的基本意才变为“行走”，但作为“跑”的古意，也并非已彻底不用，在一些双音节词及四音节的成语或固定词组里，比如说：“走马”“走兽”“飞檐走壁”“走马观花”“走笔疾书”也是至今还在使用着，只是我一直忽略了而已。接着又发现真正的“走”在日语里却又被写成了“步”，读“阿路哭”，这又与中国古汉语里的“步”意相同，如“徒步”与“步行”就至今仍在被中日共通使用。即使在中国，如“安步当车”“五十步笑百步”等语句，亦是仍被广泛地使用着。只不过是在今天，“步”字才以“走”字的形式被现代中国人普遍使用着了。这却又是错不得的，比如现在说“走着去”，就不能说成“步着去”，如果这样说了，一准儿会被国人视为还没学好汉语的港人或老外了。弄明白了“走”之真意，却不由得汗颜不已。

“木”字亦然，对于现代的我们来说，“木”字已基本上就是“木料”“木材”等的代名词了，再就是还知道它的引申义是用来形容人的性格的木讷、质朴的，比如说人木头木脑，就是比喻人的呆笨了。也知道它也被用于人失去知觉时麻木之意，比如《红楼梦》中就有“贾瑞听了，已木了半边”的比喻用法存在。而在日本，它却实实在在的就是“树”的意思，《广辞苑》中关于“木”的首条释义就是指树木，木本植物，乃树的总称，虽也有木材之意，但几乎是很少用的。笑罢日人的“木”“树”不分，带着几分忐忑翻开《辞海》，却又发现《辞海》里对“木”字的首条释义居然也是指树，并举《说苑·善说》中的“山有木兮木有枝”来做“木”即是“树”的补充注解。为自己的无知而羞愧之余，续查下去，又发现了被日本人称为“金木犀（金桂）”“银木犀（银桂）”的、我们称之为丹桂或桂花的草本植物，也不是日人乱用汉字，而确确实实在《辞海》中“桂”的首条释义就是桂花，植物名，即木犀。只是我孤陋寡闻不知“木犀”为何物而已。

以后又遇到了诸如“猪”与“豚”、“足”与“脚”、“大袈裟”以及“大丈夫”等等许多难以搞清爽的日本汉字用法。一朝被蛇咬过的我们，只能说的是，日本人沿用古汉字没错，旅日华人用现代汉字来为日本人讲解日本汉字与中国汉字的异同也没错。当然，我们没有理由说在日本历史上引进的中国古汉字就一点错也没有，但旅日华人当作兴趣多读点古汉语方面的书，能在与日本人议论汉字时理直气壮地给人家一个说法，没有贻笑大方又能正确地弘扬中国文化，让日本人心服口服地对我们说：“哪路猴头”，那我们就能少一点“郁闷”了。

“不伦”是文化吗

日语中的“不伦”，非乱伦之意，乃我们过去所说的“私通”也，今时则大都被叫作“婚外情”或“外遇”什么的。“不伦”，在古代日本被称为“不义密通”，倒是很容易顾名思义。

古代日本对“不义密通”的处置是很严厉的，重则可被处以死刑，即使到了镰仓幕府的武家时代，武士与有夫之妇私通，不但会被撤职，而且还会被没收年收入的一半以示惩戒。不过，至江户时期，对待私通就已经宽容多了，有流传下来的画作为证，不过是通奸者双双跪在当街示众而已，细看，膝下还铺有草垫子，待遇已是相当不错了。也倒是，毕竟在古代日本，玩得起“不义密通”的大都是贵族、武士等。虽然到 1947 年法律上还存在着“奸通罪”，据说那已是名存实亡了。在古代日本尚有着“夜这”即“走婚”的私通习俗，直译过来就是“夜爬”，倒是形象。但只要不是去有夫之妇那儿“爬”，日本人大都不会认为那是不道德的。正如日本政治家们的“肚脐以下没政治”之名言所说的那样，古代日本人究竟管没管得住自己那下半身，看看日本史书就一目了然了。经过代代努力，与时俱进到今天的“不义密通”，虽然已被改称为“不伦”，辞典也释其义为“违反伦理道德之行为”，但已再无法律来约束它了。非但如此，现如今，“‘不伦’是文化”之说，竟也堂堂登上了日本电视台的讨论节目。

记得那是1996年，日本当红艺人石田纯一因“不伦”被曝光，石田在为自己的行为辩解时语出惊人，脱口秀出了“‘不伦’是文化”之“名句”。一时间，坊间轰动，着实热闹了一阵子。从那以后，将“不伦”进行到底的日本艺能界人士，因“私通”被曝光事件一如既往的接连不断。以石田的“‘不伦’是文化”来说事儿的也就接连不断，这不，前阵子又有一位艺人不伦了，毫无疑问地也被曝光了，善于炒作的电视台则又开始以“不伦究竟是不是文化”为题，组织一伙嘉宾讨而论之。兴趣盎然的持赞成论者与石田同腔，认为“有些文化和艺术确也是在不伦中产生的”。那么，果真如此吗？

要讨论这个问题，首先要了解其含义，关于“不伦”的释义，在此不赘述。至于文化，历来众说纷纭，也很难精确定义之，不过笼统地说来，它应包括人文、地理、社会现象、历史现象、风土人情、传统习俗、行为规范、思维方式、宗教、法律等等。感觉近年来“文化”二字被用得近乎泛滥，人们动辄以“文化”二字冠之，但凡扯上了“文化”这张虎皮，事情也就自然而然高雅起来了。在这一点上，中日倒是都未能免俗。说不伦是一种文化，因“婚外情”就是“不伦”，我们来偷换一下概念，也就是说“婚外情是一种文化”了，而文化都是高雅的，那么，同理，婚外情也应是高雅的了，这在我们的观念中那是不可思议的，但日本人，而且是所谓的高雅的日本人持此观点并还有着一定市场，就让我们好奇于究竟有无日本文化是和“不伦”有着“不伦”关系的了。

日本南北朝时期，歌人吉田兼好所著《徒然草》，与清少纳言的《枕草子》并称日本随笔文学双璧，那是绝对的文化了，但就是在《徒然草》里，兼好写道：“妻者，男人不应保有者也。……无论何等女人，与人朝夕相处，亦当觉可厌可憎。自如方言之，亦当有悬空无着之苦。虽不同栖而时时过往相见，则反而成为历年弥新而感情始终不渝之伴侣。不期而至，止而宿之，则可常保新鲜之感也。”当今日本人对不伦随遇随意，以“‘不伦’是文化”来挂羊头卖狗肉，据说兼好的这段话，就被持“‘不伦’是文化”论者视为他们最初的理论根据。现代日本浪漫女诗人与谢野晶子，曾写下极富挑逗的诗句：“你不接触柔嫩的肌肤，也不接触炽热的血液。只顾讲道，岂不寂寞？”日本唯美派文学大师谷崎润一郎也说：“精神不存在美好的东西，最美的东西就是人的肉体。”不伦小说大家渡边淳一，前几年写了一部“不伦”名作《失乐园》，一经出版，立时洛阳纸贵，接着又被拍成电影、电视剧。通过平面、立体传媒的表现，那泡温泉、看雪景、赏樱花、观红叶；吃着法国大餐、品过红酒后，在如梦似幻的高级情人旅馆一次次的做爱、一次次的高潮的煽情情节，就把日本人那“不伦”之火烧得旺旺的，原来不伦如此美好，那么何乐而不为之呢？名人言词的号召力是极强的，由古至今，这么多文化名人都如此明示或暗示那“不伦”之高雅、美好，看起来，这“不伦”还真有点像文化了。起码，“不伦”现象使得日本文学更具魅力了，而文学描述又催生着“不伦”行为的泛滥。借《失乐园》之东风，日本男人为了解消工作压力，日本女人则为了摆脱枯燥乏味的家庭生活，追求《失乐园》里女主角凛子那样的高雅的灵与肉的激情享受，那“不伦”之火就几乎“燎”遍了日本之“原”。据说，日本电视台曾搞了一项“不伦”调查，结果显示，日本人家庭主妇每四人里就有一人有过不伦行为。至于日本男人的不伦，倒是无须调查的，路人皆知也。

一般来说，提起婚外情，人们总会把它和道德挂钩，但日本这个民族虽然表面上是礼仪之邦，实际上道德观念是很薄弱的。

正因为如此，日本人在不伦问题上干脆对道德避而不谈，只是大肆宣扬不伦之美。日本人由其“物哀”“幽玄”意识而悲叹世事无常，由悲叹世事无常而转认为人应该及时行乐。他们认为越是悲情的、短暂的、注定要毁灭的东西，才越是最值得追求且也是最美的东西，正如他们崇尚樱花一般。而“不伦”对他们来说，就属于樱花般的转瞬即逝的美，是值得及时抓住并要及时享受的。这就与日本人的美学原则合了拍。按日本人的逻辑思维，“不伦”甚至属于美学范畴了，都美学了，还能不文化吗？不过，“不伦”作为一种文化，应该是只适合在日本才可以这样说的，而在儒家道德思想贯穿古今的中国和受康德道德哲学理论熏陶的西方世界，说“不伦”是文化，那倒是有点欠“扁”呵！

堂·吉诃德在日本

《堂·吉诃德》本是西班牙大文豪塞万提斯于1605年和1615年分两部分完成的反骑士小说。作者在序言中就申明："这部书只不过是对于骑士文学的一种讽刺。"目的在于"把骑士文学地盘完全摧毁"。于是，作者塑造出了瘦马锈矛，头顶漏洞头盔，一直在幻想之中游侠天下、除暴安良的堂·吉诃德这么个形象。以他的一路游侠战风车，攻羊群，救罪犯，凭臆想勇往直前，终至遍体鳞伤、头破血流亦在所不惜等荒唐行为，来体现作者追求自由，反对人压迫人，人奴役人的深层意义。作者通过围绕堂·吉诃德发生的无数人物、事例的描写，全面辛辣地批判了16世纪末和17世纪初西班牙的政治、法律、道德、宗教、文学、艺术以及私有财产制度等等。也因此，塞万提斯的这部作品被后世誉为"一部行将灭亡的骑士阶级的史诗，一部伟大的现实主义文学名著"。

知道堂·吉诃德，还是在小学课本里，不过，由于那时懵懂无知，也就是把老堂当作一个疯子、神经病来看了。而当时只精通"毛选"的语文老师，似乎也没能把这部伟大作品的现实意义和深远的历史意义，授业给我辈学子。随着后来涉猎到了一些介绍《堂·吉诃德》的作品，方才明白自己了解的老堂纯属皮毛，说起来，这又都是误人子弟的老师惹的祸了。

在日本重识堂·吉诃德，却是拜国内友人所赐，友人访日前，发微信来指名要我陪其逛日本ドン．キホ　テ（音近“东开嚎太”）店，平时虽也偶见这家店的招牌在国道两侧招摇，但却不知是吆喝什么的，至于店名之意，也是从未深究过。碍于友人的邀陪，就上网查了一下，真是不查不知道，原来日语中的ドン．キホ　テ，就是堂·吉诃德的意思，这就有点意思了，倒是值得关注一二。

原来，日本株式会社堂·吉诃德的历史并不算太长，1980年日本株式会社嘉斯特成立，1995年9月社名才变更为株式会社堂·吉诃德。这是一家不到二十年就发展为遍布日本全国的著名廉价商店，其经营品种从日用小百货、杂货到酒类、化妆品、衣料、家居、家电、珠宝首饰等等，可谓是包罗万象应有尽有。而且，店家还以其24小时或接近24小时的营业方式，选址在拥有停车场的国道两侧，店内更是采用“没有间隙的商品压缩排列方式”等一系列措施，从而给顾客营造出一种既方便又有如迷宫寻宝般的感觉。通过这些特色，它们吸引了大批顾客，尤其是年轻人，把去堂·吉诃德寻宝当作了休日的消闲方式之一并趋之若鹜。而随着日本对大陆旅游市场的开放，国人竟也渐渐地知道并喜欢上了日本的这个大型杂货店。估计，本人的这次堂·吉诃德导购人任务，大概也算得上是堂·吉诃德销售战略钓上来的一条小虾米吧。

不过，真正让我感兴趣的是，这家店铺为何把店名改作堂·吉诃德呢？经查资料，日本株式会社堂·吉诃德官网对此有着明确回答，那就是：“希望以堂·吉诃德不屈服于积习和权威的精神，创造出一种新的商品流通业态。因这样一种祈念，故而，以堂·吉诃德作为了公司名。”

塞万提斯作品中的堂·吉诃德，在当时虽然没有成功，但穿越到今天的堂·吉诃德精神，却在日本成功了，而且还被日本人继承并发扬光大了。老堂呵！你若地下有知，也当含笑九泉了。

与死人共生

日本电视报道，一位单亲家庭的母亲病死，成年儿子未采取任何措施，只是让母亲像平时一样睡在床上。也就是说，至事件被曝光为止，活儿子与死母亲就这样在一个屋檐下相伴生活了数月。事件曝光后，虽也成了一时新闻，但好像在日本谈不上什么轰动。而儿子在面对媒体采访时，也是泰然处之，并未认为自己所为有什么不妥。虽是个案，但却似乎也透出了日本人对待生命存亡的那种淡然甚至淡漠的态度。

非但如此，在日本居住，我们会发现，日本住宅区旁，有些就是墓地，而且有些是大型墓群。偶尔在办公楼推窗望去，直面的却也是一片连绵的坟墓。隆隆电车驰过，闪过车窗的那些混杂在一起的活人住居与死人墓地，似乎也透着一些令人匪夷所思的和谐。更有甚者，至今，一些日本人还喜欢把家族逝去之人葬在自家庭院里，与死人共生。这些已然超出了我们认知范围的习俗，日本人却似乎无任何抵触情绪，这就让我们不得不对日本人有着怎样的生死观产生了兴趣。

国人认为“人死一了百了”，所以也就都努力地“好死不如赖活着”，即使被忽悠死后可以去天堂，但似乎也从来没人愿意去。一言以蔽之，国人惧死。其实，这和我们所受的传统文化影响有着直接的关系，孔子老早就告诉我们，“未知生焉知死”，也就是说，活人的事情还没有弄清楚，活着的时候应该怎样做人还没有弄懂，哪有时间去研究死人的事情和该为死人做些什么。也就是让我们好好活着，莫轻言生死。而道家虽然崇尚大道自然，但老子又说："故飘风不终朝，骤雨不终日，孰为此者？天地。天地尚不能久，而况于人乎？"虽然说的是狂风刮不了一早晨，暴雨也下不了一整天。是谁造成了这样的情形呢？是天地。天地造成的情形都不能长久，何况人的那点力量呢？读此，在理解其强调为人要顺应自然的同时，从"天地尚不能久"中也似乎能领会到一种颓废的人生要及时行乐之精神。道家虽然遵从大道自然之说，但最终却也是为了长生不老而修道，追求的还是羽化登仙，终是想"避死"呢。佛教虽然不避谈生死，讲求"死如出狱，死如再生"，认为死亡是自然的，把死看作是一期生命的转折，也即死亡既是此期生命的终结，但同时也是另一期生命的开始。但最终追求不过也是为了在彼岸重生、成佛而修来世而已。其实，除去佛道两家的生死观之说，自远古传承下来的鬼神之说对国人影响更巨，奈何桥的阴风阵阵，孟婆汤的忘却前生，十八层地狱的油锅、锯裂、火炽、五马分尸等等，那绝对是令国人望而却步的。所以说，佛教虽然宣扬"诸行无常，是生灭法。生灭灭已，寂灭为乐"，但论及生死，相信没几个人真的会以"寂灭为乐"的。活着比什么都好，才是国人传承至今的生死观之真谛。

日本人却很有意思，他们自古而今都比较看淡生死，但我们明白，日本人之所以看淡生死主要是由他们的国情所决定的。日本人自古就受到因国土狭小天灾频发而又孤悬海外的地理特性的影响，必须时时面对死亡的切身体会，让他们自古就对死有着深刻而又平常的认识，时时面对死亡使得他们并不讳言生死。日本先民崇拜精灵信仰，而后又形成了神道教的万物死亡后都能成神之说，死后既然能成神，那死也就无所惧了。斯时传入日本的佛教之彼岸说，宣扬人死不过是一期结束而进入另一期的门户等思想，这也符合日本人的传统认知，也就理所当然地被日本人“共鸣”至今了。武士道也被誉为“死道”，追求所谓的如樱花般的“瞬间之美”的灿烂死亡，武士对于死，可以说是拥有一种病态的迷恋。作为一种传承，虽然今天武士道在形式上已经不存在了，但武士道的生死观，经过千百年的潜移默化之影响，也让日本人对待生死有了一种平常心。综合起来看，或者可以这样说，日本的自然环境和神佛理论，以及武士道精神与现世的社会环境等多方面相结合互相作用，才形成了今天日本人的具体的生死观。

据《日本人的死生观》作者立川昭统计，日本人中认为死者有灵的人占百分之五十五左右，认为有“彼岸”存在的近百分之五十三左右，而认为生死轮回是相同的竟高达百分之六十五。梅原猛在其《日本人的“来世”观》中，告诉人们来世和今生是相同的，只不过是颠倒过来罢了。人死后成神并且能与先祖一起生活，生灵都有灵魂云云。川端康成甚至认为，“死亡是日本美的源流，而艺术的最高境界就是死亡。”电影《入殓师》一经上映，立即轰动日本，震惊世界，它所表现的死亡就是一扇门，它不是意味着生命的结束，而是意味着穿过这扇门，就会到达生命的另一个阶段之观念，这恰合了日本人的生死相连的传统认识，死亡并非是生的对立面，而是生的延续。行文至此，却不觉凛凛地惊悚了一下，那是因为想起了“二战”时日军在所有战场上表现出的那种悍不畏死，除了武士道的“死道”精神，是否日军在赴死时，脑里也有着一种生死相连、舍身成“神”的信念在支撑着他们的行动呢？

文学大师如芥川龙之介、川端康成和三岛由纪夫等，最后也都选择了自杀身死，他们死的理由或是追求唯美，或是追求人生意义升华，虽属特例，但作为世界第一长寿国的日本，同时也是先进国中自杀率第一的日本，却在用事实告诉着我们，他们确实不惧死。无论是基于生存压力还是殉情等各种原因的自杀，都让我们看到了日本人在面对死亡时那种沉着的波澜不惊之平常心态。有个现象倒是值得比较，与我们无法理解日本人在亲人逝去后尚能笑颜待客，淡然应对一样，日本人也无法理解中国人在失去亲人后的悲痛欲绝号啕大哭。说到底，还是生死观的不同才引发这种现象。这也正如上坟，我们上坟是悲面愁颜，因为那是去向再也无法见面的亲人寄托哀思。而日本人上坟却是表情轻松，甚至可以饮酒取乐，则是因为他们精神深处相信在不远的彼岸，他们的亲人并未消亡，而是以另外一种形式存在着，没准儿还在那边的卡拉 OK 或者居酒屋，正喝着唱着、手舞足蹈呢。想象空间可以是无穷大，“喜”也就可以从“悲”中来了。由日本人的这种生死观看来，他们的丧礼仪式，倒似乎更像在为出远门的亲人送行，只是仪式较隆重罢了。日本人死后成神，换了一种存在形式，时髦讲法，那叫“换一种活法”。如此看来，这日本人好像还挺难死的，老妈死了，儿子陪着老妈尸体继续过，与死人共生。对待生死，日本人似比我们更有一颗平常心。

岛国木文化

乘飞机往返中日，每近日本，从高空鸟瞰，森林覆盖面积达三分之二的日本列岛，犹如一条美丽的绿色绒带漂浮在太平洋上，会令人产生立即俯冲下去投入到那绿的怀抱中尽情呼吸的冲动。每到这时，就特别艳羡那下面的岛民。

所谓种瓜得瓜，日本人能世世代代享受到大自然的绿的恩惠，这与大和民族自古就有敬畏、崇尚自然的传承有关。日语里所说的“木”，我们可以理解为原木、树木或森林等。日本人敬畏自然，当然也包括那些参天、长寿的树木，因此，由树木滋生出宗教信仰也就容易理解了。古时的日本人，认为他们的祖先中生活着一位“产灵神”，这位大神闲极无聊，就把自己住处目极之处的山川草木都赋予了灵魂。《和名抄》里就有关于“木灵”或“木魂”的记载，来指树木中有着“精灵”存在，而且树木还是神仙从天而降的媒介。《日本书纪》就记载：被高天原驱逐的善良之神司萨若欧和儿子，一起带着树种降到了人间后，老司的胡须变成了杉树，胸毛变成了柏树，而眉毛变成了樟树，最后连阴毛也变成了罗汉松。毛都变没了，估计老司也就成了开水烫过的无毛白猪了。这些神话的文字记载，又反过来让后世日本人更加敬畏树木森林，那都是神毛变的具有“木灵”之树，当然不能轻易伐采。这样，就形成了一种良性循环，误打误撞，却使得日本的树木、森林自

树，不仅仅是用来砍伐的。

古就得到了比较完善的保护。

由于敬畏宿住着神灵的树木，所以日本人自古在不得不利用树木制造工具或建房的同时，一直小心翼翼地尽量保持着树木的原色原味，而不轻易给原木着色，这却使得日本泛着树木原香的“一户建”住宅等，成了代表日本原生态文化的一道亮丽的风景线。即使是公寓住宅，日本人也会尽量在这混凝土森林中，努力以原木间架、木制拉门和木制家具等，来营造一个尽可能多一点自然本色的住居环境。

非止这些，日语里有一个和式汉字，写作“榊”，中文亦读作“神”，是一种树木，在我国被称作“杨桐树”，日本人在进行祭祀时用它做装饰，但却不随中国叫法，而创造了这样一个日式汉字来强调“木”与“神”的紧密关系。我们的“五行说”也传入日本，但与我们的“金木水火土”不同的是，日本人把五行的排序改为了“木火土金水”，以突出“木”的神圣和重要性。这些，就形成了日本独有的木文化。

由于树木具有的宗教意义，日本人自古就有森林保护意识，明治时代以后，树木对自然环境的影响也越来越被日本人重视，自此，日本人就极少伐树了。

但是，不伐自家树并不等于不伐别家树，“二战”时期，日本疯狂地从中国及东南亚各国大肆掠夺树木就是最好的例证。时至当代，卫生的日本人又发明了卫生筷子，但日本人同样几乎不用自家树木制造卫生筷子，中国就是日本卫生筷子最大的供应商。日本人过去掠夺我们的木材，今天则是我们心甘情愿以最低价格，向日本人民提供着由中国树木制成的卫生筷子，代价就是我们的山秃了，水土流失了，自然环境持续地遭到破坏。

其实我们自古也有关于“树灵”的神话，比如《西游记》里的树精，但可悲的是，在中国人的意识里，那树成了精，就是妖了，当然该砍该杀，可以说，对于树木、森林的保护意识，我们一开始就没能有一个好的开端。虽然《天仙配》里有位成精的老槐树替董永和七仙女证婚，够善的树精了吧，但我们也没能借此弄出个什么“木文化”来。树长大了，就是要砍要伐的，这才是中国人的普遍认识。可见，到底是风俗不同，对“树成精”的态度也就截然不同，否则，祖国大地不早也是一面绿色大绒毯了。

马鹿与阿呆的出口转内销

日语汉字中的马鹿和阿呆，本来都是源自我国。马鹿，原指生息在我国北方、亚洲其他一些国家和非洲、欧洲、北美洲等地的一种体形似马的驼鹿。由于马鹿栖息的地域特性，日本倒是自古就没有这种动物。而阿呆，那则是我国江南地区如江浙、上海等地的方言了。

过去，一提起马鹿，最容易让人联想到的就是由赵高导演给秦二世以及众臣看的“指鹿为马”闹剧。不过，现在提起马鹿二字，感谢网络的传播之快，网民们都已知道它是日语中一句骂人的话了。网上说某人马鹿，就是骂他笨蛋、蠢材之意，这也是日语汉字“马鹿”（音近八嘎）的原意，再加上“野郎”（音近牙鲁）二字，合起来就是我们小时候看抗日电影中常听到的“八嘎牙鲁”了，混蛋、笨蛋、混账之意是也。

马鹿这个词语，日语汉字还有着莫伽、破家、马家等写法，发音却都近“八嘎”。追其语源，日本论者认为：“马鹿”二字，乃源出我国秦代的“指鹿为马”故事，因这个故事点明了秦二世胡亥的昏庸、愚痴，日本人就精明地取其中“马鹿”二字，用来喻人笨蛋、混账。至于莫伽，本是梵语，意为痴、愚，日本人也把它借来喻人愚昧。而破家，据说是由佛教禅宗佛典中形容破产的“破家”之说而来，能把家搞破产，就足证愚蠢，足够笨蛋，由此，破家在日语中也有幸荣升为了混蛋之意。不过，让我们明白了一点的是，无论哪一种笨蛋的语源，似乎都是源自中国。

马鹿，是日本人爆粗口时最常用的骂人话了，但也不能乱用，因为它的地域性很明显，比方说在关东地区，按说话时的语气、针对对象不同，要表达的意思也就可深可浅。但一般来看关东人说出马鹿二字，更多的还属口头禅性质，属于揶揄、半开玩笑的骂人话，但如果在马鹿后面加上“者”字，这可和学者的“者”一点都挨不着边儿，“马鹿者”出口，那是关东人认认真真地觉得你是个“混蛋”了。而在关西则完全相反，你若在大阪像在关东那样随口马鹿，那就是正正经经地在骂人了，绝对有点找抽的意思。不过，无论是关东还是关西，随着东方人也开始过愚人节，骗人的节么，日本人就把四月二日戏称为“四月马鹿”，这倒是全国统一的叫法。

阿呆，读若“阿齁”，在日语里和马鹿的意思差不多，关西人用得比较多，使用时却是相当于关东人的口头禅马鹿，是含有揶揄、取笑，有着那么一点亲昵或可爱意思的口头禅。可这与关东地区又相反了，关东人说某某人阿呆，问题就有点严重，那可是真有点像我们今天最常用的粗口之一“傻B”的意思。至于其出处，日本是在13世纪鸭长明的《发心集》中首见，不过，《全国阿呆、马鹿分布考》的作者松本修却认为：阿呆的出现没有那么早，至于《发心集》中阿呆的出现，研究家得出的结论是后世在增补版中追加进去的。倒是还有一说，日本人与我们相比，似乎更愿意引经据典，就有日本研究家认为，阿呆的语源应是出自阿房宫，说项羽火烧阿房宫用了整整三个月，就足见阿房宫的豪华奢侈。于是，日本专家认为，正因为造了阿房宫，国家财政才陷于紧张，自然军力削弱，输掉战争也就顺理成章。秦皇的作为，就是“阿呆”。因日语“阿房”与“阿呆”的发音近似，因此，日本人就用阿呆来形容人的愚蠢、傻瓜。不过，听起来明显有些牵强。日本人不仅喜欢《三国志》，还喜欢研究、加工、改编《三国志》。因此，把阿呆和《三国志》联系起来，就是阿呆出处的另外一说。说是后主刘禅就明显有点“呆”，所以，日本人取“阿斗”与“阿呆”的音顺，就把阿斗似的人喻为“阿呆”，但，听上去也觉得不大靠谱。倒是还有一种说法，认为是在日明贸易时期，中国江南地区的方言“阿呆”随着商贸人员一起传入了日本，这种说法听着感觉还比较接近事实。不过，不管最终解释哪个正确，“阿呆”是由中国传来的，倒是不争的事实。

阿呆虽可意会，马鹿北方人才知。是网络高手们的引进，才让我们随心所欲心安理得地使用着出口转内销的日语汉字。不过，像阿呆和马鹿的日语原意的国内网络流行语，我们虽然也在熟练地使用着，但感觉与我们那些声情并茂、花样翻新、与时俱进的国骂相比，那简直就是小巫见大巫了，一点也不带劲儿，不过瘾。可一般日本人即使爆粗口，骂得最多的也就是马鹿和阿呆，最多“马鹿”后面再加上一个“野郎”，也就骂到极致了。忽然就灵光一现，日本就这两句粗口，还是从我上邦进口的，若当初没引进这两个词，是不是日本人到现在也还不会骂人呢？果真如此，日本那可是真文明。

第四辑

风景风情

看不尽的日本庭园

第一次去日本庭园，就深深地喜欢上了它。它赋予观者的那份难以言说的简约，既整洁又不觉雕琢穿凿，犹如一幅本色山水画般的那份古雅、淳朴和稚拙，处处体现出日本人那天然去雕饰之极致境界的“细工”，确然让人叹为观止。更为让人心旌摇动的是，日本庭园的素朴洁净、幽微灵秀，衬以远景近水，一见之下，似还原了人的纯朴心性，使人产生一种悠长曼妙不绝如缕的冥思，从而让心灵得到一次彻底的荡涤后，使人从内心的深处生出一种沉静来……

日本庭园的历史相当悠久，最早有文字记载的当属飞鸟时代（公元 620 年）苏我马子的庭园，此君也是最先把佛教传入日本之功臣。据说，受蓬莱仙境之影响，苏我马子开始在院子里挖地造岛，用以请仙人来居住，这应算是日本庭园的发端。不过，因造园艺术是由中国经由朝鲜传入日本的，其式样据说与当时的隋唐皇家花园很相似。到了公元 7 世纪末，日本天武天皇之子草壁皇子，开始在他自己的庭园里加入瀑布、海滨等元素，才初步形成了具有自然风味的日本庭园。

奈良时代后期，人们又在庭园之中放入水鸟，并筑小桥，池中还采用岩石来仿造海景容姿。传自中国的造园艺术开始渐渐本土化了。到了平安时代，因置京都为京城，自然风光如池沼、涌泉、树木开始被纳入园中，京都庭园也就变得如一幅幅生动的写生画了，此时的日本庭园可谓有了长足的进步。至藤原家掌权时代，公卿贵族们建造的庭园，又被融入了建筑艺术，而且此时也开始拥有了专门的“造园专家”。从镰仓时代到室町时代，由于受禅宗文化和北宋画之影响，日本庭园开始抽象起来。据史料记载，日本庭园的核心要素从这时开始转变为石头，点缀庭园的石灯笼、石塔、石洗手钵及园中小路的间隔铺路石纷纷出现，石头逐渐成为日本庭园的灵魂。短暂的安土桃山时代和江户时代，日本处于群雄割据大名争霸的动荡时期，日本庭园无甚发展，有走回头路之迹象。直至明治末期至大正年间，日本在日清、日俄战争中发了几笔横财，这时的日本庭园建造开始趋于宏大，从这一时期日本庭园变得奢华起来可以为证。值得一提的是，这一时期，借景元素开始被广泛使用于造园艺术之中，由于庭园宏大，草坪、茶室等新的元素也走进了这时的日本庭园。

时至今日，我辈浪迹于日本，每每游于街头巷尾，仍发现许多料理店、居家，或路边小神社之前，虽然无甚空地，但也会以一二块石头、一棵小树、几盆花草或一座石灯笼、一根潺潺流水的竹筒等简单布景，来营造自己心目中的庭园，于不经意间透出些微禅意来。可见，日本庭园在日本人心目中之分量。

偶然发现自己在日本的居住地附近有一个日本庭园，花五百日元购票兴冲冲进入，果然没有辜负那五百日元，在这里见识到了久闻大名的真正的日本枯山水庭园。沿着用不经雕琢的天然石块铺就的不规则石路前行，在石径左侧，代表山岩、岛屿的各种姿态的、有意摆设成无意识布局的、各样带有苔藓的石头，就映入眼中，岩石四周均匀地铺以白沙，并用耙子精心耙出水波纹状，象征着江河湖海，又似波浪涌向岩石般，令人平添几分遐思。那些象征着山岩、岛屿的石头，也不同于我们“甲天下”的苏州园林用石的那种求瘦、皱、漏、透、峭等，而是力求气势浑厚自然天成，讲求随意组合，处处透着质朴、简约和精心雕琢过的天然景象。石径右侧，是一个小山坡，山坡上则点缀着一些低矮的常绿的灌木丛，与园外的远景大树相映成趣搭配自然。石径尽处是一座本色木板搭就的曲桥，桥下同样是用白沙纹就的水纹，而水纹一波一波地圈出，让人几疑有金鲤会突然跃出……过了小桥，一座精致中透着原生木味道和榻榻米清香的简约素淡的茶室，就出现在眼前，与园中的枯山水相映融和。心醉自然美景，直让人一杯香茗，就想终老枯山水中。

踱完日本庭园，这种寥寥数笔的古朴中所蕴涵着的深远的枯山水寓意，给人一种耳目一新的一沙一世界数石天下见的崭新的深旷感觉，让人不由得想起松尾芭蕉的俳句：“寺庭幽静深，渗入岩石是蝉鸣。”想到此，刹那间，竟有点“入禅”的感觉了。

日本人把平平常常的石头砂子能搞到如此抽象并让观者痴迷，就忆起德国人在《日本的美的再发现》中所说的：“至纯的简素代表着日本精神。越是简素，就越需要有复杂的磨炼；越是天然去雕饰，就越需要精细地雕饰，使雕饰不露雕饰之痕迹。”看来，西方人在了解东方文化上面，并不输于我们东方人。有时看起来笨笨的、傻傻的日本人，在包括造园在内的许多行业，都干得有声有色，领先世界不知凡几。感觉日本人倒是暗合了老子的“大直若曲，大巧若拙，大辩若讷”。思绪至此，倒是有点无法“清静”了。

石不能言最可人

13世纪时，日本禅宗为反映修行者所追求的苦行及自律精神，在寺院中开始摒弃以往的青山绿水庭院，不使用任何花卉植物，而仅用沙、石、苔藓等静止不变的元素，以耙制的波纹形沙碛代替水，几块不规则的周底长着苔藓的石头立于沙碛之中，来营造一种意境中的山水庭院，“枯”象盎然，就称为枯山水。僧众则在这种枯山水边静修参禅。静伫久了，就连我辈凡夫俗子似乎也能感受到那么一点一沙一世界的微妙意境，真是“禅”了。

看枯山水庭园，感受最深的还是那黑黝黝底部长着苔藓的原生态石头，让人在一种原始、质朴中找到了那么一点回归大自然的感觉。不觉想到了初诣日本皇宫时的景象，记得当初看那伫立于护城河畔的用黑黝黝的石头堆砌成的皇城墙，就好像看到了梁山好汉攻打的祝家庄般，也忒小家子气了。这是当时心情的真实写照。也难怪，看惯了红墙高瓦金碧辉煌的中国皇家气派，那由德川幕府改造的日本皇宫也就确实有点难入法眼了。不过，感受并领会了日本枯山水文化后，再回首那皇城墙，一种质朴、敦实、厚重，并与大自然浑然一体，能承载千秋万代的感觉就油然而生了，也确实，日本皇室真的历了千秋万代硬是没变过天。不仅皇家护城墙和枯山水之石如此，游日本名山大川，有石景的地方，那些石头也大多是呈原生态状的，很自然很亲切。于是想起了我们天涯海角的被刻字入骨的标志之石，又想起了泰山照壁那伤痕累累之石躯，还有黄山、张家界、石林的遍体鳞伤……简直不忍目睹。登八达岭长城，触目那令人瞠目的现代“古城墙”，满腔激情刹那间就化作兴味索然……

石头，本是大自然的产物，它美在自然，贵在天成，讲究的就是原生态。而奇石更是山川之魂、日月之精，是大自然的灵魂，美的化身。诚所谓，山因石而峻，水因石而秀，人因石而雅。当然，这里的石，指的是无雕琢的原生态之石。“无才可去补苍天”的《石头记》中女娲所炼补天石，虽因不堪寂寞，求茫茫大士和渺渺真人带入花团锦簇温柔富贵之乡，但“枉入红尘若许年”，最终还是回到出身地青埂峰下，还原了本质，才得以安“石”立命。可见，自然之石，只有融于大自然中，才能还原为最真最美。“居内有石方生艳，独得人间四时春”固然雅趣，但总觉得封藏了石之灵魂。至于刻石留字，则更无异于伤人致残。与其如此，还不如拿去砌日本皇宫，或成就枯山水文化，石头有灵，亦当雀跃欢呼。

东京的胡同

古迹看多了，近年来，来北京玩的老外，流行胡同游。国人跟风，也跟着老外屁股后游胡同。当然，一边欣赏胡同两侧颇为神秘的四合院，一边听近乎嚼舌的板爷或三轮车司机眉飞色舞地免费为您讲解胡同轶事，倒也不失为一种享受。

胡同游，看胡同两侧的灰墙灰瓦，深幽庭院，就好像一座座民俗风情馆般，沉淀着老北京的历史文化。不过，近年来，随着房地产的开发和胡同游的兴起，即使是那些被明令保存下来的胡同，也都被“如织”的游人弄得跟大栅栏般喧嚣了。想象中的老北京胡同的那份静谧、神秘、闲适、和谐，也早不知跑到哪个爪哇国去了。为招徕游客，政府虽力图保持胡同的原有风格，但现实是，现代与古式的别扭结合、住家与店铺的混杂、随风飘荡的晾晒在外的各式内衣，以及墙角旮旯的垃圾堆和嗡嗡飞过的苍蝇，都在与游客擦肩而过。当然，这些特色也无疑被老外们当作稀有镜头而被抓拍着……虽然偶尔也能看到一段有点静谧感的胡同，看午间的暖阳在路侧杨树的叶隙间泻下，透出一份安静、清幽，那还真是一份难得的享受了。不过，更多的是，稍抬望眼，就能看到逐渐蚕食过来的高楼巨厦，一股压迫感就油然而生。毋庸置疑，北京的胡同正在走向衰败，即使保留着的，也已经或正在开始变异，老北京的人文缩影正在走向末路……

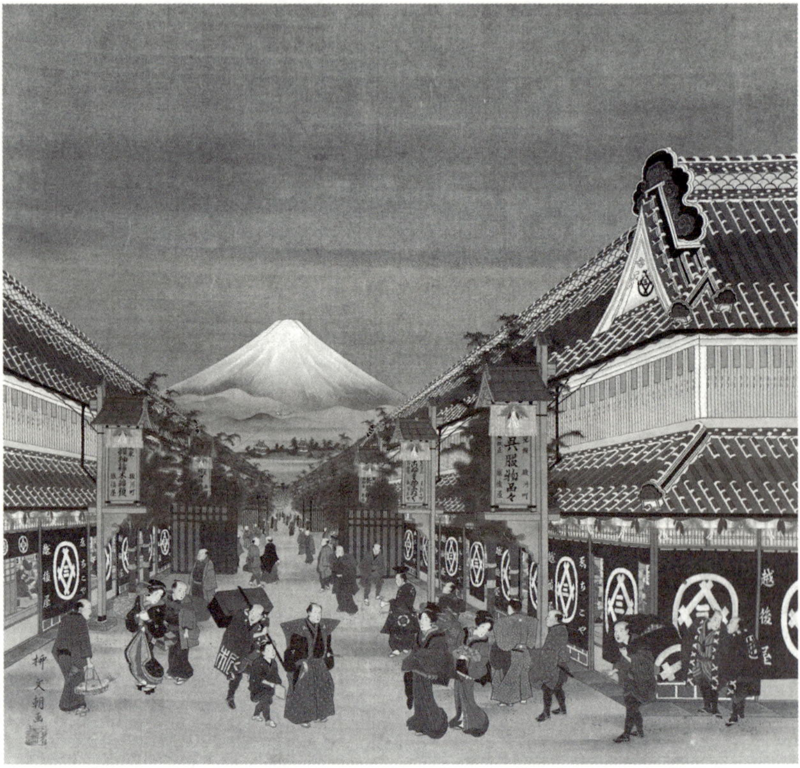

很风情、很随笔。

东京也有胡同，不过风格与北京胡同多有不同。北京胡同，巷子幽深高墙灰瓦，令人难窥究竟。而东京胡同却是短而窄，矮篱拉门，让人一目了然。闲步走去，还会偶尔得见某位欧巴桑在午后的暖阳下，开着拉窗坐在榻榻米上打盹儿，那样子，就仿佛是从百年前定格到了如今般。而守着旧杂货铺晒太阳的欧吉桑，也给人一种恒久的熟悉感，让人觉得似乎不这样那就不对了，这倒是与北京胡同截然不同的。

与北京一样，东京这座现代大都市，更早面临了因现代化建设需要，而不得不进行的城市改造，尤其是1964年前为东京奥运而兴起的建筑热，使得江户时期留传下来的那些虽略显破旧，但却安适、静谧、传统风土人情味儿浓厚的下町风情逐渐减少。自号“断肠亭主人”的永井荷风，于1908年自法国回东京后，看到江户风情胡同不断减少，无力回天，于是，只好自己踏着木屐手持一把蝙蝠伞，开始了东京胡同的文学散策（散步），并于几年后完成了著名的散文集《晴日木屐——东京散策记》。永井荷风的文化散步，给后人留下了宝贵的精神财富，也让无数的永井铁粉包括“哈日”铁粉们，纷纷前赴后继地踏上寻找永井荷风的散步之旅的东京胡同。

必须承认，日本人保持传统的作风、力度都是令人交口称赞的，无论是在浅草寺后面的胡同里，还是在日本桥等地那些鳞次栉比的高楼大厦旁，走进去，都有着古朴、传统的胡同静静隐藏于其中。漫步在胡同的石板路上，看着那些似有心、似无意的随处可见而又给人见缝插针感觉的花卉；错落有致的精巧庭园；看上去很有历史的老式和式住宅；以及街边好有年头的杂货店、咖啡馆、点心店、小餐馆等，一种安适、温馨、安静的感觉就油然而生，令人流连忘返……

胡同有文化，如果说永井荷风寻寻觅觅的东京胡同是随笔的，那么，北京胡同应该是“物语”（故事）的，只不过，今天的东京胡同依然保持着随笔风格，而北京胡同的故事呢？胡同游在书写着新的北京胡同故事的同时，老北京胡同的那些人文的、历史的老故事，不是正在渐渐湮灭在那些喧嚣的胡同游中和土洋结合的变化里么？

盆栽式精神

日本的盆栽也是源于我们的盆景，但令我们无语的是，“源于我国”的东西走出国门尤其是走进日本后，却大都青出于蓝了，盆栽亦是其中之一。

盆景应该算是我们的传统艺术了，1972年在陕西乾陵发掘的唐代章怀太子墓（建于706年），甬道东壁绘有侍女手托盆景的壁画，据说是至今所知的世界上最早的盆景记录了。后经宋元明清一路发展，最终形成了由景、盆、几（架）三要素组成的缩龙成寸、小中见大的表现自然美的盆景艺术，人们把盆景还誉为“立体的画”和“无声的诗”。盆景一般分为“树桩盆景”和“山水盆景”两大类，多以山石、数目、花草、水土等素材，经匠心布局、造型处理和精心养护，最终得以在咫尺空间集中体现出山川神貌和园林艺术之美。但不可否认的是，盆景在中国发展至今，虽然也早已形成了各种流派，产生了很多关于盆景的著作以及盆景制作大师，但普通民众对盆景的接触、认知却还是寥寥，即使今天国人出门旅游见识了盆景艺术的人在不断增多，但属于走马观花浮于表面欣赏的也还是占了绝大多数，真正懂得盆景艺术深意的还只是那些专业人士，思来颇为可憾。

邻国日本，据“维基百科”介绍，盆景（日语称盆栽）在平安时代由中国传入日本，一开始据说也只是限于皇室、贵族们的赏玩之用。但发展到江户时代，无仗可打的武士们已把栽培、贩卖盆栽当作副业用以增加收入了，盆栽也开始进入富裕阶层人家。从明治西化直到日本经济腾飞，日本盆栽也由富裕阶层专有渐入平民百姓家，但由于盆栽养护费时，所以，一般赏玩、侍弄盆栽的主要还是上了一点年纪的人，20 世纪 80 年代曾有“盆栽是上年纪人的趣味”的说法传扬。到了 90 年代，日本大宫举办了首届世界盆栽大会，由此，日本盆栽艺术得以名声大噪并成功打入西方市场，借此，日本年轻人也渐渐喜爱起盆栽来。时至今天，日本各地都有各种类型的盆栽展，让盆栽艺术得到普遍宣扬。而今，即使是居家附近的花店，也已大都有盆栽摆卖，可以说，盆栽已真正成为了普通日本人的消费、欣赏产品。

《世界大百科事典》将盆栽定义为：“将草木植于小器物，利用其生长能力，进行适当地培养和矫正姿势，维持其生命，表现‘自然美’，更表现出‘超越天然自然的自然美’，使之作为室内观赏物的由日本创始的艺术品。”不过，在此需说明的是，盆栽，绝不是日本创始，只能说日式盆栽是由日本创始。由这个定义可以看出，日本人喜爱盆栽，主要是因为盆栽所表现出来的“自然美”，契合了日本人敬畏、爱护自然的民族根性。而日式盆栽，又极尽小巧精致之能事，这又符合了日本人喜尚小巧精致处处用心，但又不自由奔放的趣味。这被日本人誉为“盆栽式精神”，而这种“盆栽式精神”恰恰与日本人的性格十分相符。更重要的是，日本人以这种“盆栽式精神”做事造物，使得整个日本渐渐也精致了起来。而今，日本造的“精致”更是已经得到了世界范围的公认和喜爱。精致了事物，也就精致了日本，良性循环，“精致”也就渐渐成了日本的代表，“哪路猴头”（原来如此）。

菖蒲的西为东用

记得是一次投宿和式旅馆，酒足饭饱醺醺然踏凌波微步晃入洗澡间时，发现十余枝结束的碧绿俊挺的菖蒲扶浴池壁而立，旁边还放有一张印有菖蒲浴使用方法的温馨提示卡片。依照说明，把水温调至四十一度左右，然后把菖蒲浸入浴池，稍待，入浴。透过打开的拉门，欣赏着夜色下的庭前枯山水，在菖蒲缕缕淡香的氤氲弥漫中，怎一句"飘飘然"能形容得了。

菖蒲，因其先百草于寒冬刚尽时觉醒，因而得名。菖蒲"不假日色，不资寸土"，"耐严寒，安淡泊"，"生野外，则生机盎然，富有而滋润。着厅堂，则亭亭玉立，飘逸而俊秀"。作为植物文化之一，文学作品中一直是以如此笔调来赞美菖蒲的。

说起菖蒲的功用，大体有三，一是防疫，菖蒲香料可驱蚊虫，其茎还可入药，用以治疗肠炎等症。古代南方人还把新鲜的菖蒲和艾叶熬制成汤，来洗头，沐浴浸泡，据说可祛湿解毒，保养皮肤等。二是辟邪，《本草园经》曾经这样描述菖蒲："其叶中心有脊，状若剑。"据传，春秋战国时期的铸剑鼻祖欧冶子，就曾受菖蒲的启发铸就了"纯钧"宝剑。自古以来，南方人也叫菖蒲为"水剑"。南方至今还有在端午节前后于庭前悬挂菖蒲以辟邪防疫的习俗，就是受菖蒲形似剑之影响而来。三是作为景观用。菖蒲因其清逸俊秀，挺拔如璧，具山林之气，而无富贵之态，自古为文人雅士所喜。曾有诗形容其："清气出风光以外，灵机在水石之间。"而书斋中放置一盆菖蒲，就具适情养性。苏轼就特别青睐菖蒲，将其置于案旁，以便于时时欣赏菖蒲的"苍然于几案间"之神态。以盆景菖蒲装点室内的习俗，倒是未曾断绝，延至今日，随着国人生活的日渐优裕，养花弄草之情渐炽，菖蒲也以其颜色翠绿，碧如翡翠，且四季皆绿，散发清逸之气等特性，亦为今人所喜。

日本也是菖蒲产地之一，翻检日本有关菖蒲史料，发现日本倒是完整地继承了我们的菖蒲习俗并且还融入了岛国自己的传统习俗。据日本《石菖蒲玩赏史》介绍，观赏菖蒲，早在宋代就已传入日本，在江户末期达到鼎盛。1307 年，《法然上人绘传》之第四十六幅绘画里，在一株古树前的香炉盆里就栽植有菖蒲，据说这是最早的绘有菖蒲的画作。而室町时期的幕府八代将军足利义政，据说他就"颇爱盆玩，尤好菖蒲"。至江户后期，金太著的《草木奇品家雅见》中，只是关于石菖蒲的记录就多达三十二种。江户末期还有浮世绘师溪斋英泉画的置有金鱼菖蒲园的仕女图画，仕女赏菖蒲、金鱼，优雅风致，动感逼真。

据日本人自己调查表明，悬挂菖蒲用以祛邪的习俗，早在奈良时代的圣武天皇在位期间就由中国传来了。后来武士们争相在端午节挂出菖蒲，为的不仅仅是辟邪，更重要的是日本人喜欢上了"菖蒲"与"尚武"和"胜负"谐音，认为是好意头，故而端午挂菖蒲的习俗得以繁盛并流传下来。今天家里有男孩子的日本人家，仍然要在端午节时以菖蒲饰物装点门面，希望能给孩子带来勇敢、尚武精神。

若说菖蒲之功用，被日本人继承并发扬最彻底的还是泡"菖蒲汤"，此"汤"乃"浴"之意，非是味噌汤的"汤"，也就是洗菖蒲浴。为此，日本人不仅发明了菖蒲香皂、菖蒲香料等洗菖蒲浴用的系列产品，以二十到三十厘米的新鲜菖蒲直接投入浴汤中的泡澡习俗，也是原汁原味地传承下来了。除此，每到端午将近，商家还会推出以菖蒲为主，辅以蝴蝶兰、月季、满天星等组成的花篮出售，各地的菖蒲园也会纷纷推出以菖蒲为主题的迎客活动，让菖蒲文化在端午期间深入日本千家万户。

在日本，提起菖蒲，估计无人不知。但在我国，菖蒲习俗、菖蒲文化虽然也流传下来了，但不可否认的是，还是仅仅局限于南方部分地区和文化人、植物研究专职人员等，而更多的国人对此是基本不知的。唉！似乎倒是又应了中华文化正统传承在异邦的说法儿。

祭舞，蕴含在动中的静

每到七八月份，依恒例，日本列岛由南至北，自东而西，都呈现出一派“祭”的热闹景象。日语里的“祭”，发音类似“马吃力”，本来是祭祀神佛、感谢祖先、祈祷丰收康健的行事，不过，行事到今天，祭祀之意早已趋淡薄，反倒是饮酒欢谈、跳舞唱歌的亲交、欢乐意象占主导地位了。

“祭”，就少不了“祭舞”，而“祭舞”是由日本民歌、民乐伴奏进行的一种传统舞蹈。不过，祭舞表演时，舞者不歌，歌者是在搭建的台子上放喉，或干脆直接播放音乐CD以伴舞。舞者，一般是由和服盛装的数位或十数位欧巴桑领舞，看上去，不像有组织的，倒像是自发，但却是精心的。在锣鼓喧天和高亢的演歌声中，偶然发现那些跳着“祭舞”的欧巴桑们却与这些热闹的声音、气氛正相反。一举手，一投足，在圆润、曼妙的舞姿中，感觉她们是在无声地演绎着日本的“祭文化”。神情专注，舞姿优美，动作娴熟流畅，充满了一种大和韵味的美感。是的，就是无声，甚至可以说是蹑手蹑脚。她们那优雅、舒缓，极尽平稳的动作，仿佛是在动中追求着那神圣的祭祀中“静”之意境。无声，但却尽领风骚地吸引着周围看客的目光，并不时有观客不由自主地加入她们的行列，亦步亦趋地跟随、模仿着这些舞者的曼妙舞姿。

夏祭，一般社区都会请来“和太鼓”队助兴，看和太鼓表演

貌似张牙舞爪，实则小心轻放。

亦然，他们不但击鼓，还要不时腾挪跳跃以助鼓势。看他们跳跃，就好像练过轻功般，轻飘飘的无声无息。固然，这与他们穿的类似于厚袜子的长筒布鞋有关，也与鼓声、歌声掩盖了其他声音有关。虽无声，但看上去，他们却是气势昂然，这时，用借势击鼓倒是最能形容这些鼓手的状态，这里的无声倒是胜有声了。

偶尔也看日本历史剧，尤其是类似于我们的武侠剧，发现武士们在向前冲时的动作很有点意思。只见个个沉腰凝胯，手按腰刀，就像滑稽剧的矮矬小丑般出溜出溜向前跑，无声。即使打斗，无论单打还是群战，虽刀光剑影脚下却也近乎无声，而且，很少腾跃动作，何也？往脚上看，立马忍俊不禁，原来武士们大脚丫子上穿的是趿拉板，抬不起脚，也就只能无声地出溜，自然，与我们的武侠剧相比，在腾挪闪跃飞檐走壁方面就是“云泥之差”（天地之差）了。但唯其静，才更给人一种可怕的压抑感。

能剧是日本的传统剧目，它集杂技、歌曲、舞蹈、滑稽等于一身，辅以面具、服装等道具，表演形式上动作舒缓，是让观众静静地看清演员每一个动作的从发生、发展到结束变化，在静中体味能剧的真髓。因能剧时间一般都很长，那种亢长的静，就让人不耐、烦躁，这也是能剧现在不为年轻人所接受的主因之一。

其实除去这些例子，即使一般的日剧，甚至狂言等，与我们的传统戏剧相比，体现静的场面也明显居多，这大概也是日本民族性之一吧。

不过，倒是也有例外，比如明星演唱会或电视台的综艺搞笑节目等，明星、主持人们就一直前蹿后跳，极尽活跃之能事，全无“静”感。虽是工作需要，但却也透射出了日本人的民族性也在与时俱进地发生着质变这一事实，尤其是当他们需要的时候。

风铃与木屐

风铃与木屐，本不相及，但这两个物件儿，都是唐时传来日本，而且时至今日，又几乎同时成了在岛国只有夏季才能集中得见的风景，连日本人自己都调侃说："风铃和木屐，已是夏季独有的风物诗。"

唐朝《开元天宝遗事》记载：岐王宫中竹林中，悬碎玉片子，每夜闻碎玉子相触声，即知有风，号为"占风铎"。这岐王宫，指的就是杜甫《江南逢李龟年》中"岐王宅里寻常见，崔九堂前几度闻"的岐王李隆范，他是玄宗之弟，以"雅美音律"闻名。他家园子的竹林里挂的那"占风铎"，据说就是中国最早的风铃。

唐人好武，岐王家中的"占风铎"很快就以"悬铃示警"之功用在军事上被广泛使用。而《宋史·礼志》记载：明堂庭树松梓桧，门不设戟，殿角皆垂铃。可见，在宋时，风铃还被用于建筑上了。少了肃杀之气，多了点警惕、和平之意，却还带出了一点风水的意思。风水近宗教，风铃就又悬在了寺庙的檐角，寓意惊觉、欢喜、说法，至此，风铃和佛教又扯上了关系。

风铃最初就是与佛教一道传入日本的。为了区别于绳文时代出土的"土铃"，当时他们称之为"风铎"，是集占风、警醒、美观诸用途于一身的。即使到了现代，看日人去神社、佛寺拜祭，也要先拽一下殿前铃铛以惊醒神祇，这还怕不醒，还要再击掌三

光白的脚丫子套在木屐里，这就是日本的夏季风物诗。

下，是一定要把神弄起来再拜祭的。到了江户后期，风铃摇入寻常百姓家，人们在和式住宅檐角挂风铃以测风，兼具感受清凉之功用。风吹铃鸣，风凉中又透出了一丝风雅来。不过，到了现代，日人行事作风已发展至一切以“不给别人添麻烦”为最优先要旨，而铃声扰人，风凉风雅也就只好让步于行为规则了。想听风铃的悦耳鸣声，也就只好等到每年夏季的风铃展或去神社、佛寺，才能欣赏到那令人心宁安静、神清气爽的摇曳悦耳之风铃舞了。

木屐本我天朝物，是汉代人日常穿着之履。木屐也是唐代时传入日本的，一般日本历史也承认这一史实，但却也有不同声音出现，有些日人拿《古事记》说事儿，说当初为引天照大神从高天原石洞里出来，舞神天钿命就站在桶上跳英格兰踢踏舞，外加脱衣，这舞不能没鞋呀，于是，日本历史学家就据此断定当时舞神一定是穿了木屐跳的脱衣踢踏舞，却忘了那段历史本就属瞎编，倒是应了“谎话说千遍，连自己都信其真”那句话了。陈寿的《三国志》中也曾记载日人“皆徒跣”，陈寿是晋人，由此也佐证了起码晋代时的倭国，尚无鞋可穿。

李白的《梦游天姥吟留别》中有“脚着谢公屐，身登青云梯”。谢公者，南朝诗人谢灵运也。诗中的“谢公屐”就是指谢灵运登山所穿的木屐。由此，醉心于唐文化的日人始称“谢公屐”为“山屐”。平安时代后期，歌人大江匡房的《八月十五夜诗》中有“山屐田衣三五夜，短低帽放游天”传世。前唱后和，浑然天成，这倒是中日间关于“木屐”的一段佳话了。

木屐虽传来日本，但直到江户前期为止，并没有发展太快，一般庶民还是以“草履”为主。到了江户后期，日本木业繁盛，木屐作坊开始大量出现，木屐才成了普及物。只限于雨天出门穿的木屐，在平时晴日也开始穿用了，而且男女皆流行。女人穿了木屐，和服款款，打着红油布伞招摇过市，就显得袅袅婷婷；而男人，木屐配上便装和服，摇扇游于肆坊，就让人想起了永井荷风的《晴日木屐》。也看日本时代剧，江户武士打斗时，因穿木屐，难以腾挪跳跃，惊险度刺激度自然减值。跑起来上身不动，全得靠下身出溜，滑稽之处，也让人莫名想起武大郎来。

战后曾有一段时间，因物质匮乏，日本人只有木屐可穿。拜朝鲜战争爆发所赐，日本军工企业在美国的支持下得以飞速发展，带动了日本经济腾飞，人们也开始穿起了皮鞋。1964 年的东京奥运会，使得日本柏油路得以普及，至此，日本全民换皮鞋，木屐也就彻底进入了“下駄箱”（鞋柜），难得一见天日。若想看看日人穿木屐的样子，还得去舞伎出没的地方守株待“屐”，不过，在和服掩盖下的“木屐”真还不一定得见。

那就唯有一途了，到了夏季，日本列岛除了烟花一路放过来，夏祭一路舞过来，看烟花观夏祭的人中，就能得见穿着轻薄和服，白白的光脚丫子套在木屐里，趿拉趿拉作响，叽叽喳喳的女孩儿们成群结队的风景。当然，同季，在佛寺、神社也能看到美轮美奂的风铃，听到风铃那清纯悦耳的铃声。日本人把风铃和木屐视作夏之风物诗，这个确实可以有。

日本人何以有虫的情结

日本人喜欢昆虫的历史可谓源远流长。据说在日本神话里，神武天皇视察本州岛后说道："吾国的地貌像只蜻蜓嘛"，而后来的《神武天皇之歌》中的一句歌词"この国蜻蛉（あけつ）のようだ"（我们的国土就像蜻蜓一样），则恰是在为神武天皇的玉音作侧证。沿用中国古时叫法，过去日本人也称"蜻蜓"为"蜻蛉"。后来，作为"大和"的枕词（指和歌中，冠于特定词语前用于修饰或调整语句的词语），"あきつ"（秋津岛）开始使用，于是，由音近"蜻蛉"（あけつ）的发音而衍生出的"秋津岛"（あきつ），久而久之，就成了古日本的别名。《古事记》中就称日本本州岛为"大倭丰秋津岛"，而接下来成书的《日本书纪》，也在记载本州岛时称其为"大日本丰秋津岛"。日本古代武士还把蜻蛉视作"胜利之虫"，所以过去他们的武士服、箭矢等武具也多用蜻蛉形象来装饰。"蜻蛉"，据说还是日本文字史上关于昆虫最早的记录。

如果上溯日本人喜爱昆虫的历史，平安时代末期受《源氏物语》影响而编撰的《堤中纳言物语》（编者不详）中的短篇故事"爱虫的姬君"，应该说是既久远又很有影响的了。文中描述按察使大纳言的千金姬君是位不化妆、不染黑齿，也不拔眉毛，而是任凭两条像蚰蜒虫般的眉毛趴在双眼上面的奇女子。她喜欢收集各种吓人的虫子放入笼箱里饲养，其中就包括毛毛虫、螳螂、蜗牛等。姬君尤其喜爱毛毛虫，她平时就把毛毛虫平放在手心终日把玩，那还真就不是一般的趣味了，整个一“女汉子”的形象，连日本学校都把这个短篇故事作为教材收录在古本教科书中，足见其受重视程度。

高桥千剑破在其著作《花鸟风月的日本史》中，认为日本人开始把昆虫作为宠物饲养是始于江户时代，而从日本古代武士把蜻蜓形象融入武具中的做法，以及“爱虫的姬君”中描述的情景来看，日本人喜欢并饲养昆虫却是远远早于江户时期。查了一下资料得知，日本人饲养昆虫的历史传承至今，早已衍生出了“听虫文化”或曰“鸣虫文化”，但基于日本人饲养昆虫种类的事实，总觉得只是“鸣虫”并不能代表日本人喜欢的所有昆虫。倒是明治时期来日的欧洲人小泉八云（后加入日本国籍），由最先的惊诧友邦人爱虫，到自己也喜欢上昆虫，并最后写出随笔《虫的音乐家》来向西方介绍日本的“虫文化”。“虫文化”三字，由此问世。而小泉八云所定义的日本“虫文化”，广义上包含了日本人喜爱的所有昆虫。由此看来，“虫文化”似应比“鸣虫文化”更能体现出日本人完整的虫之情结。

至于日本人喜欢听虫鸣，奈良年间成书的《万叶集》就收录有歌咏蟋蟀的和歌计七首之多。像“庭草に 村雨降りて こほろぎの鳴く声聞けば 秋づきにけり”（庭草骤雨远去，蟋蟀鸣声可闻，原来秋已近），读后，一个人静静地在被秋雨拂过的庭园草丛中聆听蟋蟀通知秋之到来的唯美画面，就跃然眼前了。《古今和歌集》里也有一首“秋風に　ほころびぬらし 藤袴かま つづりさせてふ　きりぎりす鳴く”（蟋蟀鸣叫似自语：秋风绽开朝颜花　宛如缀刺裤袴备冬来）。阅后，蟋蟀瞪着大眼告诉换了秋天和服的人：你的裙裤破了，赶紧缝缝吧。这动人的情景仿佛也展现在眼前了。

《新古今集》里还有一首“きりぎりす　鳴くや霜夜（しもよ）のさむしろに 衣（ころも）かたしき　ひとりかも寝む”（促织絮悲鸣，秋霜伴冷夜，孤影难成双，片袖独自眠）。读罢，伴着蟋蟀的叫声，一个人在霜冷的寒夜，孤寂地枕袖睡在草席上的景象，也很自然地浮现在脑海里。除此，平安时代中期由清少纳言执笔的《枕草子》里，铃虫、松虫、蟋蟀等也纷纷登场。同时期紫式部的《源氏物语》之“铃虫之卷”中，也描述了贵族们捕获铃虫放生庭园，然后边听铃虫的脆鸣，边开宴饮酒的情景。而后来斋藤月岑在江户时代天保年间所著的《东都岁时记》，也谈到在道灌山和御茶水等地就有十多处听虫鸣的地方。日本人在蟋蟀的叫声中感受秋天的到来，在萤火虫的光感里体味着乡愁……最喜欢的，还是江户前期的俳谐大师松尾芭蕉的著名俳句“閑さや岩にしみ入る蝉の声”（幽静呵！蝉声渗入岩石里），只是想象一下那种“蝉声渗入岩石”的意境，就已经让人心醉不已了。作为“鸣虫”的象征版，文部省规定的于 1910 年初出版的《寻常小学课本唱歌》“蟲のこゑ”（虫之歌）的歌词也很有代表性：

1. あれ松蟲が鳴いてゐる。
ちんちろちんちろ　ちんちろりん。
あれ鈴蟲も鳴き出した。
りんりんりんりん　りいんりん。
あきの夜長を鳴き通す
あ　おもしろい蟲のこゑ。
2. きりきりきりきり　きりぎりす。
がちやがちやがちやがちや　くつわ蟲。
あとから馬おひおひついて

ちよんちよんちよんちよん　すいつちよん。
秋の夜長を鳴き通す
あ　おもしろい蟲のこゑ。
1. 哎呀呀，金蟋正在鸣叫
咭嗯咭啰　咭嗯咭啰
哎呀呀，铃虫也鸣叫了起来
铃铃铃铃　铃铃
响彻了秋的漫漫长夜
啊，还真有趣，这虫儿的声音
2. 悉枥悉枥　悉枥悉枥　蟋蟀之声呀
咯嚓咯嚓　咯嚓咯嚓　这纺织娘之声
后面又传来瘠螽的声音
啾啾　啾啾　啾啾　啾啾
响彻了秋的漫漫长夜
啊，还真有趣，这虫儿的声音

这首《虫之歌》几乎可以说是日本鸣虫大全了。

印象最深的还是到了近现代，日本人爱虫依然是乐此不疲，日本近现代小说家德富芦花在其《自然与人生》中，就妙笔生花地描述日本人"听虫如听歌"。散文家东山魁夷描写蝉鸣时把仲夏的蝉鸣谓之"长啸"，而把盛夏之末的蝉叫称为"哀吟"，形象生动而又点明了蝉之短暂的"蝉"生，让人寂寥之意油然而生。散文家宫城道雄则干脆在《四季的情趣》中，把虫鸣的音之高低，甚至相差是半个音还是音略不同，都研究得详详细细，那就不是一般的敏感和纤细了，真怀疑他是否懂虫语。苍蝇人人都讨厌，但耽美的永井荷风，就把自己一部收有十篇美文的随笔命名为《冬天的苍蝇》。当然不是说永井荷风喜欢嗡嗡叫的苍蝇，苍蝇是属于夏季的，而“冬天的苍蝇”就算能活，也更惹人厌，而永井荷风偏偏以《冬天的苍蝇》为题。当然，作者以此为名定有其深意，但只从表象上也让我们看出了日本人对于昆虫类已是发乎自然的关注了。说起苍蝇，日本还有一种一年四季皆有的小苍蝇，专门飞来餐桌争食，虽然人人都讨厌，但日本人却给它起了一个惹人怜爱的名字“コバイ”（小蝇），不看“蝇”字，绝对“卡哇伊”的感觉。如此看来，固然鸣虫是日本人的大爱，而不鸣之虫日本人也是同样喜欢，即使不喜欢的昆虫，也不妨碍他们随时拿来使用，可见，日本人对昆虫类确实是情有独钟的。

上述这些，毕竟主要还是文学作品中记载的日本人对“虫”的记录描写，其实现实生活中日本人把昆虫作为宠物饲养和喜爱虫鸣的例子也是不胜枚举。记得刚来日本不久，偶然在商店的玩具区发现了摆放的硬壳虫、锹形虫等虫类玩具，着实吓了一跳，也第一次感觉到了这日本孩子的趣味还真就不一般。不久，又在宠物商店的玻璃箱里看到了雄赳赳的活硬壳虫、锹形虫等各种昆虫宠物在插标卖首，有买有卖，而且生意兴隆，那就不是少数人的趣味了。本以为是自己少见多怪，不料日本的西方友邦人，对岛国人给昆虫以宠物身份也是大大的惊诧。

对身边的日本人曾经做过一个为什么日本的孩子会喜欢如蜻蜓、硬壳虫、锹形虫、蛐蛐儿等昆虫的调查，结果，一般的回答都是：“蜻蜓漂亮呀，你没听过那令人如醉如痴能滋生无限乡情的童谣歌曲《红蜻蜓》吗？听了，你也会喜欢的呀”云云。而对硬壳虫、锹形虫的回答则多是：“威武、好斗、有武士精神，所以，男孩子特别喜欢。至于蛐蛐儿，它的叫声难道不是像唱歌一样吗？”其实，这些回答基本上都是日本人基于昆虫表象特征而言。相询的一位小学教师曾说过："日本儿童之所以喜欢昆虫，这大概与学校留的假期作业有关。一般日本小学暑假都会留让学生捕捉蜻蜓等昆虫的作业，然后制成标本，在开学时交上去。儿童嘛，好奇心强，抓着捕着，渐渐就喜欢上了昆虫，进而痴迷进去，这就为日本人自小喜欢昆虫打下了基础。"听着就也有其一理。也向一些公司白领询问过日本人喜欢昆虫的原因，他们一般都会略作沉思后歪着头道：听昆虫鸣叫，感受季节的变化，不是很"风流"、很有"风情"的事情吗？还有的干脆就简单地说：听虫鸣，能感受到侘、寂。不觉恍然，原来日本人喜欢昆虫，更重要的是通过听虫鸣，更深层次地感受到那种由寂静中的虫鸣带来的侘、寂之中蕴含着的禅意，从而唤起他们心底里的那种由"蝉噪林愈静，鸟鸣山更幽"而引发的幽玄情绪和物哀意识。

"风流"，日本人定义它是风雅、高雅的意思。在寂静的山野里，微风轻抚，聆听松虫、蝉儿的叫声，日本人就认为是一件很风雅的事情。而"风情"，与我们一样它有着风情的本意，并且蕴含有情趣之意。所以，就像聆听夏日里风铃声一样，倾听铃虫叫声，日本人认为这也是一件很有情趣的事情。不过，听着听着，就引出了细腻善感的日本人的侘、寂情绪来。我们通常把日本人的侘、寂合称为"侘寂"，其实日本人一般都是把它们分开来感受的。"侘"（wabi），在日本是常用来表现茶道之美的，在日本的茶道里，处处充满了侘的禅意。它包含有虽然外表一般但追求质感和美感的意思，侘体现出的就是一种美学，甚或是一种世界观。看日语辞典释义，它有着诸如"闲寂、恬静、惆怅、愁寂、简素、幽暗、枯萎、自然、野趣、幼拙"等诸多既相近又似是而非的含义。而"寂"（sabi），在日语里最初是指随着时间流逝逐渐陈旧、劣化，当然它也有着汉语中的"寂"所表示的没有人声、静谧的意思。在日语里，它也包含了诸如“幽雅、朴素、低沉、苍老、古雅、古旧、古色古香”等众多意思在内，总的来说，“寂”是一种欣赏或怀念旧物之美的态度。有时，日本人也会把“侘寂”连在一起来表达一种残缺之美，它不仅仅包括不完善的、不圆满的、不恒久的等意思，而且还暗含有朴素、寂静、谦逊、自然等意思。所以，我们每每在相询日本人侘、寂之意时，他们都是一副茶壶煮饺子的困惑表情，实则是侘、寂也确实是就如同佛教中的智慧一样，是只能意会而难以言传的，由诸般事物带来的情景、情境所体味出的，因人而异的一种微妙体会。因此，每当日本人聆听虫鸣时，他所感受到的也许是风情，也许是风流，但到最后却都会进入到那种莫名的感叹时光流逝、世事变幻，幽玄、物哀情绪之中。这也算是日本千余年来的固有风习和进化的文化给日本人套上的精神枷锁吧，不过却是日本人心甘情愿钻进去的精神枷锁。

日本人对西方人和日本人的左右大脑分工的不同之处曾做过详细的分析，他们认为，一般来说，人的大脑对音乐、机器声等杂音靠右脑来接收，而作为语言会话则是由左脑来接收处理，在这一点上，日本人与西方人都一样。问题是像母音、哭笑声、叹气声、昆虫和动物的叫声，包括风雨声、波浪声、流水声等自然声音，甚至邦乐器音等，这些，作为杂音，西方人把它们统统归于右脑来处理，因此，虫鸣鸟叫，就像每天听到的汽车引擎声一样，西方人对此已经没有什么反应了，或者干脆就听不到。但日本人却把它们与会话一样，作为语言的声音由左脑来处理，当然，日本人左脑所接收处理的声音就要丰富多彩多了。

为什么在对待一些声音上，日本人和西方人的左右脑处理相悖呢？日本人认为，这是日语中拟音词、拟声词高度发达带来的结果。比如，幼儿刚开始学说话时母亲教给的狗叫“旺旺”、猫叫

"喵喵"、牛叫"哞哞"以及铃虫的"铃铃"、溪流的"哗哗"等。动物和昆虫以及溪流、风、雨等自然音，日本人把它们都作为语言的一部分由负责语言脑也即左脑来处理的。原来如此，日本人自小，不，不仅仅是自小，而且是自古就对鸣虫、动物、自然声等情有独钟，沉浸其中，长久下来，骨子里就会对大自然包括声音、景色产生出强烈的美感。而由各种鸣虫叫声引发的对季节变化的敏感、感触，又深深触动着日本人内心深处那种"侘"与"寂"交错，风情、风雅消逝的情绪变幻。而这一切，都是通过感情丰富的左脑来认识处理的。因此，日本人自豪地说：在广域的世界中，能感觉到鸣虫之声风雅的，只有日本人。

不过据日本史料记载，日本人承认饲养昆虫是源自中国，虽然那时咱只是养了蟋蟀，还是为了让它们互相残杀。日本人还说，世界上能听得懂虫音的只有日本人和中国人，但似乎国人喜欢虫的实在是不多，不觉灵光一现，莫非国人也都是长了个西洋脑？

金鱼与锦鲤的洄游

金鱼起源于中国，具体点说，是起源于中国浙江的嘉兴和杭州附近。因其是由鲫鱼进化而成，故而，过去我们又叫它“金鲫鱼”。关于金鲫鱼最早的文字记录，见于两晋南北朝时期，那时已有了“红鲫鱼”的饲育记录。唐有放生池，出现了红、黄两色鲫鱼在池中放养。进入宋代，金鱼养殖开始进入繁盛时期，而且还出现了金黄、白花、花斑等变种金鱼。作为观赏鱼，金鱼迎来了自己的第一个黄金时期。明代，金鱼养殖已呈普遍化趋势，而作为观赏用的金鱼，也开始进入鱼盆登堂入室了。不过有一点需说明的是，在当时所谓的赏玩金鱼，当然不是指平民，而是那些皇室、贵族士大夫之流。

日本学者松井佳一对金鱼做过系统研究，结果表明，金鱼是在1502年（室町时期）由中国传入日本的，而传入英国是在17世纪，到了18世纪，金鱼已经游遍了欧洲，反倒是美国，直到1874年，鲫鱼才姗姗摇尾而至，大概是路远？而金鱼进化到今天，品种已经由原来单一的鲫鱼色进化成了今天的红、黄、蓝、钻石、花斑等多个极具观赏价值的品种。过去，我们有个年俗，就是过年时买两条金鱼供养上，取其谐音以期求来年“金玉”满堂、年年有余。日本人有样学样，也借中国年俗，给自己发明了一个“金余”的好意头。

如果是一直按照这个良性脉络发展，金鱼在中国本可继续光荣传统，但不幸的是，作为“破四旧”的一环，文化大革命中，金鱼也跟着倒霉了。中国最大养鱼基地浙江养鱼场被破坏，大量金鱼被虐杀，甚至其中非常贵重的“种鱼”，也都被杀光，以至于再也无法恢复原有规模的品种。直到 1978 年 8 月随着《中日和平友好条约》的签订，中日民间交流开始扩大，日本金鱼生产者面向浙江等金鱼养殖基地开始提供大量的技术、种鱼支持。才使得中国金鱼养殖业得以逐渐恢复起来。到了今天，中国金鱼已经又能向欧美、日本出口了。这样，金鱼经由中国传入日本，再由日本洄游至中国，最终又由中国返销至日本及欧美，也算不幸中之大幸吧。

鲤鱼亦然，尤其是锦鲤，现在可算是风靡当今世界的一种高级观赏鱼了，还被称为“水中活宝石”。其实，锦鲤的祖先就是鲤鱼，因其鱼鳞有十字纹理故称锦鲤。说起日本的锦鲤，日本人说从“大昔”（远古）就由中国传入日本了，当然，过去主要是取其食用性。至于后来的观赏用锦鲤，是近代的事儿了。19 世纪在新潟的山古志村，农民在水稻田发现有些鲤鱼有着较光亮的色彩，于是，捕捉回来饲养并使其与其他鲤鱼类杂交，据说，这才是日本真正开始饲养开发锦鲤。当时因农家的趣味杂交进化而生的如红白锦鲤已开始互相买卖了。1914 年在东京博览会上，新潟锦鲤闪亮登场，并呈献给了天皇，于是，锦鲤一炮走红，从此，养殖锦鲤不但能怡情养性、美化环境，而且一旦发现或进化成功了新的罕见锦鲤，还能卖出大价钱。日本人的锦鲤养殖业开始迅速发展起来，到今天，已经发展为十三大类，而每类又分很多品种。所以，也可以说是日本成就了现代的观赏锦鲤，日本也被公认为锦鲤发祥地。

我们近年来在锦鲤发展方面自诩为异军突起，规模直逼日本，但与金鱼一样，却是无数日本锦鲤洄游中国后才有了今天的。国内近有声音与日本争锦鲤源头，以我们拥有千余年锦鲤养殖历史和至今为止日本锦鲤养殖业一家独大的现实，其实争不争那金鱼、锦鲤的原始出处并没什么意思，徒惹业内人士耻笑。

我们自古还有膜拜“鲤鱼跃龙门”的风习，这源自《埤雅·释鱼》：“俗称鱼跃龙门，过而为龙，唯鲤或然。”以期求中举、升官。日本人在江户时期由武家引进这一风习，弄了个“鲤帜”在端午节挂在院子里的竖杆上，以祈愿家里男孩儿出世、健康。明显就没我们的志向远大。不过，由小见大，倒让我们看到了中日两个民族的根性，谁脚踏实地？谁好高骛远呢？

第五辑

饮食文化

“おでん”VS 麻辣烫

“おでん”料理（音近“偶殿”，汉字写作“御田”。为求还原真实感，以下均写作“おでん”）在日本传承已久，按料理方法和使用的器什儿来区分，日本人也称其为“煮物料理”或“锅料理”。是把油豆腐、鱼肉丸子、萝卜等用竹签儿穿成串儿，然后与剥皮鸡蛋、魔芋、海带结等，一起放入老汤里长时间煮的一种烧法。味道虽较为清淡，但营养丰富，因此广受日本人喜爱。

“おでん”的历史说起来话长，据说远在室町时代，日本关东地区的农人们就有了把蔬菜串起来煮食的习俗，当时被称为“煮込み（音近‘你考咪’）田乐”，其实就是“农田边儿炖菜”。日本人凡事儿也爱往远了吹，“おでん”有名了，这种田边炖菜也就被视为了“おでん”的原型，看着就不大靠谱。其实，江户时期1837 年出版的《守贞漫稿》里，日本历史上才第一次有了“上爛おでん”的记载。而且，日本最初的“おでん”不是“煮”而是“烤”的。很简单，江户时期田乐盛行，人们一边儿把豆腐穿成串儿烤一下然后蘸着味噌（日本大酱）吃，一边儿沉迷于田乐之中。后来，大概由于只是豆腐太也单调，于是又加入了魔芋、海带结等。而“烤”也升级为用酱油、砂糖、料酒等制成甜汁，然后把上述食物放于其中煮食。随着这种吃法流行开来，江户街头也开始出现了“おでん”大排档，“おでん燗酒”（おでん、烫热的酒）

的吆喝声同时也在江户的冬夜里此起彼伏起来。“田乐版”“おでん”升级为大排档后继续努力进阶，终于堂皇进入了正宗料理店，成了“御座敷‘おでん’”（为宴会席提供的料理）。当然，“おでん”的内容也更加丰富起来，像牛筋、鲸鱼肉等也都进入了“おでん”的行列。自然，“おでん”这种排档名称也就不适用于正规宴席的称法了，于是，“关东煮”开始堂皇登场。虽然关于“关东煮”的称法有着各种来源版本，但个人觉得说其是“源于‘おでん’的改良版”比较靠谱。这有战时日本陆军的《军队调理法》明确地把源于“おでん”的料理定名为军队用食“关东煮”之记载为证。

1923 年的关东大地震虽然是坏事儿，但借此，关西“おでん”也得以进入关东市场，并使得关东“おでん”在此基础上融合各家之长，形成了适合日本人口味的大众“おでん”。传承至今，几乎日本的所有大排档、居酒屋、便利店都可以吃到正宗的“おでん”了，甚至连超市里都有回家加热后即可食用的速食“おでん”贩卖，而且据说，超市“おでん”已成为了日本家庭主妇料理的“定番”（必备）菜单之一。

中国麻辣烫起源于长江之滨，据说最初是船工、纤夫们创造了麻辣烫这种独特的菜式。纤夫们到了饭口，就在江边支上瓦罐，然后点柴生火烧开江水后，把就地取材的各式野菜放入用花椒、海椒等调理熬制的汤料里涮而食之，这种吃法既可果腹又能驱寒，因此广受欢迎。码头小贩看出商机，便将菜品和炉具略加改造，煮成鲜香四溢的汤锅后置于挑担两头沿江叫卖，而码头工、船工们则围上来买食，为方便食客食用，小贩们把蔬菜、肉类用竹签儿串起来以便食客涮食，据说，这就是麻辣烫的起源。

麻辣烫价廉物美，随着交通发达，也很快如雨后春笋般发展起来，到如今与日本“おでん”一样，已辐射向全国，在各地形成了各种风味、特色的地方麻辣烫。而在川境，其本身也经过数度变身，成功晋级为“重庆火锅”，被誉为重庆火锅的简化版。这倒是与日本“おでん”进阶“关东煮”有着异曲同工之妙。

麻辣烫在如此大好形势下，终于修成正果成为全国人民喜爱的食物链之一。不巧的是，它也被恶德商人盯上了，从此，地沟油、死猪肉、死鱼肉，包括毒辣椒等，纷纷涌入麻辣烫市场，在毒害人们健康的同时也为邻国的综艺节目提供着笑料，让我们这些旅日华人难以阳刚起来。

其实，“おでん”和麻辣烫味道迥异，本不具可比性，但因都是本国的传统食品，又都是穿成串儿煮着吃的，表面上貌似又具备了可比性。不过，传承到今天，二者结局却是截然不同，一个变成了营养丰富的健康料理，一个却部分沦为了“毒食品”，如果非要较量那么一下，麻辣烫也只能落得个意兴阑珊。

駅弁文化

日语中的“弁当”，就是指我们的盒饭。盒饭虽然在上海等都市因生活质量提高和受日本盒饭等诸因素影响已趋于丰富化高级化，但在一般国人意识里，它仍只是为了临时应付肚子而存在的简单的菜加饭之快餐性质。但在邻国日本，它却是人们日常生活中不可或缺的主食之一，甚至，经过百余年的沉淀，盒饭在日本已经形成了一种文化，即所谓的“弁当文化”，而相应的“站弁”(指车站或列车上出售的盒饭)，也形成了“駅弁文化”。

说起日本列车上卖的盒饭，就不得不提一下日本盒饭的由来。日本盒饭称为“弁当”，是由中国古字“便当”而来，它本意是指“便利的东西、方便、顺利”。南宋时期传入日本后，曾以“便道”“辨道”“辨当”等字表记，后来演变为“弁当”，意为方便的快餐，现在专指盒饭。受其影响，“便当”二字，今时在台湾、香港以及内陆某些地区，也已成为了盒饭的代名词，而在日本，火车上或车站卖的盒饭则称之为“駅弁”。

日本列车盒饭发展至今大约已有百年历史，过去与我们一样，日本也是在列车停车时，小商贩们沿车窗叫卖一些饭团等简易食品供旅客食用，这应是日本“駅弁”的雏形。后来因受现代车辆不能轻易开关车窗以及列车高速化带来的停车时间短缩等影响，隔着车窗的叫卖形式渐渐消失，转而由站台或列车上的便当所取代。而正式的“駅弁”首卖日及车站名，虽然有大阪站、上野站和神户站等诸多说法和各种时间存在，但一般以受日本铁道委托，宇都宫白木屋旅馆于1885年7月16日在宇都宫站开通日，贩卖的用竹皮包着的“两个饭团加上萝卜咸菜”的简易盒饭，为日本列车盒饭的首卖日及地点，这一天也被日本人定为“駅弁纪念日”

虽然日本“駅弁”历史自明治时期开通铁路以来仅有百余年，但“駅弁”发展可谓迅猛，尽管初期只是简单的饭团咸菜，但到了明治中后期，随着庶民的生活水平提高，“駅弁”也得到了大力发展，在追求方便的同时，也逐渐开始重视为旅客提供色香味俱全的盒饭。这一时期，受日本普通盒饭诸如旅游便当、戏剧便当、会议便当等影响，车站盒饭的内容也更加丰富多彩起来。“二战”时，这方面资料较少，难以判定盒饭的发展状况，不过，战后，日本进入强劲的快速发展期后，盒饭发展也随之进入了快车道，琳琅满目的各种鱼、肉、蔬菜等车站盒饭，充斥在站前便利店和站台上以及列车内。到了今天，像东京站的极附盒饭，以内装煮栗、莲根、魔芋块、大虾、牡蛎和烤鱿鱼、天妇罗等闻名京城。还有下关站的河豚盒饭、横滨站的烧卖盒饭、鹿儿岛的猪排盒饭、熊本站的殿样盒饭以及各种寿司盒饭、烤牛舌盒饭、牛肉盖浇盒饭等等各种美味盒饭都已成了铁道旅行者们出发前，甚至在制定旅行计划时就已经考虑进去的内容之一。尤其是随着科技的进步，人们随时都能吃到热气腾腾而又美味的盒饭已经成为现实，“駅弁”真正成了人们出行的一种味觉享受。受此影响，日本“駅弁”食品事业也得到了大力发展，专门制造贩卖盒饭的食品工厂，遍布日本全国各地，而且基本上都是24小时不停运转，已经形成了一个庞大的食品产业链，解决了成千上万人的就业问题。据说初来日的中国留学生们除去做料理店服务员和清扫工，有相当一部分就是在盒饭制造工厂打工。而像千叶站的万叶轩，横滨站的崎阳轩等“駅弁”专门制造食品厂，都早已成了地域的中坚企业，影响着地方的经济发展。不仅如此，由于味美以及地方特色，“駅弁”也早已走出车站并在大的百货公司、超市等拥有了一席之地，使得人们不用乘车也能品尝到特色的“駅弁”。

基于“駅弁”的发展，这种融入四季食材，追求营养以及艺术性的“駅弁”，已经形成了一种文化氛围，不仅日本人爱之，即使是旅日外国人也同样爱之。记得在哪本介绍日本食物的书中曾看到过，一个老美说起自己学会使用筷子的经过，居然是因为在列车上面对那么美好的“駅弁”，觉得如果用刀叉手抓食用，简直就是暴殄天物，是必须要用筷子像模像样地认真品尝之食品，所以才下决心学会了使用筷子。

说到介绍食品的书，在日本大大小小的书店，只要你驻足一下，就会发现有数十种关于“便当”的书籍闯入你的眼中，模模糊糊记得曾有一本书介绍说，在日本某地建有弁当资料馆，里面收集有全国各地二千二百多个车站的盒饭资料。看来，“駅弁”文化已经是日本饮食文化的一个重要组成部分。现在，来日本深度游的国人不断增多，真的建议每到一地，一定品尝一下当地的“駅弁”，不仅美味，还可以了解日本各地的饮食文化。

三文鱼的前世今生

前几年回上海探亲，朋友们盛情，饮宴时都会点上一份船形三文鱼刺身。一大木船，山样儿的碎冰上，铺就着片片粉红或橘黄色的三文鱼，配以裙带菜、萝卜丝、山葵泥等，看着就足够“高大上”了。南风北渐，不知不觉中，这两年回北方探亲，老家的亲友们也与上海一样，每逢饮宴也是一定要点上“一船”这样“高大上”刺身以表盛情。感慨国内的与时俱进之快，感激亲友盛情的同时，却也感到了国人追求日本生鱼片时尚的盲目性。

三文鱼，过去我们一般称它为撒蒙鱼、北鳟鱼、罗锅鱼和大马哈鱼等，至于三文鱼的学名“鲑鱼”，那是日本人的通用叫法儿。三文鱼是一种齿尖背隆、细鳞色银、脂厚肉红的鱼种，主要分布在欧洲、美洲北部和亚洲一些区域，其中以挪威产量为最大，阿拉斯加和英格兰的质量为最优。三文鱼是溯河洄游性鱼类，每年秋季一到，就会成群结队地从海洋洄游进入江河产卵，所以，也可以说三文鱼是一种江海两栖鱼种。也因此，不同于其他适于做生鱼片的深海鱼类，三文鱼从深海到浅海再到江河，因江河易污染，所以，三文鱼也不可避免地携带有大量对人体有害的寄生虫。烹调中把它用于烧、炖、蒸、酱等还好，这些过程中三文鱼体内的寄生虫会被灭杀。而国人现在赶时髦吃的三文鱼刺身，却似乎忽略了寄生虫问题。众所周知，日本人是最喜欢刺身的，但在日本的正宗“日料”店里，却很少有三文鱼刺身卖，原因无外是重视健康养生的日本人更了解三文鱼的寄生虫问题，但这也并不是说日本人不喜欢三文鱼，相反，在日本，腌制、熏制以及煎煮的三文鱼，都是不可或缺的桌上餐，尤其是早餐，一块煎三文鱼，配上米饭、小咸菜、味噌汤，那就是日本人的最爱。同样，以熟鲑鱼为馅握制出的鲑鱼饭团，也是日本人最喜爱的饭团之一。除此以外，鲑鱼和豆腐炖在一起的石狩锅、盐烤鲑鱼、黄油烤三文鱼、芝士蒸三文鱼、熏鲑鱼以及鲑鱼罐头等，都是日本人喜欢的三文鱼食法。如果一定要吃三文鱼刺身，卫生管理部门也有明文规定，店家一定要使用经冷冻后再解冻的鲑鱼，以保证三文鱼的寄生虫已被完全杀死。

查了一下资料，感觉国内对三文鱼的介绍基本都是报喜不报忧，只强调其益处，像什么吃三文鱼刺身可以健脾胃、补疲劳、治水肿、改善消化不良。除此，还能有效降低血脂和血胆固醇、防治心血管疾病。其所含的脂肪酸更是益脑健眼，增强脑功能，防止老年痴呆症等等。看着这些介绍，感觉三文鱼就像灵丹妙药一样了。而关于三文鱼的坏处，只是泛泛地指出三文鱼宜熟食，生食易引发寄生虫感染，从而引起腹痛和过敏云云，严重者可导致死亡则只字未提。《饮食男女》月刊公开评选十大最受欢迎生鱼片的结果显示，三文鱼排在首位，可见，国人对三文鱼中毒之深。其实，除去真正喜欢的，更多的还是跟风，追求“高大上”，这才是三文鱼成为最受欢迎生鱼片的主要原因。

东北人把三文鱼叫作大马哈鱼，记得小时候母亲把大马哈鱼腌制后冻起来，食用时切成骰子状小块儿，然后油煎食用。先腌后煎，其间还要让它在数九寒天里一直冻着，那寄生虫就是想不死都难。最近流行“舌尖上的中国”，在黑龙江篇里就有“锅贴饼子煎大马哈鱼”，过去是因为穷吃不起别的而发明的吃法，时过境迁，今天却成了一道靓丽的代表东北健康菜肴的名菜。歪打正着，这传统的吃法倒是既卫生又有利健康呢。

刺身的出处

“说刺身是从中国传来的，日本人也许会不服，但可能性很大。”这是被司马辽太郎称赞说“以外族人折服日本的只有陈舜臣”的旅日华裔作家陈舜臣，在其《日本人与中国人》中提到中国刺身消失时的一段话。

刺身，是用训读汉字书写的形式，汉字则写作“脍”。而“脍”字，没得说，那是正宗中国造了。《说文》释其义为“脍，细切肉也”。《礼记·内则》则解释为“肉腥细者为脍”。《汉书·东方朔传》更是简洁干脆地称“生肉为脍”。而《论语·乡党》则用“食不厌精，脍不厌细”形象地说出了“脍”的“细切”。至于张昭远在《旧唐书》中的“飞刀脍鲤”则更是形象生动地描述了一出制作鲤鱼生鱼片的景象，看起来，单论一个“脍”字，日本刺身就已难脱出自中国之嫌。

我们考古时曾经挖出了周宣王五年（公元前823年）的青铜器“兮甲盘”，其铭文就记载着，宣王手下大将尹吉甫于彭衙迎击猃狁凯旋时，设的庆功宴主菜就是烧甲鱼和生鲤鱼片。《诗经·小雅·六月》也记载了这件事，谓曰：“饮御诸友，炰鳖脍鲤”，这里的“脍鲤”就是指生鲤鱼片。《礼记》也有“脍，春用葱，秋用芥”来记述当时生鱼片的吃法。而据《吴越春秋·阖闾内传》记载，吴军攻破楚郢都后，吴王阖闾也曾设鱼脍席慰劳伍子胥。据说，东汉末年三国时期广陵太守陈登尤好生鱼片，直到吃得腹中生出寄生虫，才惶惶然去找华佗治病，不过陈太守没记性，病愈后照吃生鱼片，直至最终把自己吃蹬腿了账才算罢了。同一时期，能作“七步诗”的曹植也好生鱼片，他的《名都篇》里就有“脍鲤臇胎虾，炮鳖炙熊蹯”。这里的“脍鲤臇胎虾”就是说生鱼片蘸着小虾酱吃，而“炮鳖炙熊蹯”自然就是烧王八烤熊掌了，可见，那时，咱就有如此硬菜儿享用了。南北朝时，出现了被称为“金齑玉脍”的吃法儿，北魏贾思勰的《齐民要术》里详细介绍了其做法，用蒜、姜、橘、白梅、熟栗黄、粳米饭、盐和酱八种料制成“八和齑”用来蘸鱼脍生食，这已足证，斯时，中国鱼脍料理已经开始重视佐料了。隋唐五代时，隋炀帝曾赞：“所谓金齑玉脍，东南佳味也。”原来这位暴君是也喜欢鱼脍料理的。唐代是我国古代食用生鱼片的高峰期，王维在《洛阳女儿行》诗中有道：“侍女金盘脍鲤鱼”。王昌龄的《送程六》诗曰：“青鱼雪落脍橙虀”，白居易的《轻肥》中也有“脍切天池鳞”之佳句。而据说，生鱼片就是在这一时期通过遣唐使传入日本的。到了宋朝，光是文献中记载的鱼脍料理就多达三十八种，如鱼鳔二色脍、鲫鱼脍、红丝水晶脍等等。当时的名流如欧阳修、苏轼、陆游等，也都喜食鱼生，据查证，他们现存的与鱼脍有关的诗词就分别有十三首和三十七首之多。苏轼的《将之湖州戏赠莘老》，列举了湖州的美味，其中一句“吴儿脍缕薄欲飞”，就是指湖州的生鱼片。陆游《秋郊有怀四首》提到“缕飞绿鲫脍，花簇赪鲤鲊”，又有《醉中怀江湖旧游偶作短歌》写道“野鱼可脍菰可烹”。看来，宋朝的鱼生已经吃出了一定的境界。金元时期，虽是少数民族入主中原，但据元朝宫廷史记载，当时的宫内亦流行吃鱼脍。明代刘伯温在《多能鄙事》中，曾详述过生鱼片的做法：“鱼不拘大小，以鲜活为上，去头尾、肚皮，薄切摊白纸上晾片时，细切为丝，以萝卜细剁姜丝拌鱼入碟，杂以生菜、芥辣、醋浇。”由此可见，当时的生鱼片料理已与现代日本刺身很接近了。不过可惜的是，到清代，虽然仍有吃生鱼片的地域存在，但观整个明清历史，生鱼片在我国渐趋式微已是不争的事实。

据陈舜臣先生讲，他宴请国人朋友，请他们生吃牛肉片时，一开始朋友都是大摇其头，不肯动筷，每当此时，陈先生就把《礼记·内则》里记载的“把牛肉切薄，浸好酒，第二天生食之”搬出来说服国人朋友。而不吃生鱼片亦是同法炮制，陈先生录出宋代梅尧臣的“我家少妇磨宝刀，破鳞奋鳍如欲飞，萧萧云叶落盘面，粟粟霜卜为缕衣”来说事儿。细品此诗中所述生鱼片做法，那简直就是日本刺身的原型了，看来，日本人想不承认生鱼片源自中国都难，那证据可是纵贯了中国各个历史时期的。只不过在中国历代王朝都趋向于农耕文化，而不重视海洋发展，致使海鱼鱼脍未能流传下来，而内陆淡水鱼不但缺乏海鱼的鲜美味道，体内又易滋生寄生虫，据说曾引发过大面积寄生虫病，因此，生鱼片在中国渐趋式微，以致后来几近于无。而邻国日本，虽然直到应永三年（1399 年），才在《铃鹿家纪》中出现了“刺身”的记载，但经过数百年的发展，日本人以其细致、精工，终于打造出了足以代表日本称雄世界的美味精致刺身料理，不仅在西方广受欢迎，近年来更是热卖国内，看起来，这又是日本演的一出青出于蓝的好戏。

清酒里的中国元素

说起日本酒的酿造史，日本人总是首先强调：虽然有公元前4800年左右，中国扬子江流域的米酒酿造技术随稻作文化一道传入日本一说，但因有各种各样的不可解之点，因此，此一说在日本国内几乎没有得到过支持，云云。尤其到了今天，日本酒扬名世界，日本人就更不愿承认与中国有什么瓜葛了。“有各种各样不可解之点”这一说法，本身就涉嫌暧昧，缺乏立论根据，但倒也足证日本人力图澄清日本酒的酿造与中国有瓜葛之意图了。

不过，日本人也确实无奈，欲证明日本酒的传承久远却又撇不开中国史料。比如：在介绍日本酒的历史时，就以公元一世纪的中国哲学著作《论衡》中之“成王时，越裳献雉，倭人贡鬯”来证明日本在周成王（公元前1000年左右）时期，列岛内的什么地方就可能存在着酒了。盖因“鬯草者，乃用酒泡的药草耳”。还有一个能证明日本早已有酒存在的是《三国志·魏志·倭人传》中“人性嗜酒”之记述。斯时，日本人还处于茹毛饮血时代，没有文字，因此，也只能靠我们的史料来说事儿。

这是从史料方面来看的，如果从酿制方法来看，关于稻作文化由中国传来日本，日本人似乎也并无异议。那么，随着稻作文化传入日本，以糯米酿制的米酒技术也同时被传入日本，似乎亦是顺理成章。日本的考古学家们，还在挖掘出的公元前1000年前

瞅什么瞅，赶紧上中国江南米酒。

后的绳文式竖穴里，发现了类似中国古代造酒用的“酒坑”。而在其中发现的发酵用植物，日本考古学家认为乃是重大发现，因为这是第一次在日本本土发现制作酵母的原料、场地。日本酿酒人（藏人）均尊的酒神为松尾之神，而松尾之神的出处，据说却是为避祸而远逃东瀛的秦人（秦始皇后裔）把米曲酿酒法带到日本后，在落脚地京都松尾山把松尾山神尊奉为“日本第一酒造神”的。由此，似乎就可以说，米曲造酒才是日本酒的源头。

日本称酿酒人为“藏人”，而藏人的头儿又被尊称为“杜氏”（纪念酒神杜康）。每年酿酒季伊始，藏人们拜祭的酒神是始皇后裔造出并捧红的松尾之神，酿出的酒更是溢满了中国文化。比方说：日本酒“松竹梅”就是把我们“岁寒三友”之深意，融入日本传统迎接元旦的门前、玄关装饰的喜庆之意中，而定下的酒名。日本还有一种清酒叫“上善若水”，取自《道德经》，只是酒名就已经令我辈跃跃欲试细品之了。长野县信州大泽酒造，还以《庄子·内篇》中“人莫鉴于流水，而鉴于止水”的，推出了一款“明镜止水”清酒，恐怕老庄再生，也要来上一壶再逍遥了。拥有三百年历史的铭酿株式会社，早在1835年就酿出了“七贤”清酒，此酒就是酒厂老板在观竹林七贤饮酒图时顿生灵感而创出的品牌。无独有偶，冈山县丸本酒造的铭柄叫“竹林”，倒是与“七贤”相映成趣。若能点上几味可口小菜，然后左一杯“竹林”，右一杯“七贤”，只是想想那份意境，若刘伶重生，估计也愿意再喝死几回。久保田清酒，无疑是清酒里的铭柄了，酿造它的朝日酒造十分有趣，他们酿制的久保田，只要是带包装盒的酒款里，盒子里必印有李白的《月下独酌》。不过，以酒仙来定位日本酒最彻底的，当属岛根县的李白酒造了，厂名就直接“李白”了。而且非止于此，日本人意犹未尽地又以李白新婚时在白兆山桃花岩度过的那段美满生活原型，酿出了名为“桃花仙人”的清酒来。除此，“李白·纯米酒”、“李白·笑而不答”烧酒，也都是该酒厂的得意之作。这家酒厂还有一个叫“得月”的清酒系列，乃取自范仲淹的趣事“近水楼台先得月”之典故，就让这清酒更透出了几分中华古韵。

其实，日本人大可不必担心我们与其争什么清酒源头，相反，我们还会充满感激之情，感谢那些把中国文化、中国元素融入、体现在日本酒里的藏人们。当我们以可口的刺身、枝豆等佐酒，享受着“上善若水”“松竹梅”时，中国文化与日本酒文化奇妙地结合在一个快意的氛围里，微醺的酒饕我辈，内心还是对日本民族对中华文化的保全、发扬充满了感激之情的。

小学的给食制度

借学校举行的家长教学参观活动之机，有幸从头至尾观看了一次日本小学的集体午餐流程。参观中，不时被一个个亮点打动；参观后，回思起来，亦是感触良多……

中午，随着给食（配餐）中心的送餐车到来，整个学校就进入了有条不紊的午餐准备中，具体到班级，先是学生们按四至六人一组，把自己的桌椅凑到一起拼成餐桌，同时，班级的五六位“给食当番”（配餐担当）学生头戴白三角巾，身穿白大褂，系着围裙，分别按分饭、分汤、分牛奶等各就各位。接下来，学生们排队领餐、就座，然后按日本餐桌习俗，整齐的一声“我要开动了”（含领受、感恩之意）后，开始就餐。当然，班主任也和学生们一起吃一样的饭食，其间师生互动其乐融融。饭后，老师和学生们一起自觉而又有序地收拾、打扫，把教室还原成上课时的样子。虽然看着不难，但那看似简单的过程，还是让我们发现了一些闪光点。比如，整个午餐过程中学生们体现出来的自觉性、纪律性，融培养学生的生活能力于餐食之中等。

由学校提供的每周“献立”（菜单）表，我们还看到了日本学校配餐不仅仅注重营养搭配，而且还很重视食材选择的地域性。注重让孩子们享受健康美味食品的同时，还能接受到地理、人文、饮食风俗等教育。除此之外，学校还定时组织学生们参观“给食中心”（配餐制作工厂）的餐食制作流程，以培养学生们珍惜粮食，感恩劳作的思想意识。一个看似简单的午餐，却能让孩子们每天受到一次多方面的教育，这让我们切实感受到了日本教育制度的用心良苦和未雨绸缪之处。

明治二十二年（1889年），建立了日本山形县鹤岗町私立忠爱小学的大和尚们，开始为带不起午餐上学的孩子们提供饭团、烤鱼、咸菜，这被视为日本学校给食制度（集体供餐制度）的开始，忠爱小学还为此特立了“给食开始学校”之碑以资纪念。从那时起，日本学校给食习俗的星星之火开始渐渐燎往日本列岛各地。接下来，经数十年发展，至1952年政府决定负担一半学校给食费用开始，日本学校给食制度发生了质的飞跃。到了1954年，国家颁布了《学校给食法》，明确提出了把“给食”作为教育的一环来实施。要求通过合理膳食来促进下一代健康，努力使学生加深对日本饮食生活的理解力，培养理想的饮食习惯，通过给食的各个环节之延伸意义，锻炼学生社交与协作能力，尊重生命与自然，爱护环境，尊重劳动，理解传统饮食文化，正确认识食品生产、流通与消费等等。除此，日本还于2005年出台了《给食教育基本法》，此法明确提出，“供餐教育，对所有年龄段国民都是必要的。特别是青少年的供餐教育，对其身心发展与人格形成具有重大影响，是培养青少年身心健康，形成丰富人性之基础。”由这些政府出台的强力规定，足见日本人对“给食制度”发展之重视。

即使不看过程只重结果，我们也不难看出，经过近百年的日本政府和民间的共同努力，日本人的体质有目共睹地发生了天翻地覆的变化。以如今日本人的身高、健康度、长寿等综合考量，日本人早已摘去了“小日本”的帽子，正以一个健康、长寿、高大的形象傲视世界。这还仅仅是指通过给食教育营养饮食使得日本人体质方面发生的变化，而借此让日本人的综合素质同时得以大幅提高，身心两方面都得到完美完善，才是给食制度给日本人带来的最大益处。

日本牛是如何变牛的

我们知道，自公元675年天武天皇发布“肉食禁止令”始，日本禁食牛肉长达一千三百多年，是明治西化才使得牛肉解禁。而后，仅仅经过了百余年的发展，现今儿的日本三大和牛（松坂牛、近江牛和但马牛），就已成为了名扬海外享誉世界的“名牛”。那么，日本又是如何使得当年那又瘦又矮明显营养不良的日本牛，变成今天的肥瘦适中、纹理清晰、口感一流、令整个地球人都馋涎欲滴的名牛的呢？这就要从日本牛的历史说起了。

据日本《牛肉的历史》介绍，两千年前的日本人也杀牛食用，而且非只牛，鸡羊猴狗也都通吃。不过，普通日本人的这种幸福生活到了公元675年被彻底改变了。受传自我国佛教的不杀生戒律影响，当时的日本皇室、政府及贵族等普遍崇尚食素。当时，天武天皇更是颁布了一个“肉食禁止令”来约束人们食肉。接下来不久的公元741年，当时的圣武天皇又发布了“杀牛马者，杖百”的刑律。至此，怕挨揍，普通日本人彻底断掉了食牛肉的口福。不过，这只是指普通人，据说在一些贵族之间，吃牛肉被视为大补，因此，贵族食肉习俗也被一直延续了下来。安土桃山时期来日的葡萄牙传教士，在他们的《记事》中就记述有“日本和尚虽然表面不吃肉，其实私下里还是吃肉的”等。感觉与我们的“酒肉穿肠过”有点异曲同工了，只是不知日本和尚的“心中”是否留下有佛祖呢。据说即使是最避讳牛肉的江户时代，在江户市中心的“兽肉屋”里，也有牛肉卖，不过，不是作为食用肉，而是被当作“滋补强壮药”来卖的，看来，这日本人的另类指鹿为马之暧昧功夫还真就是源远流长。江户时期《忠臣藏》里有名的浪人义士大石内藏助，就曾以补药之名赠弥兵卫以牛肉。就连幕末幕府大佬井伊直弼被暗杀，也有着是因井伊家不给水户德川家献上大名鼎鼎的“味噌腌牛肉”之说存在。可见，牛肉在古代日本的上层社会是从未被禁绝过的，只是可怜了普通众生千余年不识牛滋味。

据说当年佩里率“黑船来航”，在下关叩关时，曾要求日本政府提供二百只鸡和六十头牛。当日本人终于弄明白了佩里要六十头牛是要食用时，不由勃然大怒：“牛乃吉祥仁兽，尔等竟欲食之，‘达麦’（不行）。”美国人无奈，只好以鱼肉充饥，不久撤舰快快而归。由此，也说明了一个问题，即，百年前的普通日本人还是不肯食用牛肉的。盼星星，盼月亮，普通日本人千余年来直到熬到了这一天，东瀛出了个睦人兄（明治天皇登基前用名）时，才得以重识牛肉滋味。

曾几何时，明治西化，一切向西看齐，明治天皇更是带头吃起牛肉。一时间，江户城内牛锅店如雨后春笋般冒出。日本有一位作家假名垣鲁文写了一部《安愚乐锅》，曾一时热销坊间。“安愚乐”，即“盘腿坐”之意，日语汉字也写作“胡坐”，所以，“安愚乐锅”即指“盘腿坐着吃的牛肉火锅”。《安愚乐锅》描写的是牛肉火锅店里形形色色的顾客们之言论、形境，读来颇似我们清末民初的社会缩影，而牛肉锅之所以在当时的江户火起来，据说也是因了此书中的一句“不吃牛肉就是不开化的家伙”之故。从此，为了不被人视为腐朽，人人争吃牛肉锅。

自此，日本人对于牛肉，对于牛，以他们特有的精细、勤勉开始了改良研究。为了优化品种，先是让日本牛与西方牛杂交，经过努力，解决了日本牛的个头儿问题后，又开始设法优化日本牛的肉质。当然，给牛提供舒适的生活环境那是必须的了，牛养殖场宽敞明亮空气清新，活动牧场更是蓝天白云绿草如茵，如此环境，牛想发点牛脾气都难。而在牛的饮食上日本人也是煞费苦心，比如，大名鼎鼎的松坂牛，为使其肉质嫩滑、肥瘦均匀纹理分明，就有定期享受按摩和饮啤酒的待遇。不过，想象着日本人温柔地给牛按摩喂饮啤酒，而目的却是为了以使其油脂分布均匀以利食用，就有点不寒而栗。除此，日本牛平时的食料也是以稻壳、麦秆等制作成的营养丰富的饲料。而且，日本人还根据各地特色的不同，培育出了近江牛、但马牛以及飞驒牛、神户牛等鼎鼎名牛。在日本，即便是非名牛的普通黑毛和牛，与欧美、澳新等地牛肉相比，也不知好了几多倍。所以，今天的日本牛可以说早已是扬名海外，即使是在我邦的“日料”店，也以能吃上一回正宗的日本牛而津津乐道。日本牛，是真的牛起来了。

日本饭团

最近，日本网站对首都圈便利店最受欢迎的饭团做了一个排名调查，结果排在前十位的头五名依次是“手卷鲔鱼美乃滋饭团”“手卷红鲑鱼饭团”“直卷鸡肉五目饭团”“烧猪肉炒饭饭团”和“直卷日高昆布饭团”。

说起这日本饭团，汉字写作“御握り”（音近“欧尼给力”），不过，吃了倒是确实给力。家庭主妇们又叫它“御結び”（音近“奥姆斯比”）或“握り御飯”（音近“你给力高喊”）。日本人遇事儿也爱求证个本源，据考，1987 年底日本考古学家们，在弥生时代后期留下的杉谷遗迹（石川县鹿岛郡）中，挖出了类似米粒的块状碳化物，而且，经研究后，证实是由人手握成的块状米，当时曾热报这是日本最早的饭团。接着，2009 年又在北金目塚越遗址（神奈川县平塚市），挖出了据说是古坟时期的块状米碳化物，而且还是放在当时的“便当盒”（饭盒）里的，这被视为日本最早的饭团盒饭。不过，日本人自己又说，饭团的直接起源应是由平安时代的“顿食”开始，是用糯米蒸就的椭圆形大个饭团。看来，日本人把饭团溯本求源那么久远，似乎自己底气倒并不是很足。

提起饭团，人们首先会联想到海苔，这是因为日式饭团基本都是由海苔包裹后销售的，而使用海苔制作饭团则是始于元禄时期，取其既有营养又不沾手的特性。1885 年 7 月 16 日，日本铁道开通，在宇都宫车站首卖的盒饭，就是由两个用海苔包着的饭团配上几片咸菜组成。

日式饭团发展到今天，尤其是自1970年代便利店出现以后，饭团就成了便利店最重要的主打商品之一。而且不但便利店抓住了饭团的商机，近年来，连日本超市也都加入了饭团的竞争行列。在首都圈调查中，排在前十名后五位的饭团还有“手卷饭团紫鱼松”“金色鲑鱼卵渍酱油饭团”“手卷辛子明太子饭团”“美乃滋海底鸡饭团”和“手卷纪州南梅高梅紫苏饭团”。除去这十种畅销饭团，尚有五花八门的拥有地方特色风味的饭团。比如，居酒屋的酱油味烤饭团，日式汉堡店的饭团汉堡和自古传承下来的由日本家庭主妇握制的饭团等。受这些利好因素影响，现今的饭团不仅营养丰富老少咸宜，而且无论种类、样式都可谓是琳琅满目了。

日本的饭团产业早已形成了一个巨大的产业链，饭团的制作工厂、大小作坊也早已遍布全日本，甚至，几乎都是二十四小时工作制，饭团行业在为人们制作美味“欧尼给力”的同时，也为日本政府提供了大量的就业机会。日本饭团大致分为机器制作和手工握制两种。大批量的机器制饭团是为了满足需要，而手工握制的仍占有一席之地，那则是因为日本人想从手工握制的饭团中吃出当年小时候的“母亲味”来，是在品味一种亲情……

饭团之所以在今天大受欢迎，不仅只是因为它方便、快捷的特性，更多的是出于日本人对健康的重视，对大部分速食食品以及汉堡等洋快餐的热量比太高的质疑，使得人们对主要以米饭和海苔加少量馅料的饭团，情有独钟。何况在今天流行的饭团咖啡馆甚至便利店，商家们也都努力地以各具特色的手工饭团争胜。如此，人们吃着这样的饭团，就能在得到快捷、方便和营养的同时，还能体会到一种淡淡的家庭温馨，“欧尼给力”呀。

无法模拟的鱼食文化

虽然日本人说他们的食鱼历史可以上溯到一万年前，但一万年太久，据我们所知道的有文字记载的是，自从天武天皇（673—686）颁布肉食禁令以来，直到明治时期解禁牛肉为止，千余年来，也号称自己是农耕文化的日本民族确是靠鱼虾过活至今的。其实，岛国处于茫茫大海之中，形成一种食鱼文化本就是历史的必然，日本人自豪地称之为“鱼食文化”。不明就里倒是容易吓一大跳，错把“食鱼”当作“鱼食儿”，却是谬之千里也。

日本人把捕鱼技术和鱼的处理加工，以及鱼料理方法等传承至今的关于鱼的所有知识、智慧，总称为鱼食文化。《鱼文化志》《鱼杂学》《鱼风土记》《鱼料理的窍门》等种类繁多的关于鱼的书籍，把鱼的历史、由来、鱼名以及咏鱼诗歌、俳句，形成的谚语、俚语和料理技巧囊括而尽。如此经过千余年来沉淀形成的食鱼文化，以日本人的用心、投入的行事方式，发展而不断提纯的鱼料理精髓，其内涵之丰富，却绝不是吃几次刺身、寿司就能心领神会的。

距东京银座数寄屋桥不远的地下，有一家只有十个座位的寿司店，这家店在东京却是大大有名，虽算不上是百年老店，却也不远矣。因为八十几岁的老店主，仅靠自己的一双浸淫此道五十年的魔法之手，就抓住了东京人的胃袋儿。据说此老为了保证自己的一双手对鱼的细腻触感，竟然五十年来连平时都坚持戴着手套。为了保证来店食客能吃到自己亲手做出来的寿司，放弃开分店发财的机会，而坚持在银座的地下蜗居五十载。这就是日本“职人”的执着。其实，如拉面屋、居酒屋、天妇罗店等，这类为坚持正宗而经营几十上百年的店铺在日本随处可见，让老顾客永远能吃到原味的料理。偶尔在上海北京，馋极了，也去那里的日本料理店打打牙祭，但吃着那实习个三两周就上台操刀的年轻人料理的鱼生寿司，虽不能说是味同嚼蜡，但最多只能说聊胜于无。也无法，与浸淫此道数十年的日本厨师相比，又岂是三两周、三两月之功就能模仿出来的。

其实，所有日本人都认为，鱼，早已融入了日本文化之中。日本人杀“鱼”如麻，那是因为他们的食桌上是无鱼不欢。非但吃，就连成人式、结婚式上，也都要供上头尾俱全、寓意发财幸福的鲷鱼，来祈求美好未来。日本人信仰的七福神之一的惠比寿神，也是一手持鲷鱼，一首持钓竿的钓翁形象。过去，没有泡沫真空包装，日本人卖干鱼时，就用塑料布把晒干的鱼包上贩卖，看起来就比光不出溜木乃伊状的干鱼卖相好，显得漂亮。这事儿干得有点文化，于是，日本人把这种干鱼美其名曰“文化干し”，如此，吃条咸干鱼就透着有那么点文化了，咸干鱼的“文化干”之名也就一称至今。

离东京银座不远，就是世界最大的鲜鱼集散地——筑地，面积约有四十三个足球场大，这里的鲜鱼年吞吐量占了全世界的五分之一。在这里，不仅能看到鲜鱼上市的热闹场景，还能品尝到正宗的鲜鱼料理。也由此，在这里所见到的“鱼职人”们都是一副自豪满足的样子，因为无论是买卖鲜鱼还是料理鲜鱼，他们都站在世界鱼市场的最前端，筑地鱼市场成为东京的观光名胜，那绝不是浪得虚名。但逛筑地鱼市，要记得的是，在鱼职人面前，千万不要说这里是观光地，鱼职人们是绝对不喜欢人们只把这里当作旅游景点的。

石原慎太郎在任东京市长时，提出申办2020年奥运会，以此为契机，此老计划把筑地鲜鱼市场挪到东京湾的人造岛上。此事虽还未最终确定，但若一旦施行了，无可否认，东京人的筑地情结，筑地的地气儿、氛围以及一些鱼文化传承，都将受到严重打击，因为有些东西是迁移不走的，人工岛也是注定无法全部模拟筑地的，这败家老头儿。

岛国地鸡

去居酒屋，门前看板上大字隆重推介“比内地鸡”，价格不菲（每串是普通烤鸡串的两倍以上），而且还限量，每人只能点两串，端的是“牛鸡”也。好奇心顿起，携友进店、落座，点扎啤、比内地鸡。不一会儿，扎啤、鸡串到，扎啤就不说了，不过，那两串躺在黑色长方形小碟上，看着白里透焦、大而且嫩的烤鸡串却瞬间吸引住了我的眼球。没说的，就冲这比一般烤鸡串大一倍的个头，冲这通体香喷喷的卖相，足值当回大头。

点了盐味儿和酱味儿各一串（日本酒馆一般都提供盐味儿和酱味儿两种味道烤物），迫不及待地操起盐味鸡串，“吭哧”一口下去，鲜嫩、香滑瞬间溢满口中，“熬咦细（好吃）”三字不禁脱口而出，再“咕咚”灌下一口扎啤，那份美妙的口感就简直是无可言喻了。接着，又撩起酱味儿的塞入口中，只觉入口处，一股浓郁的酱味沉香瞬间传遍味蕾，同样是细嫩香滑，但却是又一种让人流连的口感。人间至味直如斯，这一刻，直觉得托生在地球而且来到日本，实在是太正确太幸福了。接下来，风卷残云，两串比内地鸡下肚，借酒劲儿，磨叽店长，与友终于又各骗到两串，加上其他爽口小菜，是夜，我与友人因烤鸡串而醉，至酩酊才归。

大抵少见世面如我者，尤怕被人耻笑寡闻，于是，醒酒后就开始收集日本地鸡资料，才知道日本地鸡也称“地鸟”，从饲养方法来看，大概与国内南方的柴鸡、土鸡和东北的小笨鸡相类似。那么，何为地鸡呢？日本《JAS法》规定：日本地鸡首先必须拥有不得低于50%的日本鸡血统。其次，饲养周期必须超过八十天。最后，也是最重要的就是“平地养殖”（地鸡的“地”，不是指代表地域的地方，而是指地面），即自然放养。而且每平米土地只能放养不超过十只且出生二十八天以后的地鸡。满足上述三个条件，才可以称为“地鸡”。如此饲养出来的地鸡，无论是取汤、烧烤，还是火锅、刺身等各种料理方法，入口都能明显感觉到与普通鸡肉的味道之差别。因此，日本地鸡就以其肉质鲜嫩、风味浓郁而享誉市场，虽然价格不菲，但追捧者却是甚众，当然也包括后来的我，心甘情愿地成了追“鸡”一族。

“鸡”怕“香嫩”猪怕壮，地鸡以鲜嫩味美出了名，日本各地就也都跟风开发本地地鸡，于是乎，各地都有了自己的地鸡，不过，最出名的当属所谓的“日本三大地鸡”，即秋田县的“比内地鸡”、茨城县的“奥久兹斗地鸡”和爱知县的名古屋“交趾地鸡”。如果在日本酒馆吃过了这三种地鸡烤串，酒后就足以向日本人显摆了，“嘚瑟”完还包你被日本人怀着艳羡和崇拜的丰富表情赞曰：“了不起”！吃几块鸡肉，却简直如登了大雅之堂般让人高山仰止，味道好极，感觉好极。

东京涉谷有家很有名的居酒屋叫“地鸡坊主”，名字就很搞笑，地鸡不要说了，“坊主”，这俩字在日语里却是“和尚”“光头”的意思，“地鸡坊主”，亦即“光头小笨鸡”，想象着还真挺抽象。不过，这家店却是以专营地鸡而出名，店家隆重推介的几品如“亲子饭”“炭火烤鸡”，以及共有十几种味道供客人选择的“烤鸡肉丸”都是此店的招牌菜。据说还有“地鸡刺身”，不过，这玩意儿生吃却需好胆，就始终没敢比画。

第六辑

管窥思考

灰暗的日本人

日前曾去东京文京区駒込的六义园茶室附庸文雅。茶室掩映在林木中，篱笆内土院中那灰瓦土墙的建筑就是了。进得室内，原色木框里镶嵌着纸拉门，用以隔做几个榻榻米房间，应接间（客厅）榻榻米上一张黑漆的长矮桌，几个土绿色坐垫，墙也是土色调，看上去与其说是素雅，倒不如用简陋来形容更恰当些。时值初夏，午后的阳光透过黄绿相间的枝叶斜斜地照射进来，更增添了茶室的静谧。一个人坐在如此房间里冥想，也就凑合着可以叫坐禅了，至于能否“顿悟”，佛曰“不可说”。日本的老式和室住居与这样的茶室格局也相仿，只不过多些家具什物而已。就想到，看日本人平时普遍的寡言少乐，大概与其每天坐在这样的房间里也有点关系。“顿悟”不成成“顿捂”，就把日本人“捂”出一些毛病来。

由茶室的简陋，就想起了日本人的简约来，也就想起了日本人家居崇尚的原色调。一般来说，传统日本人家，小到锅碗瓢盆大到家具，都以简素的单色调为主，缺乏色彩的鲜艳。这一切，久而久之，也就影响到日本人的心理很难阳光起来。日本人的和室住居，大都是以纸拉门分隔房间的，纸拉门不隔音，这就注定了同一屋檐下也要时刻注意，以免影响到他人。莫名的，日本人打小就形成了一种小心翼翼的压抑心理。刻板的处处体现着的“型”

和礼仪教育，也都让日本人从小循规蹈矩不敢越雷池一步，当然，进取心缺乏也就在所难免了。进入社会后，公司严格的等级、年功序列制以及家庭重负，就是压在日本人身上的三座大山。以日本人的循规蹈矩，他们自知永世也难翻身，重负之下，心灵也就自然难以明媚。现在虽然不大提武士道了，但并不代表日本人骨子里的武士道精神彻底消失了，其实，武士道阴魂就从未散过。武士道说穿了也就是“死道”，那是讲究随时要为主子赴死的，这样，武士心理就难免荫翳，所以我们在电视里也几乎很少看到武士的笑容。如此种种，也都影响到日本人的心理趋于灰暗了。

去老式的和式旅馆投宿，踏着咯吱咯吱的木制楼板，走过昏暗的过廊，进入四面土墙的房间，拉开拉门儿，左手最里的墙壁正中间是从顶凹到底的，凹处挂一幅水墨画轴，下面摆放一个素色花瓶，旁边的本色木台上，一盏昏昏的木格纸灯笼有气无力地坐在那里，榻榻米中间是一张黑漆长矮桌，几个坐垫，还颇有点入陋室参禅的感觉，运气好的话，说不准还能憋出个《陋室铭》什么的。夜深人静，在走廊里昏暗的壁灯下走向便所，静寂得简直有点瘆得慌。一路上觉得不要说鬼魂，就是出来个怨灵也不足为奇。这就是日本老式旅馆大体的景象。生活环境如此，性格趋于灰暗也就在所难免了。

欧洲人发牢骚说，始终看不清日本人的脸。日本人的生活环境和教育模式的有机结合，使得日本人乍看上去就像都长着一张一样的脸，甚至连笑的场合都能特定出来，除去早上的问候微笑，在公司的职业微笑和晚上酒色开颜的真诚之笑，其余场合日本人大都是无表情的，西方人又怎么看得清呢？说到酒色开颜，也常去日式居酒屋小酌，那里想想却也是一色的昏暗，像我们饭店那种富丽堂皇、灯火通明、欢声笑语，在日式酒馆里是很少见的。

原来觉得“坐和民”（居酒屋连锁店）昏暗，但进了“笑笑”（也是居酒屋连锁店），就感觉像是进了窑洞了，而且曲径真的就通幽，那单间就几乎是一个窑洞接着一个窑洞，永远不见柳暗花明。这时如果脖颈白白、素花和服的服务员，莺声俏语地进来服侍，就让你感觉恍如进了盘丝洞。不过，在这里，日本人倒是一改严肃如鱼得水般，但也是虽有笑语欢声却还是不见阳光。不过也有特例，电车上虽然大多数日本人表情木木的，但也偶有人在乐着，但都是在对着手机或者漫画一个人偷着乐呢。除却这些，灰暗心理是伴随日本人大多数时间的。长此以往，就形成了日本人独有的“死都累死”（精神压抑），压抑过重，就压出了日本自杀率的高企不下，也压出了诸如无差别杀人、放火或性犯罪等，甚至压出精神分裂症来，而且这些还都在呈上升趋势。日本的天空很蓝，可惜日本人的心理却与此并不相符。

日本公务员为什么不受贿

说日本公务员不接受贿赂，有点绝对。似应说成日本公务员极少接收贿赂才更准确一些。

我们知道，在当今中国社会里，妨碍现代化建设的主要障碍之一，就是任人唯亲以及由其延伸出来的贪腐现象了。同为亚洲农耕文化圈传承下来的族群，而且日本又受中华文化影响至深，为什么日本公务员就能做到守正不贪廉洁奉公呢？

这要从文化传承的深层次来找原因。众所周知，农耕文化的一个显著特征，就是为了安全和族群发展，人们自古以来就形成了重视血缘和地缘关系这样一种社会现状，而随着这一现象的进一步发展，私心私欲自然就开始膨胀，于是，把人按亲疏分为三六九等来分配所得也就成为现实。“是亲三分向”“一人得道，鸡犬升天”成为人们沉溺私欲的指南性俗语，并被以行为准则的形式一直沿用至今。若反之，则会被故乡、亲友所唾弃。但与此正相反的却是，日本虽然也是亚洲型农耕文化国家，但它受到地缘、血缘关系的影响就很少，这主要是由日本自古以来的土地匮乏所造成的。土地匮乏，也就无须大家族之力来共同经营，也由于土地匮乏，劳动所得无法分配到所有家庭成员，于是，日本独特的继承传统得以形成，那就是除去长子，其余子女成人后是都要离家谋生的，这就造成了日本人自古就对家族、故乡缺乏归属感，对血缘、地缘关系缺乏认同感。

尤其是到了近现代，随着在大公司、政府部门的就职，日本人逐渐培育出了更重视公司这个“大家”的意识，这是一种绝对胜于地缘、血缘关系的新型社会关系。在这里，关系（指利用关系）主义普遍受到唾弃。在国内，我们利用“一人得道鸡犬升天”的关系进入政府、公司，会比普通没关系的高人一头，而没关系的普通员工也承认有关系的人的高人一头之地位。而在邻国日本却是，即使你利用关系获得了工作而且是较好的职位，但在公司人的心目中，你的地位其实是很低的，甚至在普通员工的内心世界里，你是被人鄙视的。日本古时候有“村八分”来惩戒不遵守公共秩序的异类，今时的公司或政府职能部门，也同样有着类似于“村八分”的行为准则来约束日本人。如果一个人为作为“大家”的政府、公司所排斥，那不啻于宣告这个人从某种角度上来说已经是处于虽生犹死的状态。

正因为日本人对血缘关系的淡漠，今天的日本人尤其是年轻人，不认识自己亲属的人比比皆是，即使是至亲，成人后老死不相往来的也绝不在少数，更遑论什么地缘关系了。如此，我们就明白了，以这样的血缘、地缘关系，想让日本人任人唯亲简直就是不可想象，这太不符合日本人的“绝不做无益的事”之人生信条了。况且，日本的人事制度规定，公务员只有在获得满额退职金后，才能正当地获得与劳动相对等的价值。因此，想让日本公务员、职员冒中途被解雇而影响一生的风险来接收贿赂，这是典型的“无益的事”，日本人是绝少为之的。

接触日本人久了，我们都会生出一种日本人没有人情味的感慨。也是，日本人连血亲关系都愈来愈趋于淡漠，又何况外人。不过也正因了血缘、地缘关系之淡漠，日本以及日本人却也因祸得福，少了贿赂也就减少了作为个人的人生风险，从这个意义上来讲，却又是坏事变好事了。

自杀美学不再美

“花是樱花，人是武士。”这是自日本江户时代流传下来的名言。樱花的特点就是花开花谢，倏忽之间，开花时像瞬间的礼花齐放，花谢时又似漫天的柳絮飘飘。所以说，樱花之美，不仅在于一同盛开之绚丽，还在于一同散花之壮观。这与武士道的一荣俱荣，一焚俱焚的集团意识，如出一辙。樱花的瞬间即逝之美，樱花的生命之短暂，在片刻的耀眼美丽中达到自己人生的顶峰，发挥出自己最大的人生价值，然后毫无留恋地结束自己的生命，成为武士道的至上绝学。山本常朝在成书于1716年的《叶隐》中指导武士修炼的“寻死的美学”，实际上就是告诫武士要抛却对生的执着，完成对自己生命的觉悟，判断出自己的人生已经达到了顶峰，而后，就应满足于像樱花瞬间盛开瞬间消亡那样的一种人生价值。“欲问大和魂，朝阳底下看樱花。”因敬畏大自然，而又无奈于自然灾害的日本武人那一直忧伤着的心，通过樱花凋谢的凄美，完成了对死亡的觉悟。古时日本武士如是追求人生。

如果对世界各国的快乐指数进行排名，毫无疑问，忧伤了数千年的日本，绝对是发达国家包括发展中国家在内的落后国家，但如果是比伤感，日本人就绝对是世界冠军。因为出于对大自然的敬畏和无奈以及通过樱花开谢对人的生命的感悟，再加上武士们对自杀死亡的认识升华，千百年来，已使得日本人“忧伤成疾”，而且对死亡怀有了一种特殊的感情，对自杀也抱有一种异常宽容的心态。这在日本文化人的自杀中表现得颇为突出。出生于1909年的太宰治，一生可谓波澜壮阔，十九岁进东大，不久中退，之后的经历就是自杀未遂、结婚、与父母家庭断绝关系、文学创作，然后又是自杀未遂、殉情未成、离婚、再婚，最后终于在三十九岁时与情人一起殉情成功。他的两句经典名言是最具冲击力的，一句是 :“对不起，我出生了。”另一句是 :“仅仅一句‘再见’就是人生。”就是这样一位不负责任的人，后世的日本人对他的尊崇和宽容却是无以复加。川端康成，他的自杀被日本人誉为“美的升华”。这位1968年就成为日本第一位诺贝尔文学奖得主的文豪，在当时的环境下可以说是集人生一切成功与快乐于一身的大成者，但川端康成却如流星一逝，给世间留下了无穷余味。不过，从其平时最喜欢的一休大师的一句“佛界易入，魔界难入”，他所认为的“没有比死更高的艺术”，他最持同感的芥川龙之介在遗书中写的“所谓自然的美，是在我‘临终的眼’里映现出来的”等有关川端康成的资料来看，川端康成应是难以等待要在“临终的眼”里才能看到真正的自然之美而主动跳入魔界，以求早些看到这临死的自然瞬间之美，才于1972年选择了口含煤气管自杀的。而1970年11月25日占领了日本自卫队驻某地总监室，发表了激烈的演说后，选择了剖腹自杀的三岛由纪夫，则可算是把“自杀美学”演绎得最轰轰烈烈而又武士般地悲壮了。

上述三位大作家的自杀可以算作代表，当然，20世纪自杀的日本文人还有很多，但他们都有一个共同特点就是，没有任何一个人是混到了穷途末路非死不可的地步，相反，却大都是在正值大展才华达事业顶峰时选择自杀的。分析其原因，这固然有日本神道教传统的影响之故，也有自古传承下来的武士自杀风骨之影响，也与日本人普遍抱有“以死而生”宽容自杀的传统有关。但这些人的自杀，无疑是基于这些传统又突破了这些传统，成就了日本的“自杀美学”。记得前几年流行的渡边淳一的《失乐园》中，男女主人公服药同归于尽也被描绘成一种神圣而永恒的行为，被津津乐道为“自杀美”的杰作。

但自1998年以来，据日本警视厅统计，日本自杀人数已是连续十年每年都超过三万人，也就是说，平均每二十分钟就有一人自杀。自杀方式也是五花八门，跃下电车轨道的、跳东京塔的、全家把车直接开入海里的、自缢、服药，以及最近由网上发起组织的自杀自愿者们三五结团，然后一起关入汽车点燃煤气炉集体自杀的等等。自杀年龄也是年年趋下，甚至在小学生里也是屡见不鲜，这些固然和日本人的传统自杀伦理观有关，但今日自杀的原因却已与过去武士、文化人等所追求的“自杀美学”大相径庭，由于破产、受欺侮等原因而对前途无望活不下去的，占了绝大多数。今天，你如果再问日本人现在还会剖腹自杀吗？日本人大都会把头摇得如拨浪鼓般一副心有余悸的样子。自杀者增多，自杀原因流于常理化，颇觉日本人终于有一点从“自杀美学”的圣坛上溜达下来的感觉了。其实这就对了，中国人讲究“好死不如赖活着”，甚至于“快乐着别人的快乐，幸福着别人的幸福”也能穷欢乐一阵子。在这一点上，日本人要虚心向中国人学习。不是吗？中国人的快乐指数是远远高于日本人的，活得也远比“忧伤着所有的忧伤”的日本人滋润。

水德五训

“1. 淡々無味なれども、真味なるものは、水なり；2. 境に従って、自在に流れ、清浊併せて、心悠々なるものは、水なり；3. 無事に無用に処して、悔いず、有事には百益を尽して、功に居らざるものは、水なり；4. 常に低きに就き、地下にあいて、萬物を生成化育するものは、水なり；5. 大川となり、大海となり、雲雨氷雪となり、形は萬変すれども、その性を失わざるものは、水なり。”

这是日本人崇尚并时时用以鞭策自己的“水德五训”。其出处似应为日本著名的中日文化学者守屋洋整理老子的《道德经》之专论。“水德五训”译成中文大意应为：水，虽然淡淡无味，但却是最纯正的真味；水，自由自在，清浊兼容，随遇而安；水，无事之时居于被无视之境，亦不后悔，而一旦有事，尽百益而又从不居功；水，总是谦逊低流，但却默默育化着万物；水，无论是化为大海河流还是冰雪云雨，但却永远不失其本性。

以日本人总结出的“水德五训”来对照日本人之素为，我们不难发现，日本人确实时时在无声地身体力行着这“水德五训”。平时淡定、儒雅、不急不躁、不出风头，而一旦有事却能顷刻间聚而成势，如磅礴之水般，或呼啸涧中声震穹宇，或雷霆激射吞天沃日。若说事例，日本人平时的温文尔雅，战时的极度疯狂；体育比赛、商事竞争、公司做人、社会表现等等，无处无时不在展示着日本人的“水”性。

老子的《道德经》第八章有曰：“上善若水，水善利万物而不争，处众人之所恶，故几于道。居善地，心善渊，与善仁，言善信，政善治，事善能，动善时。夫唯不争故无尤。”从老子的这段话中，可以看出，老子是欲以自然界中的水之德来教化世人，他所用的连续七个排比句中的“善”，都是在谆谆告诫向善之人所应具备的品格。从其言论中亦能看出老子眼中的水德是近乎于道的，而理想中的圣人也就是道的体现者。

先哲老子在两千五百年前就谆谆教导我们要学习水之德，遗憾的是，直至今日，在国际上还有对我们极其不友好的评价“中国人极自私”。也的确，随着世风日下道德贬值，国人的只问目的、不择手段的争名逐利行事风格，遇事一盘散沙，甚或互相拆台的阴冷心态，仍然常见。道德沦丧之下，又有多少人会去领会先哲大德的“水善利万物而不争”；又有多少人能明白其延伸意义的“上善若水，德行天下”是一种不争而胜的“弱水”境界呢？“夫唯不争故天下莫能与之争”的至高境界，则更不会有许多人去咀嚼琢磨它了。而我们的东邻，却能无论是小溪山涧还是江河湖海都能以兼容之心诠释，坚持其内涵，更学他人之长、之能，容人之短、之过。以我道家水德修身，儒教立规，而终以一蕞尔小国，豪言自国才是儒家正宗继承者。旅日日久，观日人素养，对比国人常态，耳边不由得响起季羡林老先生的“我们难道要‘礼失而求诸野’吗”。其实，不客气地说，缺乏自省自救精神的我们，礼失，早就该求诸日本这个“野”了。

老子、孔子是我们两千多年前的先哲，道教、儒家也发于中华，可今天我们却悲哀地发现，表面上倒真有点儒家正宗在日本，礼仪真谛属东瀛之感了。老子曾以“水”的“不争”“包容”来教诲孔子，喻示为人之道。孔子对“去水”，也发出了“逝者如斯夫”的感慨。而今之国人，对于老子的“上善若水”，倒是真有点“逝者如斯夫”了。

日本人与荀子之“礼”

黑船到来，明治西化，甲午海战，使得日本这个蕞尔岛国得以为世界所熟悉，同时为世界所熟悉的还有岛国之民的文雅、礼貌、遵守公共秩序等良习。这颇令世人瞠目，因为在我上邦大国和西方列强的眼里，那个孤悬太平洋上的岛国，本应是王化不及的蛮夷之地，却不想变成了彬彬的礼仪之邦。

而后，随着日本经历了“一战”和“二战”，以及战后重建进而经济腾飞等过程，短短的百余年，日本人也经历了由人变鬼再变回人，进而变为令世人尊敬的文雅礼貌之人的过程。在这个过程中我们发现，即使是在日本人被称为“鬼子”的那段日子里，今天在我们问起经历过那段历史的尚存的老人日本人究竟是怎样的人时，他们也都还客观地表示，侵略罪行虽不可否认，但当时的日本人某些地方所表现出的有礼有法，也是事实。这样，我们就发现了起码从明治开国到今天，包括那段黑暗的历史，日本人的“礼”还很有可能是贯穿始终的。说瑕不掩瑜或许会被斥为“汉奸”，但“礼”在大和民族之分量，近现代东西方倒是有着共识的。

日本人之于“礼”，其实，我们应是最有发言权的，因为日本人的礼教本是学于我邦。近来，来日国人愈多，就不止一次听到国人对日本人的礼貌之惊讶。惊讶的同时号称礼仪之邦的我们，在日本人的礼节前却表现出了局促不安、手足无措有失礼范，这反过来又让日本人惊讶，继而更加轻视我们。“都是同样的人，那差距咋就那么大呢！”我们有必要找找原因。

我们知道，自古以来，大和民族受儒家思想的影响就是巨大的，而我们所说的儒家思想，是囊括了诸子百家各有侧重之学说的。比如，孔子曰“仁”，孟子讲“义”，而荀子就偏重“礼”和“法”等。国人注重仁义，明显是受孔孟之道影响较深，而大和民族也许是觉得荀子的礼法更能约束并改造自己吧。因此，我们在日本感受到的是，荀子之学对日本人的影响，明显重于孔孟之道的“仁义”。可见，儒家学说对中日两国人的影响还是有所不同的。我们讲究仁义，也就是注重了“修心”。一般我们评价一个人的好坏习惯时会说：“一个人只要心好，就坏不到哪里去。”而我们说一个人“心好”，其实就是等同说他“仁义”了，仁义自然也就是“私德”好，这是国人共通的逻辑观念。不过，从上述论断还可以折射出一种只要仁义有德了，那么偶尔不拘于礼法，不拘于小节倒也无伤大雅之心态，这就在潜意识里让国人逐渐疏于礼法。而我们的邻人与我们不同，根据他们的国情，他们认为，只有确立了严格的礼制、法制，人才能够循规蹈矩，社会也才能稳定。于是，日本人根据荀子之礼法为自己制定了无数的礼之规，法之矩。

礼法，形于表面。而注重礼法，也就是注重修“表”，修“表”又表现在注重“公德”的表象。大和民族经过千百年对礼法的修炼，可谓成绩斐然，在表面上他们对公共道德秩序的遵守堪为典范。不过，凡事利弊共存。重视了“公德”之修，自古缺乏道德理论和哲学思想的日本人，在某种程度上也就自然忽视了“私德”的“仁义”之道。因此，在中日两个民族身上，我们会看到，不拘小节轻视规矩的国人，很少会恃强凌弱杀害无辜；而循规蹈矩法度自然的日本人，却会欺凌弱小甚至杀害妻儿老小。这就是重视“修心”与重视“修表”所带来的截然不同之果。如此说来，孔孟之道推介的“人之初，性本善”虽不敢苟同，但修了“仁义”经过几千年的传承、沉淀，人，受骨子里的伦理观念左右，就算是想“恶”，其实也恶不到哪里去了。从某种意义上来看，说我们是礼仪之邦，似乎就有点汗颜，倒不如说我们是仁义之邦更能让人接受。日本继承了荀子的学说，潜移默化免不了受“性本恶”之影响。只修表象礼法而不修内心道德，在没有或者缺少礼法的地方，日本人的随众心理就会恶性泛滥，无视秩序道德，从而在世界各地留下斑斑劣迹。“二战”时日军在中国及周边各国所犯下的恶行，以及今天在世界各地彬彬君子表象背后的各种丑行，无不在说明着这一点。

如此对比可知，“人之初”既非“性本善”，也非“性本恶”，而应是人之初，善恶共存。至于趋善趋恶，本性虽起着重要作用，但后天修行与外界因素影响，也绝对是不可忽视的原因。我们一直在讲“仁义礼智信”，但数千年下来，能全做到的却寥寥无几(都做到了，都是圣人了)。可见，我们还是缺乏脚踏实地的精神。而日本人，尤其是古代武士，也讲究从中国学去的“仁义礼智信”，不过是顺序颠倒一下而已，尤其是武士道，强调“忠”和“义”，兼修“礼”却很少提“仁”。看今天日本人的表象表现形式，还真是对由我邦传来的儒家学说学之有“方”呢。

日本人缺点“德”

日本艺人的婚外情丑闻向来不断，前阵子电视又在报道一位陷于婚外情丑闻的艺人的新闻。这位艺人在接受电视采访时，不断谢罪，不断重复着“给大家添麻烦了！”“感到羞耻”等等，就总觉得他好像没说到点子上。一般在国内，明星如果因婚外情曝光而不得不出面谢罪时，口头禅必须是“将接受道德法庭的审判”云云，而日本明星们，却从未听到他们提过“道德”二字。不仅明星，即使普通人，在做错事时，也是总见他们嘟哝着“给大家添麻烦了”“对不起”云云，也从未听到他们提到过“道德”二字。念及此，不觉有些恍然，原来日本人的精神品格里，似乎缺了一点“德”，即“道德”。

我们所指称的“德”，把它用于人伦，就是指人的本性、品德。儒家认为“德”包括忠、孝、仁、义、温良、谦让等。日本人也引进了儒家之“德”，并把它归纳为由品质、意志、理性、忠诚、勇气、名誉、诚实、自信和谦虚等精神要素构成的人间性。我们讲“德”是和“道”连在一起的，德是道的载体、道的体现，此即所谓“道德”。而观日本由民俗信仰和自然信仰发展而成的国家宗教神道教之“道”，却似乎与“德”无涉，神道教的“祭”之“神乐”，那祭献巫女，神殿上夜间的“杂鱼寝”无遮大会等，怎么看都像是变态神在高高在上地欣赏神职人员宣淫取乐，德行就有点欠佳。我们发现神道教传承至今，似乎从来也没有一种道德体系在传承，甚至连教义都没有。而由武士形成的武士道，虽然提倡所谓的“义、勇、仁、礼、诚、名誉和忠诚”七大要素，但其精髓却不过是对主公的绝对忠诚而已。《忠臣藏》四十七义士的故事传颂至今，所宣扬的其实也不过是武士不分善恶地对主公的绝对忠诚，可见，日本人的善恶观是有些问题的。再比如驾“黑船”到来的佩里登陆地就立有佩里塑像，反政府的西乡隆盛的雕像也高高耸立在东京上野恩赐公园，靖国神社更是把东条英机等战犯虔诚地供奉在上，等等，这一切，让我们看到日本人只崇拜强者而不问善恶。

武士道传承至今，虽已完全变成了无形的精神传承，但其中的只有丢脸意识而无罪恶意识，过分注重名誉而不分善恶等，却都已深深植入了日本人精神世界的价值观中。也因此，日本人在做了坏事被曝光时，他们虽会感到羞耻，但却绝不是感于道德责任的羞耻，而只是为丢了脸而感到羞耻而已。“德”之意识的有意或无意地被淡化，最终形成了今天的日本人缺乏真正的道德观念。如此看来，这日本人的精神世界深处，还真就缺点“德”。

义理人情的昔与今

日语里所说的义理人情，其实是义理和人情两个词组合而成的。“义理”一词本身来源于中国，它的传统意义是指普遍皆宜的道理或讲求经义、探求明理的学问。《礼记·礼器》中已有“义理，礼之交也”的记载，至汉时，则多指经义明理。而宋代已经有了“义理之学”。然而，义理文化传入日本后，经过一千余年的沉淀发展，已经被赋予了新意，渐渐成了日本社会生活中对待他人的一种行为准则和道德规范。《广辞苑》就释义义理为“事物的正确道理，体面、面子等”。综合“义理”在日本古今的使用情况，我们可以把它理解为父子、师徒等上下关系，以及朋友、同僚、邻居等对等关系中所必须遵守的道义。与中国义理所包含的“情理”“正义”“礼节”等略有不同，日本的“义理”一词，多用于体面、脸面、情谊、义务等。它要求人们在遇到涉及义理的事情时，无论情愿与否，受人之恩，必须图报。由此我们似乎也可以读出日语中的“义理”一词，其实它还有着强调“非本意的，不是个人心甘情愿的，而又必须做的”这一意义存在。而日语中的人情，则主要指亲人、恋人、朋友等人与人之间的亲情、友情、爱情等等，是对自己以及家人的情感的自然表露。

通常，日本人会把义理与人情组合成一个词组来使用，以强调义理与人情的纠结关系。日本著名心理学家土居健郎先生，对义理和人情曾做过精辟的分析，他指出：日本人的行动，很大程度上受义理和人情的影响，义理强调公，而人情则多指私。义理本义是表示“应该履行的正确的道理”之道义，其目的是维持社会生活的安定。基于此，义理本来不会与人情相对立冲突，但义理在古代日本由于封建制的强化而被形式化了，变成了一种固定的理念，逐渐加入了非人性化的要素，成为压制人情的强大力量，因此，义理、人情也才得以成为日本文化中一对重要而又纠结的伦理道德观念。“忠孝不能两全”本是中国造，但被日本平安时代名将平重盛窃来用以比喻义理与人情的对立与冲突，但义理和人情又不是一组单纯绝对对立的概念，而是相互交错在一起，同时主宰着日本人的“表”与“里”。

在日本社会，义理与人情观念发展至今，由于义理偏公，人情趋私，而日本人重视公司这个“大家”又普遍重于重视自己的“私家”，因此，可以说今天的日本工薪族普遍认为，与“人情”相比更应注重“义理”。如此，日本的家庭、社会矛盾在某些场合、时机下，就不可避免地发生了，而且逐渐成了日本社会一种难以调和的现象，这也是今天日本每每有了描述复杂的义理人情之情节的影视节目，总会吸引大多数日本人眼球的原因所在。

不过，与年纪稍长的日本人仍旧陷于义理人情中难以自拔不同的是，今天的日本年轻人中已有相当一部分人不愿拘泥于义理人情之中，甚至在博客中经常会看到年轻人发出“义理”是什么东西，“人情”又指的是什么等等提问。我行我素之辈则干脆对那些所谓的义理人情嗤之以鼻，不仅在公司鲜与人交往，就是在家里，也近乎六亲不认。毋庸置疑的是，此类人不被日本主流社会认可，但不可否认的是，他们的生理、心理负担，却要比挣扎于义理人情的套中人轻得多。如此看来，针对这些年轻人或可以说“日人”失“义理”，焉知非福！

岛国人的爱国

在日本的中小学乃至社会，我们几乎看不到日本人有着爱国教育的迹象。而我们耳熟能详的“热爱祖国”口号，在日本也从未听人喊过。记得 1999 年，日本文部省曾要求全国中小学在重大活动或节日时要升国旗、唱国歌。要求够爱国的了，可结果却招来了一片反对声，理由很简单，只是“没必要”几个字。至今尚有不少学校对此令拒不执行，最后还形成了政府与某些学校的对立。据说为此，还有一位校长被逼自杀了，弄得天皇都不得不出面表态“不必强要学校升国旗唱国歌”。更典型的例子还有日本前国脚中田英寿，每当他参加国际比赛时，只要一奏响《君之代》，他都是紧闭双唇不发一声，看着就感觉好像这日本人有点不大爱国的意思。其实不然，我们不会相信不肯唱国歌的日本师生不爱国，我们也不会相信中田英寿不爱国。那么，日本人的爱国观、爱国行为又是从何而来，体现在哪些方面呢？

我们知道，日本是一个处于茫茫大海之中的岛国，恶劣的自然环境造就了日本人孤立无援的悲情意识，而这种意识就促使日本人很早就有了团结互助意识。现在回头来看，也可以说悲情意识所形成的团结互助精神，成就了日本民族的一种整体美。这种整体美的意识，使得日本人自然而然热爱自己的家园和土地，既然热爱也就会精心修饰装扮它，而传承至今的日本庭园、枯山水，以及花道、茶道和极具特色的家居布置等，都是日本热爱自己家园土地的真实写照。这自然又形成了日本人精心精致的审美意识，而同样是由于对自己国家资源匮乏的清醒认识和上述的审美观，就使得日本人对自己的家园、资源以及名胜古迹等，很自然地产生了一种保护意识。日本人对自己的国家、家园、自然，由悲情意识发展到审美意识再升华到保护意识，那么，潜意识中爱国意识也就自然而然会出现了。而“和为贵”经由圣德太子发扬光大，再与岛国的传统文化相结合，“和”之精神得以铸就，“大和民族”无须言喻的爱国观从此也就形成了。

我们有目共睹的是，日本人的爱国观所表现出来的是实实在在热爱母国，时时刻刻自觉维护国家的尊严。打个比方，前两年在冲绳发生了驻日美军士兵强奸冲绳少女案件，向来低调的日本人冲上街头示威游行，打出不讨还公道誓不罢休的标语，直弄得日本首相都不得不为此事亲自与美国总统交涉，最后把犯人引渡回日本受审才告一段落。还有一次，记得是在法国举行的一次国际体育比赛，日本足球队虽然没有取得好的成绩，但法国媒体却高调报道了观赛日本人。报道内容是，在日本观众集中的区域，赛事结束后，所有人都捡起垃圾整理好座位然后秩序井然地退场。报道内容虽与赛事无涉，只是盛赞了日本观众的素质，不过也从此，日本人的形象在国际上得以大幅提升。其实类似的例子还有很多，再比如 2011 年的 3 · 11 关东大震灾，当时日本人所表现出来的不乱不躁遵守公共秩序等良好素质，也让世界再次叹服了。其实，这些在让世人共睹日本人的良好精神素质的同时，也在无声地宣示着日本人潜意识里的爱国情结。

虽然说儿不嫌母丑，但“母丑”在今人的眼里，并不是单指母亲的面貌，还包括诸如母亲是否富有，是否具有修养内涵等等。

所以说，今天提起爱国，就首先要求国家有值得被爱之处，具体例子太多了，没必要一一罗列，仅以去境外旅游归来的日本人回国后的一句话和富裕起来的周游列国之国人的一句慨叹，就足以说明问题。日本人转悠遍世界，回到日本发自肺腑地说："生在日本真好啊！"游览了世界一圈的国人回去后也由衷地叹曰："哪儿都不如日本好！"相信说这话的时候，那些国人并没忘记我们曾是那最恨日本的民族之一。呵呵！连我们都爱这日本了，你说日本人能不爱国吗？

现实的内外观

有时候我们会发现，在日本国内，日本人普遍都是风雅礼貌循规蹈矩，而当他们一迈出国门，有些日本人就彻底大变身了，随地吐痰者有之，乱扔烟头者有之，态度傲慢作风蛮横者亦有之，抢红灯者也能偶尔得见，简直就是前后判若两人。

其实，这里面包含了一个日本人做人做事是有着内外之别的标准问题的。日本人在处理人际关系上，以“内”“外”为区分标准，笼统地讲，一般意义上，日本人视有亲情关系的家人为“内人”，而外部的“义理”关系之人则为“外人”。如果是学校，出自同一所学校的就是内人，反之则是外人。同理，以供职单位来看，同一公司的人是内人，反之则是外人。而对于我们这些旅日外国人而言，日本人就是内人，外国人则是外人。如果从另一个角度来看，日本人一般常用“他人”或“他者”来表示与己无关，其实，这里面已隐隐含有了一种冷漠之感。而日本辞典在释义“他人”时，亦有两种解释，一是指没有血缘关系的人，二是指没有关系的人。没有关系的人是“他人”易理解，问题是，即使是有着血缘关系的兄弟姐妹，也因为早晚要各自成家而含有成为“他人”之隐性，而在日本人内心深处亦被视为“他人”。日本人自古就有“兄弟乃他人之始”的俗语留世，就是对日本人这种心理最好的注解。夫妻关系可以说是世上最亲密的关系，但日本同样有

“夫妻原本是他人”的俗语流传，同床异梦也就有了响当当的理由。如此看来，日本人所谓的真正算得上是“内人”关系的，就只剩下有着血缘关系的“亲子”（父子和母子）了。事实也正是如此，在日本，几乎只有纯粹的亲子关系，才会有不须顾忌无拘无束的天伦关系存在，除此之外，都是“他人”关系。而且，我们感觉到这个“他人”在日本人的心里还有着不同的“他人”标准，比方说，日语里有各种敬语，日本人也自幼练就了见人说人话见鬼说鬼话的真功夫。两人见面，能马上分清年龄长幼上下级关系的，自然是敬语信手拈来，即使是无法确定对方的年龄身份时，日本人也会在第一时间通过观察及试探性的寥寥数句问候语，确定对方身份，从而迅速选择相应的敬语应酬。我们则没有受过把人分为三六九等的语法训练，自然也就很难修炼到日本人那种出口敬语的游刃有余之地步。不过，这些敬语貌似对“他人”尊重了，却也通过对他人的语言的使用，明码标价般的将人分为了三六九等，换言之，就是公开把人分等级对待了。还有个有趣的现象，在日常生活中我们常会见到两个日本人客套起来没完没了的场面，其实，越客套就越说明对话双方关系之一般，那就是典型的“他人”对“他人”了，是只能靠客套才能维系双方表面热络的关系。

可以说，日本人是以内外之别来作为其行动准则的，日本人一旦确定了内外之圈子，那么，对外人来说，无论你怎么努力，都是难以打进“内人圈”的，因为作为行为准则的内外有别意识，在日本人的心里是根深蒂固的。正是这种内外之别的观念，让日本人在世人心目中留下了团结、一致对外的印象。无论是当年的战场，还是如今的商场以及体育赛场等，几乎无处不在地显示着日本人的一致对外之拼搏精神，而且，这种一致对外，还隐隐含有着一致排外之意，因此，我们悲哀地发现，不管我们再如何喜欢日本，喜欢日本文化，日本人骨子里也永远不会真正接受外人的。加入日本国籍，你也是外人；嫁给日本人为日本人生儿育女了，你仍是外人；即使你的行为、语言比日本人还日本人，在日本人内心世界里，你依然还是一个外人。呜呼！这就是外人在日本的现实，想开点，别做成为日本人“内人圈”之一员的“蠢”梦也罢。

虐童现象何以频发

日本儿童咨询所统计数据表明：1990年日本儿童虐待报案数为年度一千一百零一件，而十年后的2000年猛增至一万七千七百二十五件，到了2010年更是达五万六千三百八十四件。据估计，今年（2015年）的数据有可能达到八万件。这还仅仅是指有案可查的事例，而未被举报的相信也绝对是一个惊人的数字，从电视节目、纸媒等经常对虐童现象的报道就可略窥一斑。

既然有虐待，就避免不了有虐待至死事件的发生。同样是日本儿童咨询所数据显示：2004年，因虐待至死的儿童数，为全国五十八人，而后逐年以10%的比例上升。而且，据儿童咨询所分析资料表明：无论是虐待还是虐待至死，加害者都是以父母至亲为主，尤其是母亲，所占比例高达50%以上，真是触目惊心。

那么，又是什么原因导致了这个以“和”立国，以优雅多礼闻名于世的国度却频发如此人神共愤的事件呢？分析认为：之所以在20世纪90年代日本社会才开始频发虐童事件，原因之一是自那时起日本家庭形态发生了变化。少子和高龄化的急速发展，使得由双亲和孩子组成的“核家族”增加，而核家族化带来的一个负面影响就是，儿童的父母极少能得到老辈儿和邻里的育儿指导及交流。而由于家计负担过重，母亲也需外出工作，更使得他们没有时间照顾孩子。与孩子亲情渐疏进而引发虐童事件发生，在一部分人家就成了现实。

其次，原本没有育儿经验的父母，在生下孩子后才发现，育儿不仅仅是烦不胜烦，而且自己的生活也被全部打乱，365 天每天 24 小时没有了自己的时间，积累下来的压抑就需要一个宣泄口，没错，首当其冲的自然就是孩子了。尤其是，作为孩子的母亲，如果她本身也有过被虐的经历，或有过长期病史，再或者得了产后忧郁症、酒精依存症等，那就更会趋向于虐童。当然，除了这些作为母亲本身的原因，如果恰巧孩子是属于缠人、哭闹不休型的，而此时夫妻关系再不睦，经济上也不安定的话，则更易诱发虐童事件。

这还只是表面原因，我们再从更深层次的人性上来分析，如今的日本社会，早已没有“养儿防老”一说，养儿既然防不了老，自然导致一部分人育儿热情不高，再加上上面所述各种原因的相互作用，才致使日本的新生儿出生率呈逐年下降趋势。考虑到这些，日本虐童事件的呈逐年上升之事实，似乎就找到了注解。除此以外，日本自古还有“姨捨”（把失去工作能力的老人丢弃山上）的传统，这些会否也在潜意识中影响着日本人虐童心理的发生发展呢？

虽然，日本政府早在战后的 1947 年就制定了第一部保护儿童的《儿童福祉法》，但半个世纪后儿童福祉却是越来越糟。不得已，在 2000 年，日本政府又制定了一部《儿童虐待防止法》，以对儿童施以诸如责打、断食、性虐等的监护人加以惩处。为使其得以贯彻执行，日本各地方政府也纷纷设置儿童咨询所、热线电话以及专任民生委员、儿童委员，接受举报并对虐童者施以各种惩处。除此，民间团体也积极行动起来，举行“橙色丝带防止虐童运动”等普及活动，而且自 2004 年起，政府还把每年的 11 月定为“防止虐待儿童推进月”。这些措施自然对虐童恶行起到了一定的抑制作用。但除此之外，对育龄人士进行必要的亲情辅导、道德教育是否也是可选举措呢？

中日男人幸福度比较

日前，在国内听了个故事。说在一所大学的课堂里，临下课时，教授对学生们说：我和大家做个游戏，谁愿意配合我一下。一名女生走上台来。教授说：请在黑板上写下你难以割舍的二十个人的名字。女生照做了，刷刷地在黑板上写下了包括自己的好友、邻居和亲人的名字。这时，教授说：请划掉一个这里面你认为最不重要的人。女生轻松地划掉了一个邻居的名字。教授又道：请你再划掉一个。女生又划掉了一个她的朋友……如此划下去。最后，黑板上只剩下了四个人：她的父母、丈夫和孩子。这时，教室里变得寂静而又肃穆起来，因为学生们感觉到这似乎已经不再是一个游戏了。这时，教授又平静地说道：请再划掉一个。女生迟疑着，艰难地做着选择……她，举起手划掉了自己父母的名字。请再划掉一个。这时，教授的语声在女生的身后再次响起。女生呆住了。她咬紧下唇，缓慢而又颤颤巍巍地举起粉笔，一下，又一下，划掉了自己孩子的名字。紧接着，女生"哇"的一声嚎恸起来，样子非常痛苦。教授待她稍微平静后问道：和你最亲的人应该是父母和孩子，因为父母是养育你的人，孩子是你养育的，而丈夫是可以重新去找的，但为什么他倒是你最难以割舍的人呢？同学们也都静静地看着那位女同学。女生这时缓慢而坚定地说道：随着时间的推移，父母会离我而去，孩子长大后肯定也会离我而去，而真正能陪伴我度过一生的只有丈夫。

故事听完了，也让我们这些自命风流的男人们不由得陷入了沉思……

回到东京，便迫不及待地与不同阶层的数位日本女士探讨了这个问题。结果，不约而同地，她们最后选择留下的都是自己的孩子。至于理由，在日本人那暧昧的表述中我理解到，她们认为，当自己长大成家后，父母就为“他人”了。而丈夫老后只是累赘。只有孩子却是需要自己照顾的，而且潜意识里还希望着孩子在自己老后会常来看望照顾自己。日本女人那暧昧而又明确的抉择，让我们震惊之余，又万分庆幸自己不是倒霉的日本男人。的确，与日本男人相比，中国男人是幸福的。首先，中国的传统是讲究“嫁鸡随鸡，嫁狗随狗”，换言之，也就是，中国女子嫁了人，也就把男人当作了一生的依靠，若无特别变故，一般中国女子都会一生洗衣做饭，生儿育女，操持家务，直到鞠躬尽瘁。而今日之中国，随着改革开放日久，人们的观念更是与时俱进，当今女性也是更加趋于开通，尤其是都市女性，笔者就有幸曾听友妻以“没有不偷腥的猫”“但要记得回家”等来敲打自己的男人。认为“男人不坏，女人不爱”“不偷腥的猫都是窝囊废猫”有理的都市白领，也正与日俱增。而即使男人婚后偷了腥，智慧型的女性也大都懂得“不给他机会，也就是不给自己机会”的道理。因为聪明的她们懂得，男人首先是动物，其次才是男人的简单道理。猴王占有一大群母猴，其实就是进化前的男人的真实写照。她们知道，男人拈花惹草大都与爱无涉，就如憋了一泡尿一样，憋得慌，就想找地方撒，尿了，也就“欧”了。懂得这些的智慧型女人们，当真的发生了男人“偷腥事件”时，也大都能睁一只眼闭一只眼。最后，怪一怪自己平时看管不严也就罢了。

而日本男人的待遇就远不如此了。日本女人嫁人，并不一定是求一生之依靠，男人充其量也只是在有价值时被当作依靠，这时的日本女人，依靠男人的收入来完成自己的原始积累解决后顾之忧。而一旦当这一切都做完，男人退休回家后，嫌弃男人碍手碍脚，就成了婚姻走向毁灭的前奏，近年来流行的“熟年离婚”，就是日本男人被弃的最好写照。即使没有这些，仅从日本男人拼死拼活为家奋斗一生，到头来在“家内”（妻子）面前连个最亲的人也没混上这一点，作为一个中国男人，某种意义上说，比日本男人幸福的程度那就不只是“毛毛雨”了。

严谨不是说说的

日本人工作严谨的事例，可以说比比皆是。就拿电车和地铁来说，以东京站为例，地上、地下共有六层空间，三十条往复电车、地铁及新干线在同时运行着。但即使在这样错综复杂的条件下，日本人居然仍能做到“非事故情况下零延迟”。再比方说超市的天平，那可绝对是精确到0.1克的。还有电视台面向家庭主妇们的教授生活小窍门的节目，那些事前精心准备，现场有条不紊，毫厘计较的严谨、细致过程，看过真的可以说“严谨”已经渗透进了日本人骨子里。这些，旅居日本的华人最有体会，因为我们每天都在享受着日本人这种精确到分秒的严谨工作态度、作风给我们生活带来的方便和舒适。

那么，日本人为什么，又是从何时开始注重严谨的呢?

追溯前源，这应和日本的地理环境有关，日本为岛国，山多水多独土地贫瘠，全国可使用的耕地面积仅为总面积的15%，自然资源可谓极为匮乏。在如此恶劣的环境下，日本人自古就懂得并施行了高度集团化的作业方式。而且，自然条件还要求他们做事必须要坚持小而精，这就导致了日本人对待工作还必须分工细致，人手一摊儿，要求到个人就是必须要掌握并精通某种技艺。总研究一件事儿，长期下来，自然就形成了严谨的规则。同理，所掌技能自然也就专而精了，最后则渐渐转变成了日本人今天引以为自豪的“技”。

历史发展到今天，日本人已经在所有行业都形成了严谨的规矩，来指导并左右着日本人的行为。当然，工作严谨、认真、细腻的好处也是巨大的。今天日本在世界500强里占据68个位子，索尼、松下、本田、日立、佳能等等日本厂商，可以说在世界范围里家喻户晓，这些都可以说是日本人长期以来的严谨的工作作风所结的善果。而自古传承下来的千年、百年老店更不必说，因为它们也都是日本人坚持不苟、严谨的产物。

网上搜一下介绍日本人严谨的帖子，马上数百条冲出来，其中也有很多人看并跟帖评论。曾看到过一个这样的帖子，说一个中国人在日本找到了一份写字楼的清洁工作，师傅首先教他洗马桶，只见他干净利索地洗完马桶后，拿出一个纸杯在马桶里盛了一杯水后一口喝干，然后教导那位国人就要照这样把马桶洗到水能喝才算合格。这个版本虽早已有之，但在此出现，却不是基于善意地传播日本人对待工作的严谨态度，而真正点题的是最后介绍这位师傅的名字是安倍晋三。一个不错的教育人如何秉持严谨作风对待工作的范例，就因某些人心理不正常，生生地把它变成了侮辱日本首相的恶作剧，虽然“小安子”经常口吐脏言颇令人怀疑其有……（此处省略100字）之嫌，但相信始作俑者重新编排这个老故事时，根本就是忽略了或者说从来没认识到其中的“严谨”内涵。

总的来说，日本人工作之严谨，非但举世闻名，而且这个严谨的工作作风给日本这个国家、日本企业，甚至个人带来了巨大的正能量。日企在我们国内也很多，真希望国人能认真学习日本人的严谨工作作风，而不仅仅是停留在说说甚至是恶搞上，彻底抛却“差不离儿”主义，若能长期坚持下去，益处当自见。

不这么严谨、认真，能赚钱么？

岛国人焦躁了

日本经济长期低迷，小泉纯一郎干了六年多总理大臣，首相秀倒是“秀”得不错，不过，却终没能把日本经济演活过来。自其后，正如前首相麻生太郎说的那样，日本首相却是连歌手明星都不如了，不到两年就过气儿。而近几年轮流坐庄的首相，只能在总理大臣的位子上混一年左右，然后毫无例外的都以庄家惨输收局。过气儿时间短缩，就更不如明星了。如此频繁地更换国家领导人，就很难说这个国家的政治处于正常状态了。非但政府，在社会层面，那些曾经如日中天的日本大企业申请破产者有之，被合并买收者亦有之。前阵子，连“液晶之父”夏普，都不得不迎来了台湾鸿海集团这个大股东，这绝对可以说是重创了日本人那颗脆弱的大和之心。中小企业更不用说，破产倒闭接二连三，处于风雨飘摇之中的更是数不胜数。日本企业给世人的那种坚实、稳定和值得信赖的感觉已是明日黄花。虽然日本造还是优质品牌的代名词，但这种国内经济的不景气加上企业的纷纷向海外进军，却让日本人更加惴惴不安进而感到前途渺茫……

泡沫经济后，日本政治混迷，政府公信力下降，企业经营持续不见起色，导致日本经济二十年来长期处于低迷、不振状态之中。工作、工资的不稳定，使得普通日本人对政府、企业开始失望，而随着生活水平的愈来愈差，人们的自信心就不可避免地开始下降，这就形成了困扰日本人身心的一个难解之“结”。直接后果就是，与前些年的社会、生活安定相比，日本人自信满满的情景再也看不到了，取而代之的是政党之间互相倾轧，丑闻不断；企业经营也彻底打破了日本人固守的“有饭大家吃”的潜规则，而是恶性竞争屡屡上演，诈欺行为层出不穷。而中小企业为了生存，不但作伪而且作伪手法花样翻新，什么以次充好的假牛肉、假鳗鱼、过期食品，甚至以假乱真，也都屡见曝光，就觉得这日本人干坏事儿还真就无师自通，也算孺子可教也。而具体到个人，近年来，日本的杀人放火、诈骗自杀等事件，也是呈上升趋势，打架斗殴现象，也是屡见不鲜。比如说，过去我们曾一个劲儿地回国吹嘘，在日本几乎看不到人吵架，而现在电车里、站台上、商店中，也能偶尔得见，非但动口而且动手，让人们明显感觉到彬彬有礼的日本人虽仍占主流，但质素下降的日本人也在显著上升中。突然就生出一种感觉，好像整个日本从政府到企业乃至个人，都开始处于焦躁之中了。那么，原因何在呢?

我们知道，自古以来，日本恶劣的自然环境就培养出了日本人与生俱来的不安感，而为了解消这种不安，长久以来，日本人或主动或被动地形成了“团队精神”和各种“型”来约束自己的言行，千百年来，这已经成为日本人一套固定的行为模式，并严守至今。而今天，由日本经济长期低迷所带来的日本人的自信心丧失，从而导致工作、生活失稳，各种有形无形的“型”也就开始崩溃。这种恶性循环，就使得日本人重新有了强烈的不安感。而由于日本自古以来，没能形成一部指导日本人精神世界的教义，也就不可能形成日本人自己的哲学、思想体系。所遵循者，不过是古代日本以我汉唐为榜样，近代日本以欧美为楷模，而形成的各种规则而已。到了如今，经过战后几十年的努力，日本人终于立于世界巅峰时，他们突然发现自己前面没目标了，不知道再以谁为样板了，于是，彻底陷于不会玩状态。没有高瞻远瞩政治家的日本政府，失却了方向感，也就只能在频繁更换政权的怪圈中打转。处于焦躁中的政府，无法拿出救世良方来指导企业走上恢复之路，企业同样也在焦躁，为求自救，企业只能采取减薪裁员的消极办法苟延残喘。而作为直接受众的日本人，面对失业恐慌和生活环境的持续恶化，也必然处于焦躁之中。

2011 年的 3·11 大震灾，可谓是让日本雪上加霜，日本人虽然表面保持了镇静，向世界显示了他们的良好素质，也赢得了世界的尊敬，但更加不如意的生活环境，日本人自己是心知肚明的。惴惴不安的心理与日俱增，这种不安的无形叠加，已经逐渐开始磨灭日本人的优雅、自信，整个社会开始呈现出集体焦躁症候群现象，而且，此种现象还处于持续增加之中。

闲说数字忌讳

都说美国是个自由开放的国度，人们在那里生活几乎是百无禁忌。玩枪的、开天体营的咱不多说，美国首都居然是以美国第一任总统华盛顿的名字而命名的，非但如此，美国前总统林肯、布什等的名字居然也都成了航空母舰名。不过自由归自由，禁忌也不是绝对没有的，比如像“13”这个数字，在美国包括西方许多国家还都是很敏感的。据西方的传统说法，每月的13日这一天，12个巫婆就要举行狂欢夜会，而第13个魔鬼撒旦，就会在夜会高潮时出现，给人们带来灾难，因此，西方人对凡涉“13”的数字、问题都极忌讳，典型的例子就是，西方各国许多大楼都不设第13层。还有一种说法是耶稣是被其第13个门徒出卖而后于星期五被钉死于十字架的，因此，以后凡信奉基督教的民族，都以“星期五”和“13”为大忌。

“13”这个数字，经由明治开国传入日本后，因日本古时的断头台就设在最高的13级台阶上，走到13级台阶也就意味着行将遭斩首，本就对“13”极其敏感的日本人引进了基督教后，“13”这个数字对某些日本人而言就成了双重恐惧。说到日本人对数字的忌讳，也有点意思，中国人通常认为偶数代表吉利，也因此，“好事成双”等吉祥成语自古就是中国人每逢喜事所追求的极致。如婚庆就一定要用双喜字，春节的对联、律诗的对仗等，也都是中国人追求偶数吉祥的具体例证。只有在供佛、祭奠亡灵时，国人才用奇数。至于原因，据说在古中国的传统习俗里奇数一直是被当作“忌数”的。而日本人却与中国人正相反，他们认为奇数代表吉祥，比如和歌、俳句的格律就用奇数，歌舞伎名也以取5字或7字为吉。记得初来日本时，因不懂日本习俗常常被日本邻居送来的一个苹果、三个土豆弄得哭笑不得，暗笑日人小气。

日本人还很忌讳“4”这个数字，那则是因在日语里“4”与“死”谐音之故，这倒和中国一样，喜欢偶数的中国人唯独对偶数“4”字不感冒，原因竟和日本完全相同，估计又是一衣带水惹的祸。除此，日本人也讨厌“6”这个数字，那又是因在日语里“6”和“碌”谐音之故。“6”为中国人所喜爱是因为它象征着“六六大顺”，而日本人对它的理解却是“一生碌碌”之意。喜欢奇数的日本人还有一个不感冒的奇数，那就是“9”，日本人因其与日语的“苦”字谐音，逢“9”则退避三舍。喜欢偶数的国人却又喜欢“9”这个奇数，因为自先秦诸子百家在学说中各自推崇圣化“九”字后，历代皇家更是把“九”字发挥使用到了极致，以至“九”字在国人心目中已成为了象征吉祥如意的顶点。

与中国人相反，日本人在祭祀、供佛时所使用之物，则大都又会采用双数。研究中国人和日本人对数字的忌讳，可以说是你中有我我中有你，但基本上日本人喜单厌双，中国人喜双厌单，倒是不争的事实。

要说旅日华人的数字忌讳就惨了，本来，中国人自古以来就背负着包括大的方面如“国讳”“圣讳”“家讳”等无数忌讳，日常生活中，又有无数的小“讳”要避，比如，过年打碎了杯子，一定要说碎碎（岁岁）平安，过年时也不能讲伸腿、闭眼之类的不吉利话等等。当然，还有以上所介绍的中国数字忌讳要避，来日后，像“13”这类数字也还罢了，因为中国人也讨厌被别人称为“十三点”，对这个数字殊无好感。

真正让国人在日本为忌讳而忙得不亦乐乎的是，旅日华人们既得忙于“忌”中国的“讳”，又不能忽视了日本的“讳”。弄得在日本亲人死了，竟无法决定祭品是摆单还是摆双，儿子娶媳，竟也不知是否该按中国的习俗贴上大红双喜字……到头来，弄得是日本人的喜奇厌偶，中国人的尊偶弃奇，旅日华人都全盘接管为“数字全避”了。不过倒也有例外，朋友买了台二手车，带来的车牌号是“1674”，刚买回来就被友人指出车牌号不吉利，明摆着就是“一路去死”，听后郁闷了好几天的朋友，琢磨来琢磨去，竟被他琢磨出了“1674”不是“一路去死”，而是“一路去发”，理由是尾数的“4”用“哆唻咪发”来念就是“发”了，从此，朋友再不郁闷，而作为朋友的我们，则为朋友的“太有才了”而鼓掌。之余，再认真想想，在日华人最大的忌讳，其实就是中日两国的忌讳在必要的时候咱都得忌讳，这倒真应了“讳莫如深”四字了！说这句话的时候又得想着忌讳“四”字了，别说，这在日本混生活，还真就挺累。

和服的“藏”与“露”

日本服装的起源可追溯至公元3世纪，据《三国志·魏志·倭人传》记载：“用布一幅，中穿一洞，头贯其中，毋须量体裁衣。”这被称为“贯头衣”的，便是最初的日本女性服装的雏形。而将一块未经裁剪的布，围在身上，露出右肩，样子有点像和尚的袈裟，称为“横幅”，据说，那就是当时日本男性的服装。

到了大和时代，倭王曾三次派遣使节前往中国，带回了大批汉织、吴织以及擅长纺织、缝纫技术的工匠，由此，汉末三国时期的中国服饰风格传入了日本，和服也被称作了“吴服”。今天，街肆中尚能随处可见的吴服店，其出处，即在于此。至奈良时期，日本派出的遣唐使团，在长安唐王那里获赠了大量光彩鲜亮的朝服，带回日本后，朝野俱欢，天皇遂下令全国上下皆穿模仿隋唐式样的服装。而真正形成今天这种和服的式样，则是从室町时代开始，以隋唐特色的服饰为基，加上日本传统的审美情趣，经过六百余年的推移演变，而最终在明治时代定型成了今天的“着物”，当然，“和服”或“吴服”的称呼也还在继续使用着。

日本男式和服由于其款式少，色彩又较单调，因此，自古以来就较少受关注。而女式和服则不同，其绚丽多彩、华贵典雅的式样和绝妙的裁剪所体现出来的恰到好处的“藏”与“露”，使得和服千百年来，成了男人们关注的焦点，而“和服美人”也一直是人们所赞咏的对象。

本尼迪克特在她的《菊与刀》中阐述日本人的民族性格时曾说："日本人喜欢肉体享乐，却又不严肃对待。他们只把肉体享乐当作一种纯粹的艺术来培养……"诚可谓一语中的。以我们日常和日本人接触所感受到的日本人之于性来说，日本人对性是持相当宽容的态度的，他们很少深究其中的道德意义，而只是把性当作生活的一味调剂品，而把性工具，如和服美人等，当作一件能够激起他们"性"趣的艺术品而已。知道了这些，我们也就理解了在今天"露脐装""露臀装"等布少肉多的装束大行其道的同时，和服却依然能长久不衰的真谛了。那充满诱惑力的和服的恰到好处的"藏"与"露"，是牵系住日本男性那颗不安分之心的最好的灵丹妙药，"女为悦己者容"，在日本应该改为"女为悦己者'色'"才恰如其分。今天的和服，也应该说是日本人千百年来当作艺术品培养出来的"养眼"精品才对。

相较于今天的各种"暴露装"，日本女性和服所孕育着的"含蓄美，朦胧色"则更让人心动。其实，日本女性的身材并不值得恭维，身材矮小、腿短脚粗，本来就是日本女子比较普遍的现象，而从小长期跪坐榻榻米形成的罗圈腿，又成了她们穿长裤时无法掩盖的露怯之处。丰子恺当年留学日本时，就对日本女性的身材有过评价，说："日本女子最缺乏当模特的资格，因为那岛国人的身材异常矮小，平时穿着长袍，踏在半尺把高的木屐上，看去还不讨厌，等到脱了衣裳，望去样子真是难看，只见肥大的一段身子，四肢矮小如同乌龟的脚……"言语可谓刻薄辛辣。我们知道，今天的日本人经过饮食调解、生理功能优化等各方面努力，身材与从前已是不可同日而语，但不可否认的是，从总体上，日本人的身材还是不过关的。但就是这样，经过长期不懈的努力，竟被

露，是为了藏，藏亦是为了露，日本女性就深得这“藏”与“露”之间的个中三昧。

日本人鼓捣来鼓捣去，把他们的和服鼓捣成了一件精美的艺术品，以至于当今天我们看到包裹在那一袭绚烂、典雅、华贵的和服中的日本女子，踏着木屐，露出雪白的颈项，温温顺顺袅袅婷婷地走来走去时，不得不佩服她们那既掩饰了自己的先天不足，又展示了东瀛女性独特魅力的“藏拙露美”功力之深了。

所谓“藏”，就是日本女子利用和服对身体的束缚，巧妙地将肢体包裹起来，恰到好处地把她们那平胸、罗圈腿、粗脚，藏在华丽之中，而暗藏在各色薄薄裘衣中的身体，若隐若现，裘衣的妩媚朦胧之美，就有点呼之欲出了。尤其是艺伎的那一根玉带，不带一个纽扣的缠绕，显得有些随意而又隐约透出的一丝凌乱，恰似冬天晨起时那暧昧而又温暖的被窝，性感得直欲让人再钻进去……

日本女性和服的“藏”的高明之处，应该就在于它给男人们预留了充裕的想象与品味空间。

至于“露”，精于“藏拙”的日本女性，也会露得恰到好处。由于日本男人普遍醉心于女性的颈项与后背，日本女子们有选择，有节制地穿起经过精心裁剪，能够恰到好处地露出自己雪白的颈项和部分后背的“着物”，然后打着小红伞，在和服整体的束缚中，妖妖娆娆地迈着小碎步，行走在幽巷石路深处，那一份不是金莲胜似金莲的袅袅婷婷小家碧玉状，就真的有点惹人怜了。

日本女性的和服之所以养眼，可以说妙处就在于其高明的“藏”与“露”的半开半和之间。露，是为了藏，藏亦是为了露，日本女性就深得这“藏”与“露”之间的个中三昧。平心而论，日本女子的脖子与后背，本来也优雅不到哪里去，可是，正如她们身体别处的“拙”一样，一经和服的调教，便别有一番滋味了，倒真算得上是“一服遮百丑”了。一藏一露，也再证了日本文化中那份浓郁的暧昧成分。

《君之代》与知伤感之心

某日，正在似睡又醒的“月朦胧，鸟朦胧”之际，耳畔哀乐骤起。脑海里的哀乐神经，突受刺激，立时清醒过来。睁眼不见灵堂，却看见了电视里正在播放日本足球运动员以手握拳向胸立于绿茵场上用充满忧郁的眼神目视日本太阳旗，一边专注地听着音乐的画面。仔细一听，原来场上正在奏日本国歌《君之代》。睡意被扰，索性就决定看电视了。看着日本运动员那庄重的表情、忧郁而又充满伤感的眼神，听着那凄凄惨惨戚戚的哀婉的《君之代》，不由得就纳起闷儿来，如此使人意志消沉、感伤悲哀的乐曲，它怎么就能让日本足球运动员听后愈战愈勇，最终挤进世界强队之列呢？颇觉不可思议，遂生了找找由头之心。

日本国歌《君之代》的歌词，最早是源于日本古代的一首短歌“わがきみは”，后经改写，于公元 905 年被当时的著名歌人纪贯之等编入日本《古今和歌集》。这首和歌曲子短小，总共才只有十一小节。原曲是由宫内省式部察乐师奥好义谱写，1880 年再经雅乐师林广守编曲，于 1893 年被日本文部省规定为重大节日必唱之歌。这也就是传统意义上的日本“国歌”的形成过程，直到一个世纪后的 1999 年，日本国会通过了《国旗国歌法》，《君之代》才正式成为日本国国歌。

这首源于千年前《古今和歌集》的国歌，歌词日语版为“君が代は、千代に八千代に、细石の巌となりて、苔の生すまで”。译成中文似为：“愿我皇千秋万代，直至细石变成巨岩，长出厚厚的青苔。”其实，翻译完就会发现，从歌词来看，这不过是一首平常的祝福歌曲。但从曲调来看，与我们那雄壮激昂的国歌相比，《君之代》简直就是一首哀乐。但为什么日本人百年来伴着这样一首哀乐就能超中追欧赶美，成为今天的世界强国呢？研究日本国歌我们发现，其实《君之代》的意境，正暗合了日本人的幽玄、物哀意识。江户时代，日本一位国粹派文化人本居宣长就认为：人情是一种纯粹的、无常的、薄命的“懵懂”之心。用孔子的“五十而知天命”论来打个比方，也许最能说明日本人的这种情绪。一般来说，自古以来对“天命”一词的解释主要有两种：一种是指“命运”，充满了无奈感和无常感；一种是指“历史使命”，则充满了悲壮和大气。以我旅日多年的经验，感觉日本人明显倾向于前一种说法。本居宣长还认为：日本的贵族文化中，有一种连绵不断的精神，那就是“知伤感之心”，如日本古典名著《源氏物语》，也正是因为它由头至尾深刻地体现出了这种符合日本世间情调的“知伤感之心”，这部皇皇巨著，才能得以隆隆传世。这种“知伤感之心”在日本歌曲里，表现得尤为明显。无论是日本古代歌谣，还是现代歌曲，我们都会发现，出现频率最高的歌词，都是一些什么“独自旅行”“离别”“漂泊”“逝去”等充满哀伤和感叹命运无常的歌词。被誉为日本民族歌唱家的美空云雀，大概是“知伤感”的集大成者了，他几乎所有歌曲都充满了对自然、命运、人生的感伤，其至情的“知伤感”情调，可以说打动了几乎所有日本人的心，而从表面上看，似乎日本人也大都愿意沉醉于这种“知伤感”之中。

其实，日本人在其人生旅途中，可以说处处时时都充满着感叹命运无常的“知伤感之心”。从一句日本人最常用的“しょうがない”（中文译为：没有办法），最能说明日本人对生活命运的无奈感。但值得注意的是，日本人这种千百年来形成的“知伤感之心”，并没能使得日本人消极颓废，相反，倒把日本人“伤感”成了地球的优良品种，把日本“伤感”成了当今世界数一数二的先进大国。究其原因，我们发现，日本人千百年来已经把对自然、对命运之无常的无奈感，潜移默化地转化成了不懈努力的潜动力。某种意义上，日本人推崇的“我慢（忍耐）”其实也是一种努力，正是日本人这种不懈的“我慢”，才让世界最终看到了今天的这个巍然傲立于世的日本。从音乐方面来看《君之代》，也说明了这样一个道理，它虽然没有中国、美国国歌那种激越与亢奋，但却在日本人贯穿古今的“知伤感之心”的“我慢”中，孕育出了无穷的生命力，并将其转化为决绝的意志。事实上，日本人确实也正是因了这种只有日本才能孕育出的特有的精神力量，而至无坚不摧。从日本足球运动员握拳向胸昂然太阳旗那忧郁、伤感的眼神中，我们仿佛看到了其中所蕴含的日本人那种无穷的生命力和决绝的意志，也仿佛看到了日本人一旦行动起来，就不达目的永不罢休的那可怕的过去、现在和未来。

娶日本老婆真的幸福吗

看稍远一点的日本时代剧，常见和服“家内”（妻子）跪在榻榻米上为武士“御主人”（丈夫）宽衣解带斟酒上茶。近一些的现代剧中，也尝见家内在玄关给御主人递上外衣、皮包，鞠躬送行，甚至有抱着孩子，直送到路口目极之处的。御主人下班回来，进门一声“我回来了”，家内则马上小碎步跑迎出来，接过御主人的外衣皮包等物，然后继续投入到精心准备晚餐、预备洗澡水等家务中……

由古至今，给世人留下的都是日本女人如何温柔体贴，对丈夫充满爱的关怀，而近现代中国文化名人如蒋百里、周作人、郭沫若、庄则栋等，都还迎娶了日本娇娘，这些彰示日本女子人气的表象，自然会让留日后辈们心动不已，跃跃欲试。郁达夫在其《雪夜》中还推波助澜：“日本的女子一例的是温柔可爱的，她们历代所受的自开国到如今都是顺从男子的教育……”云云。激情澎湃的徐志摩在《沙扬娜拉》中一句：“最是那一低头的温柔，像一朵水莲花不胜凉风的娇羞……”几乎把男人们那一腔柔情，整个带到了对日本女子那雪白脖颈的无限美好的想象之中了。于是乎，日本女人人气高升，“国男们”爱做梦，而且，还是白日梦，梦里就去浮想联翩，幻象中，梦想顺口溜就溜达出来了：“住美国房子，雇中国厨子，娶日本老婆”，“娶日本老婆”就成为了国男们的痴想，痴想是无可厚非的，可是今天的日本女子，还是引人痴想的那理想的、过去式样的、和式温柔“家内”吗？

古时的日本女人唯夫命是从，这与受中国传统文化影响不无关系，也确实称得上是做家内的典范。即使今时的日本女子也还是非常有特色的，比如说柔顺、干净、宽容、衣着考究、讲究烹调等，而且既保持了东方女人的贤惠，又拥有西方女人的时尚。但久居东瀛，渐渐发现，其实这些也都是表象，从青春靓丽到雍容熟年，积极表象的背后，日本女子也有着与过去大不相同的复杂变异、变迁……

记得十几年前，“援助交际”一词在日本流行开来，所谓的“援助交际”最初是指女性以金钱为目的，通过网络与男性勾搭，成奸后收取金钱的一种性交易手段。取名“援助交际”不过是“卖淫”的遮羞布罢了。现在已略称为“援交”，内容也发生了变化，令人们瞩目的是，这一现象今时已主要变成了女初、高中生，以网络或干脆校服上阵在涩谷、新宿等繁华车站、街头如站街女郎般闲逛，等待日本欧吉桑们前来搭讪。据说前几年还是高中生人气，而现今高中生已是明日黄花物美价廉的代名词，代之的则是生力军的初中生，不过有调查显示，似乎是物美价不廉。虽如此，此一行当却还是涛声依旧、方兴未艾，一些女孩儿已把出卖肉体换取金钱，视为武装自己时尚起来的主要手段。顺便说一句，在NHK的一档讨论节目中，记得主持人曾经介绍过他们的调查结果，那就是现在的日本女孩儿，在初中毕业时，已有30%有过性经验，而到了高中就只有30%没有性经验了，至结婚为止，日本女孩儿平均有过十位左右性伴侣，当时现场一时哄然……

一些大学生及公司女白领则更是自由，她们充分继承了婚前享乐、婚后贞淑的日本传统习俗，把未婚的性享乐进行得可谓如火如荼……本文不涉色情乱交，故不赘述。但婚后，一些日本女性真的就“贞淑”起来了吗？未必，读日本的晚报时就会发现，广告页上的风俗广告如“人妻俱乐部”“人妻出张”“马路约会人妻”等日渐增多。所谓人妻，与字面同义，人家的妻子是也。一般用于丈夫以外的人对已婚妇女的称呼。原本无邪意，但随着十几年前日本泡沫经济的崩坏，丈夫们收入减少，为补贴零用等，家内们早上温柔地送走御主人后，在风俗业经营者们利用日本男人的恋姐、恋母情结，推出物美价廉的“人妻上门”服务的推波助澜下，有些人就干上了“上门人妻”这一行当。而且，从小报的此类广告密度看，近来大有燎原之势，只是倒没发现日本御主人们有岌岌可危之感，不知是否是在难得糊涂，这却是只有当事者自知了。

不仅如此，一些熟年妇女也疯狂，近年来“熟年离婚”渐有增加趋势。所谓熟年，即是中高年之意，“熟年离婚”也就是中高年离婚。据说“熟年离婚”始于1968年，当年熟年女性的离婚理由，主要还是“该得到的都得到了，想清清爽爽地老后一个人过”。但这一现象在当时还只能说是星星之火。而2007年日本退休金制度改革，使这一现象成为了一大社会问题，日本法律明确规定，从这一年的4月开始，家内在离婚时可以分到御主人的养老金。正愁于如何应付御主人退休使自己的生活节奏彻底被打乱的熟妇们，突然就曙光在前了，从此再不用过为了依赖御主人养老金生活而必须忍气吞声的日子了，一时好似“农奴翻身得解放”般，熟年离婚件数开始不断上升，御主人们也就不断地被扫地出门。

本人无意打倒一片，但时下的日本，从初中生到熟年妇女，一改过去的传统观念，从她们的作为还真就可以看出日本不少妇女从此站起来了的那么点意思。未婚女子暂且不说，今天的日本已婚女子，即使表面依然温柔体贴地伺候着她们的御主人，但却是目的明确，与其说伺候御主人，还不如说是伺候御主人的“给料”（工资）、保险、养老金等更正确。当然，真正贤惠温恭的家内也有，但总给人一种渐趋于无的感觉。

看官，如果一不小心，您恰巧娶到了一位做过“援交”，从事过“人妻上门”职业的日本女子做家内，好不容易熬到退休时，再给您来一个“熟年离婚”扫地出门的大礼包，相信到那时您一定会觉得：“人生最最痛苦的事儿就是娶了一个日本老婆。”

日本人真的好战吗

前段时间网上热传一篇文章，标题忘记了，不过大意是说现而今的日本人仍然如何如何好战……而且，中日一旦开战，以日本的武器质量和士兵素质，中国必败云云。尚不论，中国是否真的那么不堪一击，仅以作者定性今天的日本人好战之观点，想谈点个人的看法。

以日本在“二战”时由侵华战争到太平洋战争的表现来看，毋庸置疑，日本人是好战的。但是，今天的日本人是否依然好战呢？美国政治学家罗纳德·英格尔哈特，曾主持过一次世界规模的价值观调查，在这个调查中，当代日本人的特征之第一条，就是：不愿意为国家而战。这项民意调查，似乎会令国人不解，因为这与我们对日本人的传统认识出入太大，不过，对于久居日本的华人来说，倒是能从日本社会、日本人与人之间所处处体现出来的那种平和、善美之中，能够理解上述调查结果。

那么，从战时的宁肯“一亿玉碎”之好战意识，到今天的“不愿为国家而战”之和平信念，是否仅仅只是又一次体现出了日本人的《菊与刀》之矛盾性格呢？日本作家橘玲在其《括号里的日本人》中，对此做了精妙的分析，他首先阐明日本人是世界上最世俗的民族。他说：所谓世俗，就是计较得失，简言之，就是“如果有益的话就去做，但绝不做无益的事”这种社会风气。他认为，战前的日本人由于受传统的长子继承家产等风俗影响，次子、三子等成人后是必须要离家的，处于这种生活状态下的日本人，随着政府将台湾殖民地化，吞并朝鲜半岛，建立伪满洲国，以至侵略东南亚等，他们认为这些都是为了增加生存的选择项，当然是“有益的事”，因此，战时普通日本人才能上下一心狂热支持侵略。然而，不幸的是，战争以失败投降而告终后，普通日本人发现，整个“二战”中日本人的死亡人数竟也达到了三百万，而且，广岛和长崎还成为了世界上唯一被“原爆”的城市，日本主要城市也几乎都被夷为废墟。看到如此结果，日本人终于认识到了他们所追求的“有益的事”，其实是极其无益之事。而随着战后日本旧风习的改变，随着在和平环境下日本所取得的瞩目成就，这些都潜移默化地让普通日本民众认识到，和平发展才是真正“有益的事”。所以说，从这个角度来看，日本人从“好战”转变为“厌战”，并非是简单的日本人之矛盾性格的体现，而是日本人对“有益的事”和“无益的事”的深度再认识奏功。其实，仅从日本人的世俗性的人格来看，也并非矛盾，而是具有连贯性的，只是“有益的事”内涵之转变而已。这正如战时尚与美军浴血奋战，转天，山姆大叔登陆日本，日本人民马上就能举着小星条旗夹道欢迎是一个道理，因为这是“有益的事”嘛！

今天旅日华人都已经见惯了日本的和谐、和平以及日本人之间的良善、优雅，普通日本人也大都认为今天的日本是世界上最好的国度，日本人活得有个性、有特色也几乎是举世公认。日本古代诗人大伴家持曾有诗曰：此世若快活，来世变虫鸟，我也不在乎。可见，日本人追求现实的“有益的事”之传统，可谓源远流长。其实，这就是日本人现实的世俗性。所以说，生活在如此优雅的环境下，如果说普通日本人厌战，我信。

博采雅集，文苑英华

《大观丛书》

第一辑

《活在古代不容易》（史杰鹏 著）

《快刀文章可下酒》（邝海炎 著）

《时光的盛宴：经典电影新发现》（谢宗玉 著）

《你不知道的日本》（万景路 著）